KB274552

김치선 박사의

모세와 오경(五經)

김 치 선 지음
최선(崔宣) 옮김

선교횃불

The Mosaic Authorship
of
the Pentateuch

by

Chi Syun Kim(Th. D.)
Sun Choi(Ph. D.)

Mission TORCH

머리말

이 책은 김치선 박사의 학위 논문인 「*The Mosaic Authorship of the Pentateuch*」를 번역한 것이다. 그는 1935년 미국 Evangelical Theological College(현, Dallas Theological Seminary)에서 이 제목으로 조직 신학 박사 학위를 받았다. 논문의 첫 장에는 논문이 조직 신학 분야의 박사 학위 논문으로 제출된 것으로 기록되어 있는데, 당시 Evangelical Theological College에 박사 학위 수여 분야가 조직 신학 분야밖에 없어서 구약을 내용으로 썼지만 조직 신학 학위를 수여한 것인지, 아니면 구약의 내용이지만 오경을 모세가 저술했다는 변증적인 내용이 변증학의 분야에 속하여 조직 신학 학위를 수여했는지는 확인하지 못하였다. 그러므로 김치선 목사는 한국에서 첫 번째 구약 신학에서 박사 학위를 받았다는 표현은 내용상으로는 타당한 말이지만, 학교에서 수여한 학위의 분야로 보면 타당하지 않다.

김치선 목사는 본인이 머리말에서 밝히고 있는 바와 같이 서양에서 유학을 마치고 돌아온 학자들 가운데 일부가 사회 복음을 주장하면서 성경의 영감과 속죄의 보혈을 부인하는 것에 충격을 받고 성경의 정확무오한 영감을 밝히기 위하여 당시 그러한 논란의 가장 중심에 있었던 오경의 모세 저작 사실을 증명하려고 이 논문을 쓰게 되었다. 그러므로 이 논문은 모세가 오경의 저자임을 부인하는 자유주의자들의 주장을 정면으로 반박하면서 바로 모세가 오경을 썼다는 것을 네 가지 근거를 들어 증명하였다. 첫째는 성경 자체가 모세가 오경의 저술이라는 것을 입증한다는 것이고, 둘째는 파괴적인 비평가들의 주장들을 설명한 후에 그들의 주장의 가장 핵심적인 내용을 모세 오경의 시대착오, 불일치, 비일관성에 대한 해명, 양식 비평에 대한 해명, 그리고 발전 가설을 해명하면서 모세가 오경의 저자임을 입증해 나간다. 셋째로 바벨론 신화와 비교하면서 오경의 모세 저작 사실을 주장하고, 넷째로 모세와 아브라함의 실존 가능성을 고고학적 증거를 통하여 입증하면서 오경의 모세 저작 사실을 주장한다.

김치선 목사는 자신의 박사 학위 논문을 구(舊) 프린스턴의 그린(Green)과 웨스트민스터의 앨리스(O. Allis) 박사의 주장에 근거하여 구성하고 있다. 성경이 영감되었다는 주장을 성경의 내적 증거와 비평학자들의 주장들의 문제점들을 통하여 해명할 뿐만 아니라, 바벨론 신화와 비교한 창세기 내용들의 독특성, 그리고 당시 진행되고 있던 고고학적 발굴의 객관적인 자료들을 활용하여 구 프린스턴 학파의 성경 영감설을 설득력 있게 설명하고 있다. 그러므로 김치선 목사의 이 박사 학위 논문은 이미 1930년대 중반에 한국의 젊은 신진 학자가 당시의 자유주의 신학에 맞서 가장 복잡하고 어려운 오경의 모세 저작 사실을 개혁주의 시각에서 치밀하고도 분명하게 설명해 낸 역작인 것을 잘 보여 주고 있다.

이 책을 일독함으로 일제 치하의 그 힘든 고난의 시기에 구 프린스턴 개혁파 신학을 구약 분야에서 수준 높게 소화해 내는 김치선 목사의 학문적 여정을 감동적으로 살펴볼 수 있을 것이다. 그는 그 이후에 한국 신학계에서 개혁파 신학을 토대로 민족을 구원하고자 하는 부흥 운동에 자신의 일생을 바쳤을 뿐만 아니라, 하나님의 주권에 대한 강조와 함께 인간의 깊은 회개를 통한 구원의 생수의 강물을 온 천하에 흐르게 하고자 안양대학교(전, 대한신학교)를 세워 복음의 역군들을 육성하였다.

이 책은 영문으로 된 김치선 박사의 논문이 한국 교회에 알려지지 않은 점을 고려하여 한국어로 번역해 정리하였다. 제1장에서 제4장까지는 김치선 박사의 신학, 오경의 모세 저작 사실과 제5장에서는 김치선 박사의 목회와 삶에 대해 최선 박사가 그의 생애를 다루었으며 수정판으로 출판하였다. 그리고 부록으로는 김치선 박사의 연보를 실었다.

본서를 내도록 인도하시고 역사하신 하나님께 영광을 돌린다. 이 책이 완역될 수 있도록 논문 원본 제공과 1장 초역에 도움을 주신 달라스신학교(Dallas Theological Seminary) 이요한 목사(Pastor, Yohan Lee)님께 감사를 드린다. 그리고 히브리어를 감수해 주신 서울대학교 문학 박사 신충훈 교수님께 깊은 감사를 드린다.

2015년 4월 10일

옮긴이 **최 선**

오경과 모세 저작에 대한 논문을 쓰게 된 동기

본 저자가 극동에 있었을 때 외국 유학을 마치고 돌아온 신학생들이 "사회 복음(Social Gospel)"을 가르치는 것을 보았다. 이러한 사실이 마음 아프게 하였지만 더욱 마음 아팠던 사실은 한국에 온 선교사들 가운데에도 "성경의 영감(Inspiration of the Bible)"을 부인하고 "속죄의 피(Blood of Atonement)"의 필요성도 부인한 채 그리스도를 하나의 스승과 본받아야 할 모델로 만들어 버리는 상황이었다.

이런 상황을 직면하여 본 저자는 이를 논박하기 위해서 비판적인 성경 교사들과 설교가들의 주장이 옳지 않다는 것을 논증하고, 성경이 완전하고 충분한 전체로서 정확 무오(the infallible correctness)하다는 것을 논증하는 일에 착수하였다.

구약 성경에는 파괴적인 성경 비평가들이 성경의 오류성을 이끌어 내는 부분들이 있는데 그들은 우선적으로 오경의 저작 연대와 저작권을 집중적으로 거론한다. 만약 그 비평가들이 모세가 오경을 쓰지 않았고 후대에 기록되었다는 것을 증명할 수 있다면 성경의 다른 부분들이 틀렸다고 증명하는 것은 쉬운 일이다. 오경은 오경 이후에 나오는 기록들과 역사들의 기원 혹은 씨앗을 담고 있기에 오경은 성경 전체의 열쇠이다. 만약 그 열쇠가 파괴된다면 우리의 희망은 사라진다. 그러나 본 저자는 오경의 내적, 외적 증거를 통해서, 또 비평가들이 사용하는 바로 그들의 주장들을 이용해서 결과적으로 모세가 오경을 썼다는 것과 그 연대가 초기임을 밝히고 싶다.

이제 한 질문이 남아 있다: "누가 그 열쇠를 가질 것인가?" 하나님께서는 본 논문의 시도를 기뻐하시사 성경 전체의 열쇠를 그의 신도(Believers)들의 소유로 그들의 손에 주시기를 소원한다.

미국 텍사스주 달라스에서

저자 김 치 선

프롤로그

한국 교회사를 연구할 때마다 늘 마음속에서 민족에 관한 역사 인식과 한국 교회 부흥에 관한 도전을 주었던 한 사람이 있었다. 그가 바로 고봉(高峰) 김치선(金致善) 박사였다. 그는 복음을 통해 민족의 부흥을 위하여 온몸을 던졌고, 민족의 수난 시절에도 복음을 전하려는 열정이 있었다. 김치선 박사는 부흥에 강력한 도전과 민족의 복음화에 대한 질문을 던져 주었다. 그는 복음 전파에 생명을 걸었고 평생 교육과 목회 사역을 통해 민족 교회에 생동감을 주었던 인물로 기억한다.

19세기 말 조선이 세계의 역사적 흐름을 제대로 직시하지 못하여 민족적인 고난을 예고하고 있었던 시대인 1899년에 그는 태어났다. 치선이 출생했던 전후의 시기는 일본이 조선에 대한 침략의 야욕을 갖고 동아시아에 심각한 위협을 주었던 때였다. 1884년 초기 선교사들의 입국으로 말미암아 15여 년이 흐름에 따라 조선 땅에는 복음이 곳곳에 전파되어 정착하고 있었다. 함경남도 함흥에는 이미 캐나다 출신 영재형(榮在馨 : Lither Lisger Young, 1875-1950) 선교사와 여러 선교사들이 복음을 전파하고 있었다.

바로 그곳에서 복음을 받았던 김치선 박사가 일제 치하에 신앙생활을 하였으며, 그는 고등학교 시절 1919년 함흥에서 만세 운동을 주도하여 1년 간 옥고를 치렀다. 김치선은 수많은 세월 동안 민족의 아픔을 함께 걸어갔었다. 그 후 하나님께 소명을 받고 연희전문학교(현, 연세대학교)에서 공부를 마치고 평양신학교에서 한 학기를 공부하였다.

한국 교회 최초로 미국 텍사스주 달라스신학교(Dallas Theological Seminary)에서 1935년, 신학 박사(Th. D.) 학위를 취득한 고봉 김치선 박사는 조국의 일제 침략기와 해방 후에 한국 교회의 신학, 목회, 교회의 부흥 운동을 위해 헌신하였다. 그리고 민족을 누구보다도 사랑했던 애국자였다. 특히 민족의 지도자로 있었던 김구 선생과 함께 한국 사회에 귀중한 사역을 감당한 인물이었다. 그는 신학자였고, 교육자로, 목회자로서 복음 전도자의 사역을 감당하였다. 뿐만 아니라 그는 제 1세 대의 신학자로, 목회자로, 백낙준·박형룡·박윤선·송창근·김재준·한경직 등과 함께 한국 교회의 신학의 형성과 목회를 위해 큰 기여를 하였음에도 불구하고 한국 교회사에서는 그에 대한 연구와 평가 작업이 불모지 상태였다.

김치선 박사가 1944년 초 무렵에 일본에서의 목회 사역을 청산하고 조선으로 귀국하고자 결심한 후 그해 동경역에서 시모노세기(下關)를 거쳐 여수에 도착하고 기차를 통해 함경남도 함흥에 도착하였다. 귀국 후 함흥에서 2 개월 정도 생활을 하고 있었던 김치선 박사에게 서울 남대문교회[1]로부터 정식 청빙을 받아 1944년 5월에 남대문교회 제 6대 담임 목사로 취임하였다. 그는 약 16년 동안 해외에서 유학과 선교 사업 그리고 목회를 통해 복음 전파를 위한 혼신의 노력을 기울였고 드디어 그토록 염원 하던

---

1) 남대문교회는 1885년 6월 25일 주일 예배를 알렌의 집에서 드림으로써 시작되었다. 알렌 박사(1858-1932, Dr. Horace Newton Allen)는 조선 최초로 내한한 개신교 선교사로서 남대문교회를 태동시켰다. 1887년 11월 21일, 알렌의 제중원병원 이전 확장에 대한 건의(1886년 8월 14일)에 따라 구리개(을지로 입구)로 제중원병원이 이전되고 병원 안에서 제중원교회 곧 구리개(동현)교회(현 남대문교회)가 시작되었다. 1904년 9월, 구리개에서 남대문 밖으로 교회를 이전하고 남대문 제중원교회 혹은 남대문밖교회로 호칭하고 1909년 11월 21일에 교회당을 건축해서 1910년 12월 4일에 헌당하고 1950년 초까지 그 건물을 교회로 사용하였다(김동화, 「나에게 있어 영원한 것」, 117).

조국 교회를 위해 마음껏 기도하고, 설교하며, 민족의 아픔을 다소 복음을 통해 치유할 수 있는 기회를 남대문교회에서 펼칠 수 있었다.

김치선 박사의 생애와 사역 중에서 남대문교회에서의 목회 사역은 일본의 신사 참배 강요와 민족 문화의 말살을 위해 창씨 개명을 실시했고 기독교인들을 향한 일본 경찰의 감시가 살벌하여 감히 새벽 기도회를 하지 못하고 쉬고 있었던 때였다. 하지만 김치선 박사는 일본에서부터 눈물의 목회를 통해 그리고 일본 경찰에게 사상범으로 체포되었다가 수 개월 동안 수감 생활을 하였던 경험이 있었음에도 불구하고 조국 교회에서 죽기로 결심한 그였기에 남대문교회에 취임하면서 서울의 교회에서는 처음으로 새벽 기도회를 시작하였다.

그는 남대문교회의 목회 사역을 통해 조국의 해방을 기약하며 새벽 기도회와 설교 시간을 통해 눈물을 흘리며 그곳에서 그토록 우리 민족에게 고통을 심어 준 일제의 강점기 36년을 청산하고 조국 해방을 맞았다. 김치선 박사가 해방 후에는 진정한 제사장의 나라로 건설하려면 이 백성들이 예수 그리스도를 믿어야 변화된다는 확신을 갖고 복음 전파에 매진하였다. 바로 "3백만 부흥 운동"[2]이 자신에게 주어진 소명임을 확신하였다. 그

---

2) "3백만 부흥 운동"은 4단계로 계획되었다. 제1단계는 1946년 3월말까지로 전국 3천 교회가 1명씩 3천 부흥사원을 모집하여 3천 명 부흥회를 개최하고 이들이 매일 새벽 5시에 부흥을 놓고 기도한다. 제2단계는 1946년 10월 말로 이 3천 명이 자기 교회에서 10명씩 부흥사원을 모집하여 3만 사원을 형성해서 매일 기도를 가지면서 30만의 부흥사원을 준비한다. 제3단계는 1947년 3월 말로 3만 사원이 10명씩 30만 사원을 모집하여 이를 소년단(16-20세), 청년단(21-30세), 장년단(31세 이상)으로 조직하여 30만 부흥대회를 개최한다. 마지막 4단계는 이들 30만이 10명씩 동지를 모아 3백만 사원을 형성하여 전국 3백만 부흥 대회를 개최하고 이들을 훈련시켜 복음의 역군으로 만든다는 것이다. 그 후 3백만 부흥 운동의 결사대와 부흥 대원들의 헌신적이고 희생적인 전도 운동은 혼란기에 교회가 적극적이고 역동적으로 대처하는 모습을 보여 주었다. 하지만, 1950년 6.25 전쟁 직전 38선 부근과 지리산, 한라산, 등 공비 출몰 지역에 전도대원으

일환의 하나로 당시 한반도의 인구가 3천만이었는데 민족의 십분의 일인 3백만을 하나님께 바치기로 결심하였다. "당시 행정상 총 마을 수가 2만 8천 동네가 있었는데, 그 마을에 가서 우물을 파야 민족이 살 수 있다."라는 믿음으로 기드온 기도 특공대를 조직하였다. 그 결과 "300만 구령 운동"이라는 교회사에 놀라운 전국적인 교회 부흥의 역사를 전개할 수 있었다.

김치선 박사는 한국 교회사에서 재조명되어야 하고 따라서 그에 대한 정당한 평가 작업은 당연한 일이라 생각한다. 신학자와 교육자 그리고 목회자로서 '눈물의 예레미야'로 평생을 살다 간 한국 교회의 선각자인 고봉의 삶을 생각하며, 그가 당대 최고의 지성을 쌓았던 미국 신학대학에서 연구했던 글을 80년이 지난 이 시점에 한국 교회에 소개한다는 것은 매우 뜻깊은 일이라 생각한다.

로 파송 받은 자들 대부분이 전쟁으로 순교당하는 슬픔을 당했다(박용규, 「한국 기독교회사, 2」, 생명의말씀사, 2005, 845-846).

차 례

제2장 파괴적 비평가들과 오경의 모세 저작 증명 / 103

제3장 오경을 기록한 자자로서의 모세와 바빌론 신화 / 201

✍ 일러두기

히브리 어 원어 참고 문헌

BHS. Biblia Hebraica Stuttgartensia 히브리 어 분해 사전

B. D. B.

게제니우스 사전

Meggido Modern Dictionary

Logos Hebrew Dictionary(로고스 히브리 어 사전)

The Mosaic Authorship of The Pentateuch.

The New Bantam-Meggido

Hebrew English Dictionary

문서설(문서 가설〈假說〉)이란?3)

본서 저자가 오경(五經)은 모두 모세의 저작이라는 사실을 개진(開陳)함에 있어서 가장 배치되는 최대의 적수가 곧 이 문서설이다. 이 문서설은 일명 '벨하우젠 학설'이라고도 한다. 왜냐하면 성경 비평가인 독일의 벨하우젠(Julius Wellhausen, 1844-1918)이 모세 오경은 아래와 같이 4가지 문서(자료)로 구성되었다고 주장하며 그 사会 발달의 순서에 따라 진화론적 견지에서 그 연대를 추정하고 집대성했기 때문이다(그는 독일 괴팅겐대학 수학, 동 대학 셈 어학 교수, 그라이프스발트대학 구약학 교수를 역임하였다).

벨하우젠은 앞선 아스트룩(Jean Astruc), 아이히혼, 더 베테, 후펠트, 그라프 등의 학자들의 연구를 기초로 하여 모세 으경의 기본 문서(P 문서 : 아래 P 참조)가 가장 오래된 것이 아니라, 가장 늦게 나온 것이며, 모세 오경이 여러 요소들로 조합된 것으로 볼 때에 구약 종교의 발전을 더욱 분명하게 알 수 있다고 주장함으로써 널리 주목을 끌었다.

문서설은 모세 오경이 각기 독립적이고도 유사하면서 완전히 갖추어진 형태의 서술로 되어 있기 때문에 그것들이 일련의 편집자들에 의해 현재의 모습으로 조합되었다고 주장하는 이론이다 (그러므로 이 가설은 오경의 모세 저작 사실과는 배치되는 이론인 것이다).

이 편집 형태는 4개의 주요 문서(자료) 곧 연대순으로 보면 다음과 같다.

J : 이것은 '여호와 문서(Jehovah Document)'를 의미한다. 이 문서에는

---

3) 『기독교 새 사전』(기독교문사) ; 『*The New International Dictionary of the Christian Church*』 참조.

처음부터 하나님의 명칭이 '여호와(Jehovah)'로 불렸고(근래에는 '야훼'라고도 함), 이스라엘의 남왕국인 유다(Judah)에 관심이 집중된 문서라고 해서 그 각기 첫 글자가 J이므로 이를 따서 'J 문서'라고 부른다. 편집 연대는 솔로몬의 사후인 BC 850년경으로 추정한다. 유다의 어느 익명의 기자에 의해 쓰여진 문서라는 의미에서는 '야휘스트(Yahwist or Jahwist) 문서'라고도 한다.

　E : '엘로힘 문서(Elohim Document)'를 뜻한다(그 기자에 의해 쓰여진 문서라는 뜻에서는 'Elohist 문서'라고도 한다). 이스라엘 북왕조의 어느 무명의 저자에 의해 BC 750년경에 쓰여졌다. 이 문서에 쓰여진 하나님의 명칭이 'Elohim'이고 또한 이 문서의 관심 지역인 북왕국을 일명 'Ephraim'이라고 부른 데서 기인한다. 이스라엘의 초기 역사를 보여 주려는 의도로 쓰여진 것이며, 아브라함의 역사에서 시작되는데(창 15:5) 꿈, 천사, 축복, 이별 등에 특히 관심을 나타내고 있다.

　D : '신명기 문서(Deuteronomic Document)'를 의미하며, 그 기자를 'Douteronomist'라고 하는 바, 각기 그 첫 글자(D)에서 나온 이름이 'D 문서'이다. 요시야 왕이 BC 621년에 부흥을 일으킬 때 성전에서 발견한 율법과 동일시되며(왕하 22-23장) 신명기와 거의 일치된다. 그것은 제사장 힐기야의 지도에 따라 공식적인 개혁의 프로그램으로써 만들어졌다고 한다.

　P : '제사장 문서(Priestly Document)'로서, 연대적으로 이상 넷 중에 최후의 것으로 성립되었다고(BC 450년경) 추정된다(한편 바벨론 포로 시기 중에 기록된 것으로 보는 견해도 있다). 이 문서는 성결법전(레

17-26장)으로부터 시작하여 "모세의 율법에 익숙한 학사' 에스라까지 여러 시대에 걸쳐 편집되었고 에스라는 가장 후대의 제사(祭祀) 문서를 율법에 첨가시켰다고 본다. 이 문서의 특징은 극히 기계적이고 형식적이며, 연대·족보·통계 등을 거듭 반복하며, 제의적(祭儀的) 색체가 강하고 제사(祭祀)에 관한 규정이 상세히 기록되어 있다는 것이다. 레위기를 주축으로 하여 창세기와 민수기까지 전반에 걸쳐 전개되고 신명기 끝 부분에도 약간 드러나 있다.

성경 본문의 모순된 부분을 조합하기 위해서는, 그리고 억지로 본문을 설명하고 조합하려는 것을 방지하기 위해 18-19세기에 자료비평을 하는 성경학자들은 토라(오경)가 당시 몇몇의 일관성 없는 각각의 독립적인 문서들이 채택되어 조합된 모습으로 작성되었다는 변명의 이론에 이르고 있다.

문서 가설이 역사적으로, 체계적으로 아주 세련되고 설득력 있게 다듬어진 완벽한 자료라는 평을 받았다고 해도 근래에 와서는 이 가설이 흔들리고 있다. 다수 자료설들의 다양성으로 또는 단편 가설의 어떤 형태로 변화되고 있다. 가설은 가설일 뿐이다. 그러나 진화론이 한낱 가설이고 오류가 이미 밝혀졌지만 그것이 역사적으로 무신론자와 불신앙자를 야기시키는 엄청난 악영향을 끼치고도 그 깊은 뿌리가 아직도 뽑히지 않고 있듯이 문서 가설 역시 성경을 파괴시키고 불신앙을 부추기는 부정적 악영향을 끼치는 엄청난 독소이므로 이를 설파하는 작업에 참 신앙자들은 적극 참여해야 할 것이다.

성경 비평(고등 비평·하등〈저등〉 비평)이란?4)

'성경 비평(聖經批評 : biblical Criticism)'이란 성경 연구에 비평적 연구 방법(그 원역사적 배경과 관련하여 이해하려는)을 도입(적용)하는 학문적 경향을 지칭하는 신학적 용어이다. 비평 작업의 3대 요소는 ① 비평의 대상 ② 비평하는 자 ③ 비평의 표준이다. 이 3가지 요소가 달라짐에 따라 비평의 내용과 성격이 달라지며, 비평의 정당성 여부와 신학의 유파(流派)가 갈라지기도 한다. 비평 작업이 성경 연구에 적용되면서 '성경 비평학'이란 명칭을 가지는 동시에 성경 연구와 신학 사상에 중대한 연구 분야로 알려져 왔다.

이 성경 비평의 구약 성경 비평에는 두 분야 곧 고등 비평과 하등 비평(저등 또는 본문 비평)이 있는데 고등 비평(Higher Criticism)은 본문 비평과는 반대로 성경을 파괴적으로 취급한다(본서의 김치선 박사의 논술 중엔 '파괴적 비평들'이란 말이 여러 번 언급되는데 이를 두고 하는 말이다). 성경의 저자, 기록의 때, 본문의 구성 등을 취급하면서 성경의 책들이 그 각각 기록된 때의 형편과 문체의 구성 및 단어의 형성 등을 연구하고 단일 저자설을 부인하며, 여러 사람이 오랜 시일을 걸쳐 증보 편집되어 현재와 같은 책들이 된 것이라고 주장한다. 이 비평학의 비조는 화란인(유대계) 스피노자(Baruch de Spinoza, 1632-77)라고 하며, 그는 모세가 오경의 저자라는 사실을 부인하고 오히려 에스라 선지자의 작품이라고 주장하여 고등 비평의 성격을 양성화시켰다. 그 뒤를 이어 1753년 불란서 의사 아스트룩(Jean Astruc)이 그의 논문을 발표함으로써 "문서설"이란 이름이 유래

---

4) 「神學事典」(개혁주의신행협회, 1993). ; 「기독교 낱말 큰사전」(한국문서선교회, 2003). ; 「신약과 비평」(개혁주의신행협회, 2009. 개정판).
Van A. Harvey, *A Handbook of Theological Terms* (신학 용어 해설), 박양조 역 (서울 : 기독교문사).

되었고, 그의 뒤를 이어 독일의 아이히혼 (J. G. Eichhorn)이 그 "문서설"을 더욱 전진시켰다. 그는 문서설을 오경 전체에 적용함으로써 모세의 오경 저작성을 부인하였다. 급기야 독일의 벨하우젠(J. Wellhausen)이 위의 별도 항목의 「문서설」에서 논급한 바와 같이 그 이론을 더욱 확충, 체계화하였다. 그러므로 이 「문서설」 역시 「성경 비평학」에 속하며 그 맥락을 같이한다.

반면에 하등(저등) 비평(Lower Criticism) = 본문 비평(Textual Criticism)이란 주로 추구하는 과제가 성경 본문 본래의 단어들을 복원 또는 재구성하되 여러 가지 단편 증거본들이나 고대 번역본들, 사본들을 분석하고 정밀하게 비교하여 본래의 본문에 가장 근접한 형태를 찾아내어 본문의 원 뜻을 회복하고자 노력하는 학문적 자세이므로 이것은 우리가 수용할 만한 입장이다.

제1장

오경의 모세 저작에 관한
성경의 증거

I. 성경의 내적 증거

1. 오경의 통일성

모세 저작 사실의 한 증거는 오경의 통일성에서 찾을 수 있다. 역사 속에서의 모세의 위치와 그가 받은 교육은 이를 가능하게 했다. 필자가 이제 「오경 전체의 상대적 조직도(a comparative plan)」를 만들어 냄으로써 오경의 저자는 오직 한 사람뿐인 모세가 그 유일한 저자였음을 의심하는 것을 해소하도록 증명하겠다.

오경의 통합된 조직도
(The Unified Plan of the Pentateuch)

서 론 / 창 1:1-25

역 사 / 창 1:26 - 출 19장

i. 예 비 창 1:26 - 11장

홍수 이전 / 창 1:26 - 5장

노아 시대 / 창 6장 -11장

ii. 준 비 / 창 12장 - 출 19장

가 족 / 창 12장 - 50장(아브라함 · 이삭 · 야곱)

나 라 / 출 1장 - 13장

가족으로부터의 전환 / 출 1:1-7

출애굽 위한 준비 출 / 1:8 - 13장

ⅰ. 압제 / 1:8 - 22

ⅱ.도구로서의 모세   2장- 6장

ⅲ.재앙   7장 -13장

출애굽과 시내 산으로의 진행 / 출 14장 - 19장

입법, 광야에서의 이스라엘 / 출20 - 신 30

ⅰ. 시내 산에서 / 출 20장 - 수 10:10

율법부터 성막까지 / 출 20장 - 40장

시내 산에서의 법령들 / 레 1장 - 27장

출발 준비 / 수 1장 - 10:10

ⅱ. 바란에서 / 수 10:11 - 21장

시내 산에서 가데스 / 10:11 - 14장

40년간의 방황 / 15장 - 19장

가데스에서 모압 평지 / 20:6 - 21장

ⅲ. 모압 평야에서 / 신 1장 - 30장

모세의 첫 설교 / 1:1 - 4:40

두 번째 설교 / 5장 - 26장

세 번째 설교 / 27장 - 30장

결 론 / 신 31-34

위의 문단 조직도를 통해서 오경의 구조는 오경이 한 사람에 의해 쓰여졌음을 보여 준다. 오경은 하나의 연속된 기록으로서 순서에 맞추어 논리적으로 쓰여졌다. 오경 전체는 크게 서론, 역사, 입법, 결론 등 4부분으로 나눌 수 있다.

오경의 서론 부분에서는 하늘과 땅을 지으신 전능하신 하나님과 모든 살아 있는 생물들이 기록되어 있다. 오경의 역사 부분에서는 예비(준비)로서의 인간 창조, 홍수 이전, 노아 시대. 가족, 나라의 단락들이 있다. 오경의 입법 부분은 세 개의 다른 구조로 구성되어 있고 각각은 고유의 특성과 시기가 있다. 오경의 결론 부분에서 저자 모세는 그의 후계자 여호수아를 선택하고 유언함과 동시에 사임하고 죽는다.

만족할 만한 증명이 도출되었다. 연대기는 느리지만 분명하게 나아간다. 각 책들을 통하면서 많은 역사적 사건들은 하나의 큰 그림으로 만들어진다. 연대기적 순서는 인간 창조로부터 시작하여 아브라함, 이삭, 야곱, 모세와 같은 위대한 인물들로 이어진다. 하나님께서 그 인물들을 이용하셔서 그 자신에 대한 계시를 점점 더 멀리 드러내실 때 단 한 명의 등장인물의 생애와 특성이 나타난다.

오경의 저자는 이스라엘의 광야 생활에 대한 정확한 정보를 갖고 있는 인물일 수밖에 없고 또 이 정보는 이스라엘 사람들과 함께 여행한 개인적인 경험에서 나온 것일 수밖에 없다. 오경 전치의 묘사(narrative)는 현대의 독자들에게 눈에 보이는 듯하고 분명해서 오경 저작자로서의 논리적이고 타당한 통일성(unity)을 분명히 보게 한다. 모세는 하나님의 언약을 그 백성에게 전달하는 중요한 인물이다. 오경에는 모세 이전에 전승으로 주어진 언약에 대한 기록이 있다. 그리고 모세를 통해서 주어진 그 약속들과 언약들의 멋진 발전이 나타나 있다. 이 언약들은 모세가 죽었을 때에 언약이 종결됨을 의미하지 않고, 창세기, 출애굽기, 레위기, 민수기, 신명기의 시대까지 주어진 언약의 역사를 의미한다.

2. 오경의 양식(style)

W. H. Green이 말하기를 "율법이 구성된 양식과 쓰여진 용어들은 뒤따라오는 세대들을 향하고 있다는 주장에 부합하고 이는 오경의 모세의 기원(origin)을 의미한다."라고 하였다. 필자는 이 진술과 모든 것이 부합되는 오경의 구절들을 인용하고 싶다. 다음의 구절들은 그 기록들이 얼마나 그 상황에 잘 맞도록 개정되었고 또 다양한 환경 가운데에서 뛰어난 교사인 모세가 자신의 느낌을 표현하고 있는지를 보여 준다. 이 율법들이 이 광야 여행 가운데 제정되었을 뿐 아니라 기록하도록 위임되었다.

레 18:3 – 너희는 그 거하던 애굽 땅의 풍속을 좇지 말며 내가 너희를 인도할 가나안 땅의 풍속과 규례도 행하지 말고.

신 12:9 – 너희가 너희 하나님 여호와의 주시는 안식과 기업에 아직은 이르지 못하였거니와.

신 15:4 – 네가 만일 네 하나님 여호와의 말씀만 듣고 내가 오늘날 네게 명하는 그 명령을 다 지켜 행하면 네 하나님 여호와께서 네게 유업으로 주신 땅에서 네가 정녕 복을 받으리니 너희 중에 가난한 자가 없으리라.

신 15:7 – 네 하나님 여호와께서 네게 주신 땅 어느 성읍에서든지 가난한 형제가 너와 함께 거하거든 그 가난한 형제에게 네 마음을 강퍅히 하지 말며 네 손을 움켜쥐지 말고.

신 17:14 – 네가 네 하나님 여호와께서 네게 주시는 땅에 이르러서 그 땅을 얻어 거할 때에 만일 우리도 우리 주위의 열국같이 우리 위에 왕을 세우리라는 뜻이 나거든.

레 14:34 – 내가 네게 기업으로 주는 가나안 땅에 너희가 이른 때에 내가 너희 기업의 땅에서 어느 집에 나병 색적을 발하게 하거든.

신 19: – 네 하나님 여호와께서 이 열국을 멸절하시고 네 하나님 여호와께서 그 땅을 네게 주시므로 네가 필경 그것을 얻고 그들의 각 성읍과 각 가옥에 거할 때에.

신 12: – 네 열조의 하나님 여호와께서 네게 주셔서 얻게 하신 땅에서 너희가 평생에 지켜 행할 규례와 법도는 이러하니라.

신 12:8,9 – 우리가 오늘날 여기서는 각기 소견대로 하였거니와 너희가 거기서는 하지 말지니라 너희가 너희 하나님 여호와의 주시는 안식과 기업에 아직은 이르지 못하였거니와.

신 12:5 – 오직 너희 하나님 여호와께서 자기 이름을 두시려고 너희 모든 지파 중에서 택하신 곳인 그 거하실 곳으로 찾아 나아가서.

민 5:2-4 – 이스라엘 자손에게 명하여 모든 나병 환자와 유출병이 있는 자와 주검으로 부정케 된 자를 다 진 밖으로 내어 보내되 무론 남녀하고 다 진 밖으로 내어 보내어 그들로 진을 더럽히게 말라 내가 그 진 가운데 거하느니라 하시매 이스라엘 자손이 그 같이 행하여 그들을 진 밖으로 내어 보내었으니 곧 여호와께서 모세에게 이르신 대로 이스라엘 자손이 행하였더라.

레 14:8 – 정결함을 받는 자는 그 옷을 빨고 모든 털을 밀고 물로 몸을 씻을 것이라 그리하면 정하리니 그 후에 진에 들어올 것이나 자기 장막 밖에 칠 일을 거할 것이요.

레 16:21,22 – 아론은 두 손으로 산 염소의 머리에 안수하여 이스라엘 자손의 모든 불의와 그 범한 모든 죄를 고하고 그 죄를 염소의 머리에 두어 미리 정한 사람에게 맡겨 광야로 보낼지니 염소

가 그들의 모든 불의를 지고 무인지경에 이르거든 그는 그 염
소를 광야에 놓을지니라.

레 4:1 – 곧 그 송아지의 전체를 진 바깥 재 버리는 곳인 청결한 곳으로 가
져다가 불로 나무 위에 사르되 곧 재 버리는 곳에서 사를지니
라.

레 4:21 – 그는 그 수송아지를 진 밖으로 가져다가 첫 번 수송아지를 사름
같이 사를지니 이는 회중의 속죄제니라.

레 6:11 – 그 옷을 벗고 다른 옷을 입고 그 재를 진 바깥 정결한 곳으로 가
져갈 것이요.

레 13:43 – 제사장은 그를 진찰할지니 그 대머리에나 이마 대머리에 돋은
색점이 희고 불그스름하여 피부에 발한 나병과 같으면.

레 14:3 – 제사장은 진에서 나가서 진찰할지니 그 환자에게 있던 나병 환
처가 나았으면.

레 8:2-4 – 너는 아론과 그 아들들과 그 의복과 관유와 속죄제의 수송아지
와 수양 둘과 무교병 한 광주리를 이끌고 온 회중을 회막문에
모으라 모세가 여호와께서 자기에게 명하신 대로 하매 회중이
회막문에 모인지라.

레 10:1,2 – 아론의 아들 나답과 아비후가 각기 향로를 가져다가 여호와의
명하시지 않은 다른 불을 담아 여호와 앞에 분향하였더니 불
이 여호와 앞에서 나와 그들을 삼키매 그들이 여호와 앞에서
죽은지라.

레 16:1 – 아론의 두 아들이 여호와 앞에 나아가다가 죽은 후에 여호와께
서 모세에게 말씀하시니라.

레 16:3ff – 아론이 성소에 들어오려면 수송아지로 속죄 제물을 삼고 수양
으로 번제물을 삼고 거룩한 세마포 속옷을 입으며 세마포 고
의를 살에 입고 세마포 띠를 띠며 세마포 관을 쓸지니 이것들

은 거룩한 옷이라 물로 몸을 씻고 입을 것이며.

레 16:27, 28 – 속죄제 수송아지와 속죄제 염소의 피를 성소로 들여다가 속죄하였은즉 그 가죽과 고기와 똥을 밖으로 내어다가 불사를 것이요 불사른 자는 옷을 빨고 물로 몸을 씻은 후에 진에 들어올지니라.

출 36:20 – 그가 또 조각목으로 성막에 세울 널판들을 만들었으니.

민 4:5ff – 행진할 때에 아론과 그 아들들이 들어가서 간 막는 장을 걷어 증거궤를 덮고 그 위에 해달의 가죽으로 덮고 그 위에 순청색 보자기를 덮은 후에 그 채를 꿰고.

민 7장 – 지파의 족장들이 제단 완성하여 드릴 때 예물을 바치고 하나님은 시은소에서 모세에게 말씀하셨다.

민 2장 – 지파의 장막 배치 순서

민 10:2ff – 은 나팔 둘을 만들되 쳐서 만들어서 그것으로 회중을 소집하며 진을 진행케 할 것이라 두 나팔을 불 때에는 온 회중이 회막문 앞에 모여서 네게로 나아올 것이요.

민 19:3,4,7,14,16 – 너는 그것을 제사장 엘르아살에게 줄 것이요 그는 그것을 진 밖으로 끌어내어서 자기 목전에서 잡게 할 것이며 제사장 엘르아살은 손가락에 그 피를 찍고 그 피를 회막 앞을 향하여 일곱 번 뿌리고 ; 제사장은 그 옷을 빨고 물로 몸을 씻은 후에 진에 들어갈 것이라 그는 저녁까지 부정하리라 ; 장막에서 사람이 죽을 때의 법은 이러하니 무릇 그 장막에 들어가는 자와 무릇 그 장막에 있는 자가 칠 일 동안 부정할 것이며; 누구든지 들에서 칼에 죽이은 자나 시체나 사람의 **뼈**나 무덤을 만졌으면 칠 일 동안 부정하리니.

모세가 모압 평지에서 이스라엘에게 연설한 신명기의 율법들은 셋으로 나누어진다(신명기 1:5ff, 5:1ff). 이 세 연설들이 중요할 뿐 아니라 시내 산에서 한 연설 역시 어깨를 나란히 한다. W. H. Green은 말하기를 "가장 세밀한 검토는 이 연설들의 어휘 선택이나 사고 양식이 뒤따라 나오는 율법들의 어휘 선택이나 사고 양식과 일치하는 것을 보여 준다. 두 가지 모두 한 사람의 생각과 글에서 나온 것이다."라고 했다.

고등 비평가들은 오경을 몇 가지 문서로 분류하는데 그 양식의 차이에 따라 J, E, JE, D, P라고 부른다. 이것은 특별한 주제로 다루어질 것이지만 여기에서 필자는 고등 비평가들이 다양한 문서로 분류하는 오경의 몇몇 구절들을 비교하여 그 양식이 동일한 것임을 보여 주고 싶다.

〔창세기 6:5-7〕	〔창세기 6:11-13〕
여호와께서 사람의 죄악이 세상에 관영함과 그 마음의 생각의 모든 계획이 항상 악할 뿐임을 보시고 땅 위에 사람 지으셨음을 한탄하사 마음에 근심하시고 가라사대 나의 창조한 사람을 내가 지면에서 쓸어버리되 사람으로부터 육축과 기는 것과 공중의 새까지 그리하리니 이는 내가 그것을 지었음을 한탄함이니라 하시니라.	때에 온 땅이 하나님 앞에 패괴하여 강포가 땅에 충만한지라 하나님이 보신즉 땅이 패괴하였으니 이는 땅에서 모든 혈육 있는 자의 행위가 패괴함이었더라 하나님이 노아에게 이르시되 모든 혈육 있는 자의 강포가 땅에 가득하므로 그 끝 날이 내 앞에 이르렀으니 내가 그들을 땅과 함께 멸하리라.
〔출애굽기 9:1-6〕	〔출애굽기 9:8-11〕
여호와께서 모세에게 이르시되 바로에게 들어가서 그에게 이르라 히브리 사람의 하나님 여호와께서 말씀하시기를 내 백성을 보내라 그들이 나를 섬길 것이니라. 네가 만일 그들 보내기를 거절하고 억지로 잡아 두면 여호와의 손이 들에 있는 네 생축 곧 말과 나귀와 약대와 우양에게 더하리니 심한 악질이 있을 것이며 여	여호와께서 모세에게 이르시되 바로에게 들어가서 그에게 이르라 히브리 사람의 하나님 여호와께서 말씀하시기를 내 백성을 보내라 그들이 나를 섬길 것이니라. 네가 만일 그들 보내기를 거절하고 억지로 잡아 두면 여호와의 손이 들에 있는 네 생축 곧 말과 나귀와 약대와 우양에게 더하리니 심한 악질이 있을 것이며 여호와가 이스라엘의 생축과 애굽의 생축을 구별하리니 이스라엘 자손에 속한 것은

호와가 이스라엘의 생축과 애굽의 생축을 구별하리니 이스라엘 자손에 속한 것은 하나도 죽지 아니하리라 하셨다 하라 하시고 여호와께서 기한을 정하여 가라사대 여호와가 내일 이 땅에서 이 일을 행하리라 하시더니 이튿날에 여호와께서 이 일을 행하시니 애굽의 모든 생축은 죽었으나 이스라엘 자손의 생축은 하나도 죽지 아니한지라.	하나도 죽지 아니하리라 하셨다 하라 하시고 여호와께서 기한을 정하여 가라사대 여호와가 내일 이 땅에서 이 일을 행하리라 하시더니 이튿날에 여호와께서 이 일을 행하시니 애굽의 모든 생축은 죽었으나 이스라엘 자손의 생축은 하나도 죽지 아니한지라.
〔민수기 16:12-15〕 모세가 엘리압의 아들 다단과 아비람을 부르러 보내었더니 그들이 가로되 우리는 올라가지 않겠노라 네가 우리를 젖과 꿀이 흐르는 땅에서 이끌어 내어 광야에서 죽이려 함이 어찌 작은 일이기에 오히려 스스로 우리 위에 왕이 되려 하느냐 이뿐 아니라 네가 우리를 젖과 꿀이 흐르는 땅으로 인도하여 들이지도 아니하고 밭과 포도원도 우리에게 기업으로 주지 아니하니 네가 이 사람들의 눈을 빼려느냐 우리는 올라가지 아니하겠노라 모세가 심히 노하여 여호와께 여짜오되 주는 그들의 예물을 돌아보지 마옵소서 나는 그들의 한 나귀도 취하지 아니하였고 그들의 한 사람도 해하지 아니하였나이다 하고.	〔민수기 16:1, 2-7〕 레위의 증손 고핫의 손자 이스할의 아들 고라와 르우벤 자손 엘리압의 아들 다단과 아비람과 벨렛의 아들 온이 당을 짓고 이스라엘 자손 총회에 택함을 받은 자 곧 회중에 유명한 어떤 족장 이백오십 인과 함께 일어나서 모세를 거스르니라 그들이 모여서 모세와 아론을 거슬러 그들에게 이르되 너희가 분수에 지나도다 회중이 다 각각 거룩하고 여호와께서도 그들 중에 계시거늘 너희가 어찌하여 여호와의 총회 위에 스스로 높이느뇨 모세가 듣고 엎드렸다가 고라와 그 모든 무리에게 말하여 가로되 아침에 여호와께서 자기에게 속한 자가 누구인지 거룩한 자가 누구인지 보이시고 그 자를 자기에게 가까이 나아오게 하시되 곧 그가 택하신 자를 자기에게 가까이 나아오게 하시리니 이렇게 하라 너 고라와 너의 모든 무리는 향로를 취하고 내일 여호와 앞에서 그 향로에 불을 담고 그 위에 향을 두라 그때에 여호와의 택하신 자는 거룩하게 되리라 레위 자손들아 너희가 너무 분수에 지나치느니라.

Driver 박사는 위의 구절들을 다음과 같이 분류한다.

J 문서 : 창세기 6:5-7, P 문서 : 창세기 6:11-13, J 문서 : 출애굽기 9:1-6, P 문서 : 출애굽기 9:8-11, JE 문서 : 민수기 16:12-15, P 문서 : 민수기 16:2-7. 여기 주제 면에서는 잘 균형 잡힌 세 개의 P 문서와 두 개의 JE 문서, 그리고 두 개의 J 문서가 있다. 어떻게 구별하는 것인가? Driver 박사의 기준에 따르면, 각 문서를 구분하는 것은 쉬운 일이지만, 위의 발췌문을 시험 삼아 보도록 하자. 물론, 비평 방법들은 "여호와"와 "하나님"을 구분하여 처음 것("여호와")은 J 문서에 속하고 "하나님"은 P 문서에 속한다고 구분하지만, P 문서 안에 J 문서가 들어 있다. 어떻게 고등 비평가들은 이것을 설명할 수 있을까? 이것은 양식을 평가하는 것이 될 수 없다. 상식적으로 위의 구절들은 양식에 있어서 동일함을 보여 준다. 양식에 있어서 한 저자의 저작했음을 증거 할뿐 아니라 발상의 동질성도 모세가 저작한 증거가 된다.

3. 오경 저자의 애굽에 대한 직접적인 지식

오경에서는 오경의 저자인 모세가 애굽에서 출생하였고(출 2:2) 바로의 궁전에서 자랐다고 한다(출 2:11). 사도행전 7:22은 "모세가 애굽 사람의 학술을 다 배워 그 말과 행사가 능하더라."라고 기록하고 있다. 그래서 오경에서 우리는 애굽의 관습과 글, 법, 그리고 종교를 찾아낼 수 있다. 고등 비평 가들은 애굽에 관한 지식들이 역사적 사실성을 부인하지만 고고학은 오경의 기록을 역사적 사실로 증거하고 있다.

창세기 12장은 아브람이 기근 때문에 애굽으로 내려갔다고 기록하고 있다. 애굽에서 발견된 그림에서는 애굽의 한 왕이 아바하(Abahah)라 이름 하는 시리아 출신의 한 남자로부터 무엇을 받고 있다. 이는 바로 아브람일 가능성이 있다.

또 성경은 아브람이 애굽에서 부자가 되었다고 한다(창 13:2). 말들은 출산되고 길러졌다. 만약 요셉 시대나 그 이후 시대의 사람이 애굽으로 가서 부자가 되었는데 말(馬)에 대한 언급이 없다면 이것은 이상하게 여겨질 것이다. 창세기 12:16은 말하기를 "이에 바로가 그를 인하여 아브람을 후대하므로 아브람이 양과 소와 노비와 암수 나귀와 약대를 얻었더라." 그런데 이 구절에 말에 대한 언급이 없다. 그래서 고등 비평가들은 이 구절에 기록된 사건의 역사성을 부인한다. 그러나 지금 애굽 역사는 말하기를 힉소스의 왕들이 말들을 이집트에 들여왔다고 한다(고대 왕국과 중간 왕국 사이의 시기).

성경 연대는 말하기를 아브람은 중간 왕국기 이전이나 그 시대에 애굽으로 갔다고 한다. 요셉의 연대는 그가 바로 힉소스 왕조의 통치시기에 내려간 것을 보여 준다. 우리는 힉소스 왕조에 대하여 상대적으로 잘 모르고 있지만 일반적으로 그들은 동편에서 왔고 아마도 아시아 사람으로 알려져 있다. 그들 중의 하나가 바로 요셉을 통치자로 세운 자이다. 많은 모순들이 오늘날의 고등 비평과 고고학 사이에 존재하지만, 근대 고고학과 성경은 아무런 모순점을 갖고 있지 않다. 실제 사실들에 대한 증명들이 존재하지만 다수의 증명들은 배경으로서 존재한다. 그래서 우리는 말이 애굽에 도입된 시기가 아브라함의 시대 이후이고 요셉의 시대 이전인 것을 알 수 있다.

요셉의 역사 기록은 애굽의 관습과 당시의 애굽의 상황과 일치하는 것을 보여 준다. 요셉의 형들이 그를 애굽으로 가는 미디안 상인들에게 팔았고(창 37:36), 그들은 바로의 시위대장인 보디발에게 팔았다(창 37:28). 이 사건은 대상들(caravans)과 애굽과의 거래가 아주 이른 시기에 형성되었다는 사실로 입증된다. 애굽의 16왕조의 한 왕이 사막을 여행하는 여행자들의 편의를 위해 와디 자수스(the Wady Jasoos)에 머물곳(a station)을 세웠다는 사실과 애굽인들이 노예를 전쟁을 통해서만 아니라 매매를 통해 얻었다는 사실은 이 주장을 돕는다.

모세 오경에서 요셉의 주인은 환관(eunuch)으로 불렸는데 이 단어의 어원은 "뿌리째 뽑는다(to pull up by the roots)"를 의미하고 있으며 특히 고환의 거세를 가리킨다. 창세기 37:36; 39:1에 등장하는 환관은 궁정의 관원(officer)에 맞먹는 직위를 가진 자였으며 열왕기하 18:17 및 예레미야 39:3, 13에서는 군대의 고위급 장교에 해당되는 직위로 표현되고 있다. 요셉의 주인인 보디발(Potiphar)은 환관이 아니었으며 이집트의 절대 군주였던 파라오(Pharaoh) 곧 바로의 친위대장 중 한 명이었다는 사실은 의문의 여지가 없다.

보디발은 요셉을 "가정 관리인"으로 삼았다(창 39:4, 5). 이는 당시 이집트의 관습에 따른 것이었다. 보디발의 집안에서 요셉의 시험(temptation)은 고대 이집트 설화에 등장하는 두 형제 이야기와 동일한 성격을 띠고 있다. 후자의 설화에 등장하는 형의 아내도 요셉이 처한 경우와 마찬가지로 동일한 역할을 담당하고 있는데 처음에는 동생을 유혹하다가 이후에는 부당하게 죄를 씌우고 있다. 이에 그녀의 남편은 동생을 죽이려고 한다. 형이 동생을 바짝 뒤쫓자 이집트의 태양신인 호루스(Horus)는 형과 동생 사이에 악어들로 가득한 호수를 만들어 동생의 목숨을 구하고 있다. 요셉의 시험은 이러한 설화를 바탕으로 한 실화일 가능성이 매우 높다. 창세기 40장 16절, 17절에서 머리 위에 놓인 광주리는 관원장의 환상 속에서 자연스럽게 등장하는데 그 이유는 머리에 짐을 얹어 옮기는 행동이 무엇보다도 고대 이집트인들의 흔한 관습 중 하나에 속했기 때문이다. 역사가 헤로도투스(Herodotus)의 설명에 따르면 이것이야말로 이집트인들과 여타 지역의 사람들을 구분 짓는 관습이었다.

고대 이집트인들은 꿈을 인간과 신의 영적 교통을 매개하는 수단으로 생각했다. 창세기 40:9~11에 등장하는 술 맡은 관원장의 꿈과 창세기 40장 16~17에 등장하는 떡 굽는 관원장의 꿈 그리고 창세기 41:1~7에 등장하는 파라오(Pharaoh)의 꿈은 성경의 저자가 이집트인의 사고방식을 잘 알고 있었음을 보여 주는 증거로 볼 수 있으며, 저자의 작품(성경)에 진정한 이집트적 문체를 부여하고 있다.

요셉이 "혼자서 수염을 깎았다."라는 대목(창 41:14)과 "바로(Pharaoh)가 그의 손가락에 낀 반지를 뽑아 요셉의 손에 끼운 후 그에게 세마포 옷을 입히고 금 사슬을 목에 걸었다."라는 대목(창 41:42) 그리고 온(On)의 제사장의 딸과 혼인한 요셉은 모두 이집트의 역사 및 유적을 통해 규명되고 있다.

야곱의 아들들이 양식을 얻기 위해 이집트로 여행을 떠나는 이야기는 그 당시에 무엇보다도 일상적인 사건을 묘사하고 있다. J. G. Duncan은 그의 책 『이집트 탐험과 구약 성경』(*Exploration of Egypt and the Old Testament*)에서 다음과 같이 말하고 있다.

고대 이집트는 대표적인 옥수수 수출국이었으며 당시 시리아와 이집트를 잇는 교통로에서는 대부분 옥수수를 실은 나귀들의 행렬이 줄을 이었다. 이미 먼 옛날에 팔레스타인, 시리아, 키프로스(그리스를 제외할 경우) 및 소아시아 지역은 모두 관례에 따라 이집트에서 옥수수를 사들이고 있었으며, 이후 이집트는 로마 제국의 든든한 곡물 창고가 되었다.

이집트의 기근(famine)과 관련해 C. Elliot은 다음과 같이 말한다.

이집트의 기근(창 41:54, 55)은 모세 오경의 저자가 이 나라의 자연 조건을 몰라도 한참 모른다고 비판해 왔던 일부 비평가들에겐 의혹의 대상인 것처럼 보이지만 이집트처럼 기근이 매우 빈번하면서도 지독하게 발생하는 지역은 지구상에 거의 존재하지 않는다. 이집트의 비옥함은 사실 나일 강(the Nile)의 범람에 의해 좌우되고 있으며 다만 이러한 하천의 범람은 아비시니아 산맥(Abyssinia mountain) 지역의 많은 강수량에 의해 발생하고 있다. 따라서 이러한 강수량이 줄어들 경우, 나일 강의 범람도 줄어들게 된다."5)

필자가 인용할 아래의 성경 구절은 이집트에서 이스라엘의 지리적 위치에 부합할 뿐만 아니라 고대 이집트의 관습과도 일맥상통한다.

"그들은 요셉에게 상을 따로 차려 올리고 그의 형제들에게도 따로 차려 주고 요셉과 함께 먹는 이집트 사람들에게도 따로 차려 주었다. 이집트 사람들은 히브리 사람들과 자리를 같이해서 음식을 먹으면 부정을 타게 된다고 생각했던 것이다"(창 43:32, 공동 번역).

"이것은 내 주인이 가지고 마시며 늘 점치는 데에 쓰는 것이 아니냐 너희가 이같이 하니 악하도다 하라"(창 44:5, 개역 개정).

"바로가 당신들을 불러서 너희의 직업이 무엇이냐 묻거든 당신들은 이르기를 주의 종들은 어렸을 때부터 지금까지 목축하는 자들이온데 우리와 우리 선조가 다 그러하니이다 하소서 애굽 사람은 다 목축을 가증히 여기나니 당신들이 고센 땅에 살게 되리이다"(창 46:33-34, 개역 개정).

"이스라엘이 모든 소유를 이끌고 떠나 브엘세바에 이르러 …"(창 46:1,

---

5) C. Elliot, *The Vindication of the Mosaic Authorship of the Pentateuch* (모세 오경의 저자 증명), 170.

개역 개정)

“야곱이 브엘세바에서 떠날새 …”(창 46:5, 개역 개정)

“… 다 함께 애굽으로 갔더라”(창 46:6, 개역 개정).

“요셉이 그의 수레를 갖추고 고센으로 올라가서 그의 아버지 이스라엘을 맞으며 그에게 보이고 그의 목을 어긋맞춰 안고 얼마 동안 울매”(창 46:29, 개역 개정)

창세기 41장 56절에서 “요셉은 모든 창고를 열었다.”라고 기록되어 있는데 이 창고는 여러 도시에 식량을 저장할 목적으로 요셉에 의해 조성된 것이었다(창 41:35). 각 도시는 성채(fort)였거나 성채 내부에 포함되어 있었다. 이는 고대의 곡물 창고가 발굴될 때마다 입증되고 있다. 곡물 창고는 일반적으로 내부에 버팀벽을 구성할 수 있도록 벽면 구조로 조성되었다. 오늘날 텔 샤르한바(Tell Sharhanba)로 알려진 최초의 벽돌식 성채의 경우, 이집트의 19대 왕조 시대부터 26대 왕조 시대까지 사람들이 거주했음이 틀림이 없으며 이러한 결론을 도출하는 데 필요한 결정적인 사료가 되고 있다. 그러나 이러한 벽돌식 성채가 그보다 훨씬 더 이른 시기에 유래했을 가능성도 여전히 남아 있다. 부라 유세프(Burra Yusef)라는 이름이 붙은 창고들이 발견되었다. 사람들은 이 건물이 벽돌 가마였다고 말했지만 건물의 측면부에 연소(burning)의 흔적이 없었을 뿐만 아니라 충전재 내부에서 연소된 벽돌도 없었기 때문에 그러한 추정은 사실에 근거하고 있지 않은 게 분명하다. 창고 옆에 위치한 둔덕(mound)은 유사한 구조의 방(chamber) 1개를 포함하고 있었으며 이후에는 4개의 방이 일정한 깊이까지 추가로 조성되었다. 이러한 다수의 방 중 5개는 2개의 열로 배열되었으며 약 6.97 m² 면적의 대형 벽돌 연단으로 둘러싸여 있었다. 각 방의 직경은 약 3.96 미터였으며 지붕의 사면이 시작되는 지점을 기점으로 한 방의 높이도 직경과 동일했다. 각 방의 지붕은 곡식의 입고 및 출고 작업을 수행할 수 있는 유일한 통로였으며 각 방은 문을 통해 서로 연결되지는 않았다. 서쪽 방향으로는 비스듬한 통로 하나가 연단의 상단면과 이어져 있었으며 곡식을 운반하는 자들은 이 통로를 통해 창고 지붕 위로 올라갔다. 창고의 방 내부에서 당대의 모습을 엿볼 수 있는 충분한 단서를 제공할 만한 증거는 발견되지 않았으며 벽돌 벽체의 초기 배열을 재구성해 볼 때 곡물 창고의 벽체 구조물 내부에는 일종의 요새(bastion)가 포함되어 있었을 것으로 추정된다.

창세기 47장 20절은 "그러므로 요셉이 애굽의 모든 토지를 다 사서 바로에게 바치니 애굽의 모든 사람들이 기근에 시달려 각기 토지를 팔았음이라 땅이 바로의 소유가 되니라."라고 기록되어 있으며 창세기 47장 22절은 "제사장들의 토지는 사지 아니하였으니 제사장들은 바로에게서 녹을 받음이라 바로가 주는 녹을 먹으므로 그들이 토지를 팔지 않음이었더라."라고 기록되어 있다. 이 두 구절은 역사학자들을 통해 확증되고 있다. 고대 이집트의 광활한 국토를 소유한 자를 명백히 입증하는 사료는 이미 존재하고 있다. 기원전 1900년 이전 당시 고대 이집트의 국토는 대지주들이 소유하고 있었다. 그러나 기원전 약 600년경 및 그 이전에는 왕(파라오=바로)이 거의 모든 국토를 소유했으며 이러한 토지를 이용해 농사를 짓는 백성들이 추수한 농산물 중 5분의 1을 조세로 거둬들였다. 이는 성경의 기록이 틀림이 없음을 보여 준다.

창세기 50:26에 언급된 미라를 이용한 시신 보존(mummification)은 요셉이 살았던 당대의 흔한 관습 중 하나였다. 이 관습은 초창기에 왕(파라오)에게만 적용되었지만 이후에는 (인간을 비롯한) 동물에게까지 확대되었다. 사후 70일 동안 고인을 애도하는 행위는 고대 이집트의 관습이었다.

이집트에서 이스라엘 자손들의 수효가 증가했기 때문에 파라오는 그들의 존재를 두려워했다. 그래서 이스라엘 자손들을 압제하기 위해 파라오가 선택한 방법(출 1:8~10)은 이집트 열왕의 정신을 따르는 것이었다.

이스라엘 자손들이 이집트인들로부터 금은 패물과 의복을 얻을 수 있었다는 사실은 그러한 장신구들이 당대의 이집트인들 사이에서 널리 사용되었음을 시사한다. 이는 최근 여러 건의 사적지 발굴을 통해 확증되고 있다(출 3:22).

지팡이를 들고 다니는 행동(출 4:2)은 고대 이집트의 관습 중 하나였으며(출 7:12), "이스라엘 자손의 현장 감독들"(출 5:14)의 이름은 고대 이집트 유물에서 부하들을 나타낸 그림을 통해 설명되고 있다.

파라오의 오만함(출 5:5)은 세계의 열왕이라는 자부심으로 가득했을 뿐만 아니라 신성한 영예를 지닌 자로 자처한 이집트 열왕의 정신을 그대로 드러내고 있다.

출애굽기 7:11에 언급된 여러 가지 이적과 징표들은 이집트의 자연 현상 속에서 확인되었으며 일상적인 사건들과 밀접한 관계가 있는데 이는 모세 오경을 쓴 저자가 당대의 이집트를 정확하게 알고 있었음을 보여준다.

고대 이집트의 군사력에 관한 언급(출 14:15)은 역사와 유적을 통해 충분히 입증되고 있으며 당시의 악기, 노래 및 춤을 통해서도 확인되고 있다. "여인은 별다른 악기를 추가하지 않고 탬버린과 다라부카 드럼(darabooka drum)만을 치면서 춤을 추거나 소리에 맞춰 노래를 불렀다."

이제 모세 오경의 여러 곳에서 인용된 고센(Goshen) 지역을 살펴보기로 하자(창 45:10, 46:28, 34; 47:1, 4, 6; 50:8; 출 8:22; 9:26). 오늘날 이집트 북부에 위치한 쿠스(Qus) 지역은 구스(Gus) 또는 쿠스(Kus)로 발음되고 있으며 그리스에서는 이상하게도 케스(Qes)의 2가지 발음 형태 곧 게셈(Gesem) 및 게센(Gesen)과 카이산(Kaissan) 및 케산(Kessan)을 모두 유지하고 있는데 이는 발음상 코프(Qoph)와 카프(Kaf)를 혼동했음을 보여 준다. 따라서 고센(Goshen)이라는 명칭은 "케스(Qes)" 및 "쿠사(Cusa)"에서 유래하고 있다. 즉, "고쉬(Gosh)"는 "케스(Qes)" 및 그것의 현대적 어형인 "쿠스(Qus)"와 일치한다. 70인역 성경(LXX)에서 고센은 게셈 아라비아스(Gesem Arabias)로 불리는데 이는 구약 성경이 그리스 어로 번역되었던 시기에 고센 지역이 아라비아라는 지역의 일부에 불과했음을 암시한다. 따라서 신전이 위치한 케스(Qes), 신전에 모셔진 신들의 거처인 바숩트(Pa-Sopt), 구약 성경의 그리스 어 역본 제작 시기에 존재했던 게센(Geshen) 및 성경에 등장하는 지명인 고센(Goshen)은 모두 다 동일한 지역을 가리킨다. 기원 후 4세기에 실비아(Sylvia)라는 이름의 한 여인이 기록한 성지 순례 이야기〔이탈리아 중부에 위치한 아레초에서 발견되었으며 감무리니(Gammurini)에 의해 번역됨〕는 이러한 사실을 더욱 확증하고 있다.

이 이야기에서 그녀는 "클루스마〔Clusma = 수에즈(Suez)〕에서 출발하여 아라비아의 도시인 고센(Goshen) 땅으로" 순례의 길을 떠나고 싶었노라고 밝히고 있다. 오늘날 일부 학자들은 고센 지역이 18세기 초 이집트의 국왕에 의해 조성된 지역 중 하나였을 것으로 추정하고 있다.

출애굽기 12장 37절은 "이스라엘 자손이 라암셋(Ramses)을 떠나서 숙곳(Succoth)에 이르렀다."라는 사실을 기록하고 있으며 출애굽기 13장 20

절을 읽어 보면 이스라엘 자손들이 숙곳에서 출발해 다른 곳으로 여행 길을 떠났음을 알 수 있다. 마을에서 다시 사용했던 무덤의 문설주에는 비문이 하나 새겨져 있는데 영국의 고고학자인 F. Petrie는 이 비문을 다음과 같이 해석하고 있다. "최고의 궁수(弓手)이자 궁정의 곡물 창고 관리자 우세르 : 마트라 네크티네투쿠(User-maat-RA-NEKHTY-NE-THUKU) : 최고의 궁수이자 타누테르(TA-NUTER)의 곡물 창고 관리자 이하 동문." 여기서 타누테르는 오늘날의 시리아를 의미하며 짐작했던 대로 시리아의 농산물을 저장하기 위한 곡물 창고들이 여러 개 있었던 것으로 추정된다. 투쿠(THUKU)라는 단어는 셈 어(Semitic)로 오두막이나 헛간을 의미하는 숙곳(Succoth)을 가리키는데 이곳은 이스라엘 자손들이 라암셋을 떠난 후에 머물렀던 첫 번째 장소였으며, 곡물 창고 관리자의 이름은 "숙곳 지역의 위대한" 국왕에게 경의를 표하고 있다. 해리스 파피루스(Harris Papyrus)를 살펴보면 "라메싸 헤크 온(RAMESSA Heq. On : 람세스 3세)이 자신의 이름을 따 조성한 수테크(Sutekh)의 신전을 포함해 라메수, 메리 아멘(RA-MESSU, Mery Amen : 람세스 2세)의 집이라 불리는 한 도시"가 아트리비스(athribis)와 바일로스(Bailos) 사이에 위치한 한 곳에 있었음을 알 수 있다. 따라서 람세스에서는 람세스 2세가 조성했으며 더 나아가 람세스 3세에 의해 추가로 증축 및 장식된 신전을 발견할 수 있을 것으로 기대된다. 이 신전의 발굴 작업은 지금도 계속 진행되고 있으며 람세스 3세의 큰 머리가 현장에서 발견되었다는 사실은 그 역시 이 신전의 설비를 추가했으며 공사를 기념하기 위해 그의 조각상을 남겼다는 것을 시사한다. 신전 현장에 기록된 한 글귀는 "숙곳의 주인이신 아트무(Atmu)께서 모든 용기와 능력을 그에게 베푸신다."라고 해석되며 이는 숙곳(Succoth)을 이 마

을 또는 지역의 선택적인 명칭으로 표시하고 있다.[6]

성막(tabernacle)을 짓고 제사장의 의복을 제작하는 데 사용된 각종 재료 및 기술(예 : 보석 절단 및 조각, 금속 정련 및 가공 기술, 목조 조각, 가죽, 방적, 직물 짜기 및 자수, 우림과 둠밈 등)은 고대 이집트 사회에서 이미 사용되고 있었던 것들이다. 모세 오경에 등장하는 여러 가지 종교적 제도와 법률 중 상당수는 대체로 이집트의 그것을 가리키고 있다. 그렇지 않더라면 과거의 환경에서부터 전체적인 삶을 규율하는 율법에 익숙하지 않았던 사람들(이스라엘 자손을)에게 아마 그렇게 복잡한 율법은 전달되지 못했을 것이다.[7]

이집트의 관습, 예술, 법률 및 종교에 관한 상기의 인용문들은 모세 오경의 저자가 그러한 정보들을 잘 알고 있었음을 입증하고 있으며 결국 모세 오경의 저자는 모세(Moses)라는 일반적 견해를 뒷받침하고 있다.

4. 모세 오경 자체는 그 저자가 모세임을 주장

출애굽기 17:14은 "여호와께서 모세에게 이르시되 이것을 책에 기록하여 기념하게 하고 여호수아의 귀에 외워 들리라 내가 아말렉을 없이하여 천하에서 기억도 못 하게 하리라."라고 기록되어 있다(히브리어 성경에 근거한 해석).

이처럼 특별한 경우에서 모세가 그러한 여호와의 명령을 받았다는 사실은 그가 당시에 기억 및 보존할 만한 가치가 있는 모든 사건을 기록할 적

---

6) J. G. Duncan, *The Exploration of Egypt and the Old Testament* (이집트 탐험과 구약 성경), 172쪽을 참조.

7) C. Elliot, *The Vindication of the Mosaic Authorship of the Pentateuch* (모세 오경의 저자 증명), 248ff.

임자였음을 시사하고 있는 것으로 보인다. 그리고 이 구절에 사용된 단어들을 통해 유추해 볼 때 모세는 여기서 인용하고 있는 한 사건에 관한 이야기를 이미 보존하기 시작했거나 적어도 기록으로 남길 생각을 했다고 짐작할 수 있는데, 그 이유는 히브리어 성경에서 여호와의 명령은 영어 성경에서 보는 바와 같이 "어떤 책에 기록하라(write in a book)"가 아니라 "그 책에 기록하라(in the book)"로 기록되어 있기 때문이다. 하지만 다음의 두 가지 이유를 근거로 할 때 이러한 형태의 표현을 강조하는 것은 무리가 있다. ① 정관사는 원문의 문자가 아니라 맛소라 사본의 모음절들에 의해 표현되는데, 여기서 맛소라 사본의 모음들은 십중팔구 정확한 내용임에도 불구하고 저자(모세)가 직접 기록한 작품은 아니다. 따라서 맛소라 사본의 모음은 후대의 첨가물이란 의미이다. ② 이 정관사는 민수기 5:23에서 보는 바와 같이 단순히 기록할 필요가 있는 그 책을 가리킬 수 있다.[8]

민수기 33:1~2은 이렇게 기록되어 있다. "모세와 아론의 인도로 대오를 갖추어 애굽을 떠난 이스라엘 자손들의 노정은 이러하니라. 모세가 여호와의 명령대로 그 노정을 따라 그들이 행진한 것을 기록하였으니 그들이 행진한 대로의 노정은 이러하니라"(히브리어 성경에 근거한 해석).

조롱을 당하는 이스라엘 자손들 또는 광야를 방랑하는 그들의 모습에 대한 여러 인용 구절들은 여호와의 명령에 따라 이스라엘 자손들의 여정을 기술한 저자로 알려진 모세가 기록했음이 분명하다.

출애굽기 24:3, 4은 "모세가 와서 여호와의 모든 말씀과 그의 모든 율례

---

8) W. H. Green, *The Higher Criticism of the Pentateuch* (모세 오경에 대한 반론 비평), 38.

를 백성에게 전하매 그들이 한 소리로 응답하여 이르되 여호와께서 말씀하신 모든 것을 우리가 준행하리이다. 모세가 여호와의 모든 말씀을 기록하고 이른 아침에 일어나 산 아래에 제단을 쌓고 이스라엘 열두 지파대로 열두 기둥을 세우고 …"라고 기록하고 있다.

또한 출애굽기 34:27은 이렇게 기록되어 있다. "여호와께서 모세에게 이르시되 너는 이 말들을 기록하라 내가 이 말들의 뜻대로 너와 이스라엘과 언약을 세웠음이니라 하시니라." 여기서 분명히 알 수 있는 사실은, 모세가 "여호와의 말씀"을 기록한 책이 "언약의 책"이라고 불렸다는 것이다(출 24:7).

신명기 31:9, 24~26은 이렇게 기록되어 있다. "또 모세가 이 율법을 써서 여호와의 언약궤를 메는 레위 자손 제사장들과 이스라엘 모든 장로에게 주고 … 모세가 이 율법의 말씀을 다 책에 써서 마친 후에 모세가 여호와의 언약궤를 메는 레위 사람에게 명령하여 이르되 이 율법책을 가져다가 너희 하나님 여호와의 언약궤 곁에 두어 너희에게 증거가 되게 하라."

신명기 27:2~4은 "너희가 요단을 건너 네 하나님 여호와께서 네게 주시는 땅에 들어가는 날에 큰 돌들을 세우고 석회를 바르라. 요단을 건넌 후에 이 율법의 모든 말씀을 그 위에 기록하라. 그리하면 네 하나님 여호와께서 네게 주시는 땅 곧 젖과 꿀이 흐르는 땅에 네가 들어가기를 네 조상들의 하나님 여호와께서 네게 말씀하신 대로 하리라. 너희가 요단을 건너거든 내가 오늘 너희에게 명령하는 이 돌들을 에발 산에 세우고 그 위에 석회를 바를 것이며"라고 기록되어 있다.

석회를 바른 큰 돌에 "이 율법의 모든 말씀"을 기록한 후 이 돌들을 에

발 산에 세웠다는 사실은 이론의 여지가 없다고 볼 수 있다. 이 구절을 입
증하는 예들은 이집트의 여러 무덤 및 신전의 벽면은 물론, 상형 문자로
기록된 고대 이집트의 전설들을 도처에 간직하고 있는 수많은 유적에서
충분히 확인할 수 있다. 또한 그 이후로 이스라엘 자손들이 거주하는 땅
의 율법이 되었음을 명시한 상징적 선언문으로서 석회를 바른 석판에 기
록된 이러한 율법의 내용을 판독하는 것은 현실적으로 충분히 가능하다
고 볼 수 있다. 일반 히브리어 성경에 기록된 것보다 5배 정도 큰 활자로
기록된 이 율법은 2.44 m × 0.91 m(8 ft × 3 ft)의 공간에 모두 수록할 수
있었다. 3행 형식으로 작성된 유명한 다리우스(Darius)의 베히스텀 비문
(Behistum Inscription)은 모세가 기록한 율법책의 법전보다 2배나 더 긴
분량으로 되어 있으며 단단한 암반에 새겨져 있을 뿐만 아니라 접근하기
가 어려운 산기슭 지점에 위치해 있다.9)

　위의 성경 구절로 비추어 볼 때, 모세가 이스라엘 백성들의 여정에 관한
역사적 사료와 특정 율법들을 기록했음을 분명히 알 수 있다. 모세는 단지
이러한 자료들만 기록했다고 단정할 수는 없다. 때문에 모세가 모든 율법책
을 기록했다고 유추하는 것은 충분한 타당성이 있다. 레위기와 민수기에서
"여호와께서 모세에게 이르시되" 또는 "여호와께서 모세와 아론에게 이르시
되"라는 구절은 모세가 하나님으로부터 레위 율법을 받았음을 보여주는 충
분한 증거가 되고 있다. 따라서 모세는 3개의 법전 곧 언약서(covenant),
레위 율법(the Levitical) 및 신명기 율법(the Deuteronomic)의 저자였다
는 논리적 결론을 도출할 수 있다. 고등 비평가들은 성경의 모세가 3인칭

---

9) C. Elliot, *The Vindication of the Mosaic Authorship of the Pentateuch* (모세 오
　경의 저자 증명), 161.

으로 기록되어 있다는 이유로 모세를 모세 오경의 저자로 인정하지 않고 있다. 그러나 그들의 주장은 일관성이 없다. 만약 성경에서 모세가 1인칭 화자(話者)로 등장할 경우, 이러한 주장은 충분한 설득력을 얻게 될 것이다. 고등 비평가들은 신명기가 모세에 의해 기록되었다는 사실을 인정하지 않고 있지만 신명기는 여러 1인칭 화자의 발언들을 수록하고 있다. 역사책을 보면 저자가 자신을 표현하고 있는 세속 세계의 역사도 3인칭 화법을 사용한다는 사실을 알 수 있다. 이러한 3인칭 화법은 오늘날 통상적으로 사용되고 있으며 백과사전에 수록되는 글과 자서전에서도 볼 수 있다. 유대의 역사가인 요세푸스(Josephus)는 자신이 집필한 『유대 전쟁사』(*The Wars of Jews*)에서 3인칭 화법을 사용했으며 자신을 요세푸스로 인용했다(2:20; 6; 2:21). 그는 가끔 자신을 1인칭 화자로 인용하기도 했다. Gray는 요세푸스가 아닌 줄리어스 시저(Julius Caesar)를 전례로 사용하고 있다. 성경에 등장하는 다니엘은 1인칭 화법과 3인칭 화법을 넘나들면서 인상적인 증언을 하고 있다. 필자는 다니엘서에서 "다니엘(Daniel)"이라는 단어를 72곳에서 발견했는데 그중에서도 "나 다니엘은"이라는 구절은 8회에 걸쳐 등장하고 있다(단 7:15; 8:1, 15, 27; 9:2; 10:2, 7; 12:5). 동방 세계의 저자들이 지닌 특징들 중 하나는 모세 오경에서 모세가 그랬던 것처럼 자신의 글에서 3인칭 화법을 사용한다는 점이다. 이러한 3인칭 화법의 사용은 모세가 모세 오경의 저자가 아니었음을 어떤 식으로든 입증하지 못하고 있다. 오히려 이러한 3인칭 화법은 모세가 모세 오경의 저자였음을 입증하는 강력한 증거가 되고 있다.

"이 책"과 "이 율법책"이 창세기를 포함하고 있다는 사실 곧 모세 오경에 포함된 5권의 책이 서로 분리할 수 없는 한 권(volume)의 경전을 이루고 있다는 사실을 확인할 수 없는 한, 모세가 창세기를 기록했다는 사실을 보여 주는 증거는 단지 간접적으로만 존재할 따름이다. 창세기는 모세 오경에 적합한 머리말(introduction)을 형성하고 있으며 모세 오경의 다른 책들과 함께 역사적, 유기적인 통일체를 구성하고 있다. 창세기는 구약 성경과 신약 성경을 통틀어 기초가 되는 책이다. 따라서 전승(tradition)의 기원이 된 구약 시대의 예언자이자 율법 제정자(모세)가 창세기를 기록한 저자였을 가능성이 높다. 모세 외에는 그 누구도 그토록 정당한 저자의 자격을 부여 받을 수 있는 사람은 없다. 그 때문에 W. H. Green 박사는 그의 책에서 다음과 같이 밝히고 있다.

> 만약 오늘날 우리가 읽고 있는 율법의 기원이 모세라면 이스라엘의 역사는 필연적으로 동일한 저자에 의해 기록된 것이며 모세 오경의 전체 내용과 역사 및 율법은 여러 세대에 걸쳐 계속 읽혀지고 평가된 끝에 이미 알려진 사실 곧 모세의 저작물임에 틀림없다.[10]

---

10) W. H. Green, *op, cit.*, 39.

II. 성경의 외적 증거

1. 반대론의 측면

'모세 오경'을 언급한 구절을 찾기 위해 흠정역 관주 성경(King James Reference Bible)을 참조한 후, 필자는 아래에 열거한 각 성경 구절이 모세를 모세 오경(Pentateuch)의 저자로 인정했음을 입증하고 있다는 사실을 확인했다.

책	장수(章數)	창	출	레	민	신	종합
수	24 장	46 회	69 회	4 회	102 회	135 회	356 회
삿	21	59	22	7	46	59	193
룻	4	10	2	2	2	7	23
삼상	31	61	49	17	33	25	185
삼하	24	39	18	5	14	25	101
왕상	22	22	32	25	22	68	169
왕하	25	17	21	21	5	45	109
대상	29	77	25	11	39	12	164
대하	36	12	47	32	44	50	185
에스라	10	1	13	9	17	14	54
스	13	11	32	22	22	43	130
에	10	7	1	0	1	4	13
욥	42	25	13	4	6	21	69
시	150	71	118	13	49	99	350
잠	31	15	9	11	0	21	56
전	12	5	3	0	3	5	16
아	8	3	0	0	0	1	4
사	66	23	35	9	17	53	137
렘	52	24	39	30	18	92	203
애	5	3	0	3	11	12	19
겔	48	30	48	49	59	68	254
단	12	10	14	11	3	8	46
호	14	6	7	4	2	17	36
욜	3	2	5	4	2	3	16
암	9	4	5	6	5	12	32
옵	1	1	1	0	0	1	3
욘	4	4	1	0	0	3	8

책	장수	창	출	레	민	신	종합
미	7	4	2	3	2	4	15
나	3	0	3	0	0	1	4
합	3	0	1	0	0	2	3
습	3	12	0	0	11	2	25
학	2	1	1	2	1	4	9
슥	14	4	6	5	1	11	27
말	4	1	2	2	2	9	16
마	28	23	18	15	5	33	94
막	16	8	4	10	3	9	34
눅	24	28	13	13	7	12	73
요	21	16	9	8	8	25	66
행	28	58	49	7	10	23	147
롬	16	17	6	3	4	14	44
고전	16	9	12	5	4	9	39
고후	13	3	8	2	1	6	20
갈	6	10	2	1	0	4	17
엡	6	3	1	0	0	0	4
빌	4	0	1	0	0	2	3
골	4	0	0	0	0	2	2
살전	5	1	0	4	0	0	5
살후	3	0	0	1	0	2	3
딤전	6	6	0	2	0	5	13
딤후	4	0	2	0	1	0	3
딛	3	0	0	1	0	0	1
몬	1	1	0	0	0	0	1
히	13	26	30	10	15	13	94
약	5	5	2	2	3	5	17
벧전	5	4	1	1	0	3	9
벧후	3	5	0	0	2	3	10
요한1서	5	1	0	0	0	5	6
요한 2서	1	0	0	0	0	0	0
요한 3서	1	0	0	0	0	0	0
유다서	1	2	1	0	2	0	5
계시록	22	9	22	2	5	7	45
종합	1,002	845	825	380	599	1,118	3,767
구약	742	610	644	293	529	936	3,012
신약	260	235	181	87	70	182	755

이제 위의 성경 구절 목록을 잠시 살펴보기로 한다.

첫째, 필자가 참조한 관주 성경의 내용이 정확하며 필자의 계수가 정확하다면 성경의 나머지 책에서 모세 오경은 3,767회나 인용된 셈이다. 단 13개의 절만 있는 요한 2서와 단 14개의 절만 있는 요한 3서를 제외한다면 성경의 각 책에서 모세 오경은 최소한 1회에서부터 최대 356회까지 인용되고 있다. 성경의 각 장에서 모세 오경을 인용한 횟수는 평균 3회 이상에 이른다. 필자의 소견으로는 모세 오경이 성경 전체의 기초를 형성하고 있다고 판단된다. 이처럼 많은 인용 횟수를 생각해 볼 때 모세 오경의 진정성은 신뢰할 수밖에 없다. 모세 오경 뒤에 이어지는 나머지 성경책에서 모세가 모세 오경을 기록한 저자가 아님을 시사하는 구절은 단 한 곳도 없다. 만약 모세가 모세 오경을 기록한 저자가 아니었다면 이후의 성경책에서 이를 명시했을 것이다. 하지만 이토록 많은 인용 구절에서 정반대의 내용 즉, 모세가 모세 오경을 기록한 저자가 아니라는 내용을 암시하는 구절은 단 하나도 없다.

둘째, 모세 오경을 제외한 나머지 구약 성경에서는 모세의 이름은 119회에 걸쳐 등장하고 있으며 신약 성경에서는 79회에 걸쳐 등장하고 있다. Young의 『성경 용어 색인』(*Young's Concordance*)을 근거로 할 때 모세 오경 이후의 구약 성경에서 모세의 이름이 등장하는 횟수를 열거하면 다음과 같다.

"모세"는 여호수아에서	56회	나타난다.
" 사사기에서	5회	"
" 사무엘상에서	2회	"
" 열왕기상에서	4회	"
" 열왕기하에서	6회	"

"모세"는	역대상에서	9회	나타난다.
"	역대하에서	12회	"
"	에스라에서	3회	"
"	느헤미야에서	7회	"
"	시편에서	8회	"
"	이사야에서	2회	"
"	예레미야에서	1회	"
"	다니엘에서	2회	"
"	미가에서	1회	"
"	말라기에서	1회	"
종합	15권	119회	

"모세"는	마태복음에서	7회	나타난다.
"	마가복음에서	8회	"
"	누가복음에서	10회	"
"	요한복음에서	12회	"
"	사도행전에서	1 회	"
"	로마서에서	4회	"
"	고린도전서에서	2회	"
"	고린도후서에서	3회	"
"	디모데전서에서	1회	"
"	히브리서에서	11회	"
"	유다서에서	1회	"
"	계시록에서	1회	"
종합	12권	79회	

따라서 "모세"라는 이름은 구약 성경 중 15권의 책과 신약 성경 중 12권의 책에서 모두 198회에 걸쳐 등장하고 있는데도 일각에서는 모세가 모세 오경의 저자가 아니라는 반론을 제기하고 있다. 성경에서 모세의 이름을 인용한 모든 자는 모세가 역사적 인물이자 모세 오경의 저자라는 전제를 제시했다고 필자는 확신한다.

셋째, 필자는 성경에서 "율법(law)" - 히브리어로 "토라(torah)", 그리스어로 "노모스(Nomos)" - 이라는 단어가 등장한 횟수를 열거한 또 다른 목록에 주목하고자 한다. 그 이유는 율법을 인용한 구절들이 모세 및 모세 오경과 밀접한 관계가 있기 때문이다. 모세를 생각해 본다면 율법은 모세 이후에 등장하고 있으며 모세 오경을 생각해 본다면 모세 이전에 모세 오경이 시작되고 있는데, 그 이유는 하나님께서 이스라엘 백성들에게 율법을 전했을 때 이를 중개한 모세에 의해 모세 오경이 기록되었기 때문이다. 아래의 목록은 "율법"이라는 단어가 모세 오경을 제외한 나머지 성경에서 얼마나 자주 등장하고 있는지를 보여 준다.

"율법"은	여호수아에서	9회	나타난다.
"	열왕기상에서	1회	"
"	열왕기하에서	10회	"
"	역대상에서	2회	"
"	역대하에서	17회	"
"	에스라에서	4회	"
"	느헤미야에서	21회	"
"	욥기에서	1회	"
"	시편에서	35회	"
"	잠언에서	13회	"
"	이사야에서	12회	"
"	예레미야에서	11회	"
"	예레미야애가에서	1회	"
"	에스겔에서	6회	"
"	다니엘에서	4회	"
"	호세아에서	3회	"
"	아모스에서	1회	"
"	미가에서	1회	"
"	하박국에서	1회	"
"	스바냐에서	1회	"
"	학개에서	1회	"
"	스가랴에서	1회	"
"	말라기에서	5회	"
종합	23권	161회	

"율법"	마태복음에서	8회	나타난다.
"	누가복음에서	9회	"
"	요한복음에서	14회	"
"	사도행전에서	19회	"
"	로마서에서	67회	"
"	고린도전서에서	8회	"
"	갈라디아서에서	29회	"
"	에베소서에서	1회	"
"	빌립보서에서	3회	"
"	디모데전서에서	2회	"
"	히브리서에서	14회	"
"	야고보서에서	8회	"
종합	**12권**	**182회**	

위의 도표에서 보는 바와 같이, "율법"이라는 단어는 모세 오경을 제외한 나머지 성경에서 343회에 걸쳐 등장하고 있으며 그 어떤 경우에도 모세와 분리해서 생각할 수는 없다.

모세가 오경을 기록한 저자가 아니며 율법은 모세의 율법이 아님을 명시한 구절은 신구약 성경 전체에 걸쳐 단 한 곳도 없음을 알 수 있다. 모세 오경과 율법의 장본인이 모세라는 전승을 부인할 수 있는 자는 없다. 그와 동시에 모세 오경과 율법이 기원전의 여러 세대에 걸쳐 전승되었다는 사실을 부인할 수 있는 자는 없다. 실로 많은 성경 구절들은 다음 단원에서 우리가 살펴볼 내용을 명확하게 보여 주고 있다.

2. 찬성론의 측면

모세 오경과 그것의 존재는 이후의 성경책에서 수많은 구절에 걸쳐 직접적으로 인용되거나 수록되어 있음을 알 수 있다. 모세 오경에 대한 인용을 살펴보면 모세 오경 바로 다음에 이어지는 책인 여호수아서(Joshua)에서 모세 오경이 얼마나 등장하는지를 알 수 있다. 모세가 살았던 시대 바로 다음에 이어지는 시대의 역사를 기록한 여호수아서는 상기의 목록에서 살펴본 바와 같이 356회에 걸친 이러한 인용들로 가득 차 있다. 우리는 모세의 후계자인 여호수아가 모세로부터 전권을 승계한 인물임을 알고 있다. 모세와 여호수아의 이러한 승계 관계는 모세 오경과 그것의 존재를 확증하고 있으며 정확히 대응되기 때문에 모세 오경의 진정성에 대해 논박하는 자들은 여호수아의 그것도 마찬가지로 부인해야 한다. 모세 오경은 구약 성경의 역사서에서 분명히 알 수 있듯이 모세 오경을 제외한 나머지 성경책에서 증언되고 있으며 예언서와 시편에서도 동일한 증거들을 발견할 수 있다. W. H. Green 박사는 이렇게 말하고 있다.

> 모세 오경에 기록된 사실들과 모세 오경에 등장하는 각종 제도 그리고 모세 오경의 문체에 대한 인용은 성경의 도처에서 볼 수 있는데, 이는 모세 오경의 존재가 주지의 사실이며 모세 오경의 권위가 모세시대 이후에 기록된 모든 성경책의 저자들에 의해 인정되고 있음을 반복적으로 입증하는 증거를 제공한다.[11]

위의 목록을 살펴보면 모세 오경을 제외한 나머지 모든 성경책들이 모세 오경을 인용하고 있음을 알 수 있다. 이것이야말로 모세 오경을 기록한 저자가 모세임을 입증하는 강력한 증거인 셈이다. 모세 오경은 적어도 4개 이상의 독립적인 경로를 통해 오늘날 우리에게까지 전해져 내려오고 있다. 즉, 유대인·그리스인·시리아인 및 로마인들은 모두 모세 오경을 보유하고 있었던 것이다. 모세 오경은 이들이 보유했던 성경의 첫머리에 등장한다. 또한 이처럼 다양한 성경 필사본과 번역본들(예 : 히브리어 역

---

11) W. H. Green, *op, cit.,* 43.

본, 칼데아어 역본, 그리스어 역본, 시리아어 역본 및 라틴어 역본)은 모두 놀랍게도 일체성을 의심할 여지가 없을 정도로 일치를 보이고 있다. 유대인과 기독교인들 간에는 상대방에게서 두언가를 차용하는 것을 완전히 차단하는 분리의 장벽이 있었다. 기독교인들 간에도(모세 오경에 대한) 공모를 막기에 충분할 정도로 언어 및 신학 측면에서 여러 가지 차이들이 존재했다. 그리스어 역본은 시리아어 역본을 기초로 하여 기록되지 않았으며 시리아어 역본 역시 그리스어 역본을 기초로 하여 기록되지 않았다. 이들 두 역본은 서로 아무런 관계도 없는 독립적인 역본이었던 것이다. 그럼에도 불구하고 약간의 사소한 차이들만 제외한다면 두 역본 간 동일한 내용의 모세 오경이 오늘날까지 전해져 내려오고 있다. 히브리어는 유대인들이 그들의 조상으로부터 물려받은 것이며 그리스 어는 예수 그리스도께서 탄생하기 이전에 존재했다. 시리아어 역본은 대체로 기원 후 2세기 초에 기록된 것으로 추정되고 있지만 그 이전에 집필되었을 가능성이 높다. 따라서 이들 4가지 역본은 하나님께서 알고 계신 모세 오경의 정체를 통해 우리가 보유하고 있는 모세 오경의 정체를 일증하는 증거를 제공한 셈이 된다.

그 외에도 요세푸스의 증언을 추가로 제시할 수 있는데 그는 자신의 책에서 성경 22권을 언급했는데 그중에서도 5권은 모세의 소유였으며 모세가 죽을 때까지 율법과 인류의 기원에 관한 전승을 수록하고 있다고 밝혔다. 또한 필로 유대우스(Philo Judaeus)의 증언도 제시할 수 있는데 그의 글을 살펴보면 그가 기록한 모세 오경의 사본과 오늘날 우리가 읽고 있는 모세 오경의 일체성을 입증하고 있는 구절이 모세 오경에 충분히 분포하고 있음을 알 수 있다. 요세푸스와 필로는 모드 모세 오경을 기록한 저자가 모세라고 생각했다.

영원 전에 계신 하나님의 시간으로부터 정경을 기록한 마지막 히브리인 저자가 살았던 시대까지는 상당한 시간적 간격이 존재한다. 그러나 여기서도 일련의 충분한 증거들이 존재한다. 기원전 약 130년경에 시락(Sirach)의 아들은 구약 외경 중 한 권인 집회서(Ecclesiasticus)를 그리스 어로 변역했다. 집회서는 진본으로 인정을 받고 있으며 그렇게 불리게 된 이 책의 정체를 입증하기 위해 유대 율법을 수없이 인용하고 있다. 따라서 모세 오경은 기원전 180년에도 존재했으며 모세의 율법으로 인정을 받았던 것이다. 이는 이후 알렉산드리아 유대인들(Alexandrian Jewss)이 모세 오경을 그리스 어로 번역했다는 사실을 통해 입증되고 있다.

흔히 『70인역 성경』(*Septuagint, LXX*)으로 알려져 있는 모세 오경의 그리스어 역본은 4복음서의 저자들 및 사도들에 의해 인용되고 있으며 이후에는 그리스의 교부들에 의해 지금까지 전해져 내려오고 있다. 이 역본과 모세 오경의 히브리 어 원본은 앞서 언급한 바와 같이 내용상 일치한다. 또한 우리는 『사마리아 오경』(*Samaritan Pentateuch*)에 대해서도 알고 있다. 이 경전의 존재는 천 년 동안 은닉된 상태로 규명되지 않았지만 결국 근래에 무덤에서 그 모습을 드러냈으며 이로써 모세 오경의 정체를 확인할 수 있었다. 그리스 정교회의 교부와 유대교의 랍비는 모두 『사마리아 오경』의 한 사본을 갖고 있었다는 사실을 입증하고 있다. 이제 우리는 그 사본을 증거로 제시해 보기로 한다. 또한 이 사본을 히브리어로 기록된 모세 오경 사본 및 그리스 어로 기록된 모세 오경 사본과 각각 비교해 보면서 두 사본이 과연 내용상 일치하는지 여부를 살펴보기로 하겠다.

만약 사마리아 오경의 사본이 실제로 기록되었으며 모세 오경의 히브리

어 역본 및 그리스어 역본과 완전히 다른 내용으로 밝혀졌다면 과연 모세 오경의 비평가들이 제기한 주장이 어떻게 최종적인 설득력을 확보했을 것이란 말인가? 하지만 진실은 과연 무엇인가? 사마리아 오경의 사본은 유대인 및 기독교도들이 모두 모르는 서체로 제작 및 기록된 것이다. 그러나 남아 있는 성경 구절이 매우 짧다는 점만 제외하면 서술적, 법률적 조항의 측면에서 볼 때 유대교도의 회당과 기독교도의 교회에 알려진 모세 오경의 사본과 내용상 동일하다. 이러한 증거는 그리심 산(Mount Gerizim)에 성전을 건축하던 때는 물론, 산발랏(Sanballat)이 살았던 시대 즉, 느헤미야가 활동했던 시대와 구약 성경의 경전이 끝나는 시대(말라기가 활동했던 시대)로 거슬러 올라간다. 이는 사마리아 오경이 실제로 존재했다는 사실을 확증할 뿐만 아니라, 사마리아 오경이 앞서 언급한 시대들을 집대성한 내용이 아니었으며 그럴 수도 없다는 사실을 입증하고 있다. 대제사장 가문 출신의 므낫세(Manasseh)는 율법에 따라 이방인(heathen)의 아내와 이혼하기를 거부했기 때문에 제사장직에서 제명되었지만 이 율법이 모세 오경의 진본이 아니기 때문에 순종할 만한 가치가 없다는 식의 이의를 제기하지는 않고 있다. 다만 므낫세는 자신이 살던 고향을 떠날 때 사마리아인 친구들에게 멍에를 메우고 있다. 이러한 행위는 하나님의 뜻에 따른 것이었다는 므낫세의 굳은 신념을 통해서만 설명할 수 있다. 사마리아인들이 이러한 행위(멍에를 메우는 것)를 용인하는 것은 그들의 입장에서 볼 때 이미 알고 있는 바(율법)에 따라 몸소 보여 준 유사한 성격의 신념임을 입증하고 있다. 이후 모세 오경은 항상 존재했을 뿐만 아니라 사마리아인들에 의해 영구적으로 보존되었으며 그 사본은 오늘날 우리가 읽고 있는 모세 오경과 사마리아 오경의 내용이 서로 일치함을 보여 준다.

이제 구약 성경의 전체 내용을 통틀어 모세 오경의 저자와 관계가 있는 구절들을 살펴보고자 한다.

유대인들은 모세가 모세 오경(Pentateuch)을 기록했으며 율법의 창시자였다는 사실을 이스라엘의 초창기부터 그리스도께서 사역을 행하신 이후의 시기까지 여러 세대에 걸쳐 굳게 믿고 있었다. 필자는 그들의 증언이 성경을 출처로 한 것임을 확신하며 모세가 모세 오경 및 율법을 기록한 저자임을 보여 주는 몇몇 성경 구절들을 다음과 같이 제시하고자 한다.

여호수아서의 인용 구절들을 보면 다음과 같다.

"나의 종 모세가 네게 명령한 그 율법을 다 지켜 행하고"(수 1:7)

"이 율법책을 네 입에서 떠나지 말게 하며"(수 1:8)

"이는 여호와의 종 모세가 이스라엘 자손에게 명령한 것과 모세의 율법책에 기록된 대로"(수 8:31)

"여호수아가 거기서 모세가 기록한 율법을 이스라엘 자손의 목전에서 그 돌에 기록하매"(수 8:32)

"그러므로 너희는 크게 힘써 모세의 율법 책에 기록된 것을 다 지켜 행하라"(수 23:6).

사사기의 인용 구절들을 보면 다음과 같다.

"남겨 두신 이 이방 민족들로 이스라엘을 시험하사 여호와께서 모세를 통하여 그들의 조상들에게 이르신 명령들을 순종하는지 알고자 하셨더라"(삿 3:4).

열왕기하의 인용 구절들을 보면 다음과 같다.

"이는 모세의 율법책에 기록된 대로 함이라. 곧 여호와께서 명령하여 이

르시기를"(왕하 14:6)

"요시야와 같이 마음을 다하며 뜻을 다하며 힘을 다하여 모세의 모든 율법을 따라 여호와께로 돌이킨 왕은 요시야 전에도 없었고 후에도 그와 같은 자가 없었더라"(왕하 23:25).

역대하의 인용 구절들을 보면 다음과 같다.

"여호야다가 여호와의 전의 직원들을 세워 레위 제사장의 수하에 맡기니 이들은 다윗이 전에 그들의 반열을 나누어서 여호와의 전에서 모세의 율법에 기록한 대로 여호와께 번제를 드리며 자기들의 정한 규례대로 즐거이 부르고 노래하게 하였던 자들이더라"(대하 23:18).

"이는(여호와께서 명하신) 모세의 율법책에 기록된 대로 함이라"(대하 25:4).

"규례대로 각각 자기들의 처소에 서고 하나님의 사람 모세의 율법을 따라"(대하 30:16).

"만일 이스라엘 사람이 내가 명령한 일들 곧 모세를 통하여 전한 모든 율법과 율례와 규례를 지켜 행하면"(대하 33:8)

"너희 형제들을 위하여 준비하되 여호와께서 모세를 통하여 전하신 말씀을 따라 행할지니라"(대하 35:6). "족속의 서열대로 모든 백성에게 나누어 모세의 책에 기록된 대로 여호와께 드리게 하고"(대하 35:12)

에스라서의 인용 구절들을 보면 다음과 같다.

"… 예수아와 … 다 일어나 이스라엘 하나님의 제단을 만들고 하나님의 사람 모세의 율법에 기록한 대로 번제를 그 위에서 드리려 할새"(스 3:2)

"제사장을 그 분반대로, 레위 사람을 그 순차대로 세워 예루살렘에서 하나님을 섬기게 하되 모세의 책에 기록된 대로 하게 하니라"(스 6:18).

"이 에스라가 바벨론에서 올라왔으니 그는 이스라엘의 하나님 여호와께서 주신 모세의 율법에 익숙한 학자로서"(스 7:6)

느헤미야서의 인용 구절들을 보면 다음과 같다.

"옛적에 주께서 주의 종 모세에게 명령하여 이르시되 …"(느 1:8)

"모든 백성이 일제히 수문 앞 광장에 모여 학사 에스라에게 여호와께서 이스라엘에게 명령하신 모세의 율법책을 가져오기를 청하매"(느 8:1)

"율법에 기록된 바를 본즉 여호와께서 모세를 통하여 명령하시기를 이스라엘 자손은 일곱째 달 절기에 초막에서 거할지니라 하였고"(느 8:14)

"거룩한 안식일을 그들에게 알리시며 주의 종 모세를 통하여 계명과 율례와 율법을 그들에게 명령하시고"(느 9:14 또는 10:29)

"그날 모세의 책을 낭독하여 백성에게 들렸는데 그 책에 기록하기를 암몬 사람과 모압 사람은 영원히 하나님의 총회에 들어오지 못하리니"(느 13:1)

다니엘서의 인용 구절들을 보면 다음과 같다.

"곧 하나님의 종 모세의 율법에 기록된 맹세대로 되었사오니 이는 우리가 주께 범죄하였음이니이다"(단 9:11).

"모세의 율법에 기록된 대로 이 모든 재앙이 이미 우리에게 내렸사오나 우리는 … 우리 하나님 여호와의 얼굴을 기쁘게 하지 아니하였나이다"(단 9:13).

말라기의 인용 구절들을 보면 아래와 같다.

"너희는 내가 호렙에서 온 이스라엘을 위하여 내 종 모세에게 명령한 법 곧 율례와 법도를 기억하라"(말 4:4).

모세 오경 이후에 등장하는 성경책에서 상기의 인용 구절들을 검토해 볼 때 모세 오경을 기록한 자가 모세가 아닌 제삼자라는 주장은 결코 믿을 수 없다. 모세가 기록한 모세 오경(창세기~신명기)을 소지하고 있었던 많은 저자, 예언자 및 왕들은 모세 오경의 여러 구절들을 읽었고 모세의 책에 기록된 여호와 하나님의 명령을 지켰으며 모세 오경의 여러 구절들을 이스라엘 백성들에게 낭독했다. 또한 그들은 이러한 말씀을 듣고 순종했다. 그들은 모세 오경에 기록된 율법을 지켰을 때 번성했으며 그렇지 않으면 징계를 받았다. 이스라엘의 역사는 이러한 사실을 매우 분명하게 보여주고 있다. 우리는 이스라엘이 선택 받은 민족(선민)이었음을 알고 있다. 하지만 그들에게 무슨 일이 일어났는가? 이스라엘은 결국 약속의 땅(가나안)을 잃고 말았으며 오늘날까지 전 세계에 흩어져 살면서 하나님의 징계를 받고 있다. 왜 그럴까? 그 이유는 단지 이스라엘이 여호와 하나님께서 모세를 통해 그들에게 명령했으며 모세에게 말씀하신 대로 모세의 손으로 기록된(모세의) 율법을 범하는 죄악을 저질렀기 때문이다. 필자는 이것이야말로 모세 오경을 기록한 저자가 모세임을 입증하는 인상적인 증거에 속한다고 생각한다.

뿐만 아니라, 여기서 우리는 모세의 후계자였던 여호수아의 시대에서 출발해 구약 성경의 마지막 예언자였던 말라기의 시대에 이르기까지 자손 대대로 전해져 내려온 모세의 책(모세 오경)을 이스라엘이 알고 있었다는 사실을 알 수 있다. 오늘날 부정적인 비 평가들은 모세가 그와 같은 고대에 하나님의 말씀을 기록했을 리가 없다는 이유를 들어 모세 오경을 기록한 저자가 모세임을 부인하고 있다. 그러나 최근 고고학 유적지에서 발견된 라샤므라(Rasshamra) 서판들은 모세가 이러한 율법책을 직접 기록했을 가능성이 있음을 보여 주고 있는데 그 이유는 모세의 시대에 이미 문자가 기록된 것으로 알려져 있기 때문이다.

마지막으로 필자는 신약 성경의 몇몇 구절들을 인용하고자 한다. 그 이유는 충분하면서도 명확한 증거와 관련된 구절들이 신약 성경에 수록되어 있기 때문이다.

사도들이 인용한 구절들을 보면 다음과 같다.

"하나님의 종 모세의 노래"(계 15:3)

"모세의 법을 폐한 자도 두세 증인으로 말미암아 불쌍히 여김을 받지 못하고 죽었거든"(히 10:28)

"모세가 율법대로 모든 계명을 온 백성에게 말한 후에 송아지와 염소의 피 및 물과 붉은 양털과 우슬초를 취하여 그 두루마리와 온 백성에게 뿌리며"(히 9:19)

"오늘까지 모세의 글을 읽을 때에 수건이 그 마음을 덮었도다"(고후 3:15). "그들이 날짜를 정하고 그가 유숙하는 집에 많이 오니 바울이 아침부터 저녁까지 강론하여 하나님의 나라를 증언하고 모세의 율법과 선지자의 말을 가지고 예수에 대하여 권하더라"(행 28:23).

"모세의 율법에 … "(고전 9:9)

"이방인에게 할례를 행하고 모세의 율법을 지키라 명하는 것이 마땅하다 하니라"(행 15:5).

"이는 예로부터 각 성에서 모세를 전하는 자가 있어 안식일마다 회당에서 그 글을 읽음이라 하더라"(행 15:21).

위의 인용 구절을 통해 우리는 사도들이 모세의 율법책을 알고 이를 사용했다는 사실을 알 수 있으며, 모세의 율법책을 읽고 설교했다는 사실도 알 수 있다. 또한 사도들이 활동하던 시대에 이스라엘 사람들은 이 율법책을 모세의 책으로 듣고 믿었으며 사도뿐만 아니라 바리새인 및 사두개인들과 서기관들도 회당(synagogue)에서 모세의 책을 사용했음을 알 수 있다.

모세 오경의 저자가 모세임을 보여 주는 증거들 중 가장 소중한 증거는 주 예수 그리스도께서 모세의 책을 사용하셨으며 이 책에 수록된 일부 구절들을 인용하셨다는 사실에서 찾을 수 있다. 유대교 회당의 예배에서 낭독된 모세 오경은 주께서 인용하기도 하셨다(눅 16:29, 31). 그는 "모세의 책"을 인용하셨으며(막 12:26) 요한복음 7장 23절에서도 "모세의 책"을 말씀하셨다. 서기관들과 바리새인들은 예수님께 "모세의 율법에서 명했다."라고 말했으며 주님께서도 동일한 형식의 표현을 사용하셨다. "대답하시되 모세가 어떻게 너희에게 명하였느냐?"(막 10:3), "예수께서 이르시되 삼가 아무에게도 이르지 말고 다만 가서 제사장에게 네 몸을 보이고 모세가 명한 예물을 드려 그들에게 입증하라 하시니라"(마 8:4; 막 1:44; 눅 5:14). "모세를 믿었더라면 또 나를 믿었으리니 이는 그가 내게 대하여 기록하였음이라. 그러나 그의 글도 믿지 아니하거든 어찌 내 말을 믿겠느냐 하시니라"(요 5:46, 47).

우리는 모세 오경이 말 그대로 모세의 책임을 입증하는 주님의 말씀을 믿고 있다고 필자는 확신한다. 왜냐하면 주님은 하나님과 동격이시자 우리의 구주이시기 때문이다. 필자는 다음과 같은 주님의 말씀을 인용해 지금까지의 논의에 대한 결론을 맺고자 한다. "죽은 자가 살아난다는 것을 말할진대 너희가 모세의 책 중 가시나무 떨기에 관한 글에 하나님께서 모세에게 이르시되 나는 아브라함의 하나님이요 이삭의 하나님이요 야곱의 하나님이로라 하신 말씀을 읽어 보지 못하였느냐"(막 12:26).

3. 구약 성경과 신약 성경에서 찾을 수 있는 일반적 증거들

앞서 우리는 모세 오경의 저자가 모세라는 주장에 대한 반대론의 측면과 찬성론의 측면을 거론했다. 이제 우리는 모세 오경 다음에 이어지는 성경책들을 크게 4개의 부분 곧 역사서, 시가서, 예언서 및 신약 성경으로 나누어 보고자 한다. 그런 다음, 모세 오경을 기록한 저자로서의 모세(the Mosaic Authorship of the Pentateuch)를 더욱 확증하고 있는 증거들을 이러한 네 부분의 책에서 살펴보기로 한다.

1) 구약 성경의 역사서

여호수아서의 기록에 따르면 여호수아는 이 책의 전체 내용에서 보는 바와 같이 모세의 율법에서 명한 모든 일을 준행했다는 사실을 알 수 있는데 이 책에서는 처음부터(모세 오경을 기록한 저자로서의 모세를 입증하는) 여러 가지 인용 구절들을 보여 주고 있다. 여호수아의 행적들은 분명 모세 오경의 내용을 근거로 하고 있었다.

사사기의 경우 이스라엘 백성들에게 임하는 축복 또는 저주가 하나님의 말씀에 대한 순종 또는 불순종에 따라 결정된다는 사실은 모세 오경에 근거하고 있었다. 이스라엘이 맞은 국가적 재난은 불순종의 결과이다. 하나님은 이스라엘의 하나님이시며 이스라엘 백성들에게 보상 또는 징계를 내리신다. 일부 학자들이 여선지자가 직접 지은 작품으로 인정하고 있는 찬

송시에서 여선지자 드보라가 증언한 바와 같이 그는 시내 산(Mt. Sinai)에서 자신을 드러낸 하나님이시다. 우리는 모세 오경에 대한 지식에서 자연스럽게 발생하는 영향들을 발견할 수 있다. 즉, 회중(congregation)과 하나님의 집이라 불리는 회중의 장막(삿 20:18), 하나님의 언약궤(삿 20:27), 매년 열리는 여호와의 명절(삿 21:19), 이방인과의 혼인 금지(삿 14:3), 삼손이 그의 부모에게 꿀을 사자의 몸에서 떠 왔다는 사실을 숨기는 원인이 되었던 부정한 음식(삿 14:9) 그리고 우상의 제단들을 파괴해야 할 의무(삿 6:28)가 바로 그러한 영향에 속한다.

모세 오경에 언급된 상기의 모든 사항들은 모세 오경이 실제로 존재했음을 입증한다. 사사기 중에서도 엘르아살의 아들인 비느하스가 등장하는 대목을 살펴보면 그는 율법의 전수 과정은 물론, 광야에서 이스라엘 자손들과 하나님의 교제를 직접 지켜본 목격자였음을 알 수 있다(엘르아살의 아들이자 아론의 손자).

사무엘서에서는 다음과 같은 인용 구절을 볼 수 있다. 즉, "만군의 여호와께서 이같이 말씀하시기를 아말렉이 이스라엘에게 행한 일 곧 애굽에서 나올 때에 길에서 대적한 일로 내가 그들을 벌하노니"(삼상 15:2)와 "아말렉 사람 중에서 떠나가라. 그들과 함께 너희를 멸하게 될까 하노라. 이스라엘 모든 자손이 애굽에서 올라올 때에 너희가 그들을 선대하였느니라."(삼상 15:6)가 그것이다. 여기서 사울은 출애굽기의 한 대목을 언급했다. 이 두 구절은 모두 이스라엘 자손들의 이집트 탈출과 모세 오경의 역사적 서술과 관계가 있다.

"하나님의 궤"(삼상 3:3), "궤"(삼상 4:13), "만군의 여호와의 언약궤" 및 "그룹 사이에 계신 만군의 여호와의 언약궤"(삼상 4:3, 4)는 모두 모세 오경에서 들었던 내용과 하나님과 이스라엘 사이에 언약이 있었다는 사실을 기억해야만 이해할 수 있는 '언약궤'에 대해 설명하고 있다.

성막(tabernacle)과 관련해 우리는 하나님의 말씀을 전하는 제사장들과 예배를 섬기는 레위인들이 있었다는 사실은 물론, 엘가나와 그의 가족의 경우처럼(삼상 1:21) 먼 곳에 사는 이스라엘 백성들이 성막이 자리한 곳에 매년 순례(매년제와 서원제)를 행했다는 사실을 발견할 수 있는데 이는 모세 오경의 명령을 기억한다면 쉽게 설명할 수 있는 상황에 속한다.

"엘리의 아들들은 행실이 나빠 여호와를 알지 못하더라. 그 제사장들이 백성에게 행하는 관습은 이러하니 곧 어떤 사람이 제사를 드리고 그 고기를 삶을 때에 제사장의 사환이 손에 세 살 갈고리를 가지고 와서 그것으로 냄비에나 솥에나 큰 솥에나 가마에 찔러 넣어 갈고리에 걸려 나오는 것은 제사장이 자기 것으로 가지되 실로에서 그곳에 온 모든 이스라엘 사람에게 이같이 할 뿐 아니라 기름을 태우기 전에도 제사장의 사환이 와서 제사 드리는 사람에게 이르기를 제사장에게 구워 드릴 고기를 내라 그가 네게 삶은 고기를 원하지 아니하고 날것을 원하신다 하다가 그 사람이 이르기를 반드시 먼저 기름을 태운 후에 네 마음에 원하는 대로 가지라 하면 그가 말하기를 아니라 지금 내게 내라 그렇지 아니하면 내가 억지로 빼앗으리라 하였으니"(삼상 2:12-16)

여기서 우리는 위의 인용 구절이 3가지 죄를 지적하고 있음을 알 수 있다. 첫째, 엘리의 아들들은 정당한 권리도 없이 고기를 취했다. 둘째, 그들은 잘못된 방식으로 고기를 취했다. 셋째, 그들은 잘못된 시점에 고기를 취했다. 모세 오경에는 고기를 취하는 순서가 설명되어 있으며 이러한 순서는 상기의 인용 구절에서 언급한 내용과 일맥상통한다. 제사를 드린 후에 삶은 고기의 일정 부분은 제사장의 몫이긴 했지만 제사장이 직접 취하지 않고 희생 제물을 드린 자(sacrificer)가 제사장에게 건네주어야 했다(민 18:3, 레 7:29을 참조).

사무엘서에서는 제사장의 법의를 의미하는 에봇(ephod)에 관한 구절을 볼 수 있는데 이 에봇은 모세 오경의 제반 율례가 실제로 존재했으며 이스라엘 후손들이 그러한 율례를 알고 있었음을 입증하는 가장 확실한 증거 중 하나에 속한다.

사무엘상 2장 28절은 다음과 같이 기록되어 있다.

"이스라엘 모든 지파 중에서 내가 그를 택하여 내 제사장으로 삼아 그가 내 제단에 올라 분향하며 내 앞에서 에봇을 입게 하지 아니하였느냐 이스라엘 자손이 드리는 모든 화제를 내가 네 조상의 집에 주지 아니하였느냐."

사무엘상 2장 18절은 다음과 같이 기록되어 있다.

"사무엘은 어렸을 때에 세마포 에봇을 입고 여호와 앞에서 섬겼더라."

그 외의 인용 구절들을 보면 다음과 같다.

"아히야는 에봇을 입고 거기 있었으니 그는 이가봇의 형제 아히둡의 아들이요 비느하스의 손자요 실로에서 여호와의 제사장이 되었던 엘리의 증손이었더라 백성은 요나단이 간 줄을 알지 못하니라"(삼상 14:3).

"골리앗의 칼이 보자기에 싸여 에봇 뒤에 있으니"(삼상 21:9)

"에돔 사람 도엑이 돌아가서 제사장들을 쳐서 그 날에 세마포 에봇 입은 자 팔십오 명을 죽였고"(삼상 22:18), "다윗은 … 제사장 아비아달에게 이르되 에봇을 이리로 가져오라 하고"(삼상 23:9)

"아비아달이 … 손에 에봇을 가지고 내려왔더라"(삼상 23:6).

"다윗이 아히멜렉의 아들 제사장 아비아달에게 이르되 원하건대 에봇을 내게로 가져오라 아비아달이 에봇을 다윗에게로 가져가매"(삼상 30:7)

"다윗이 베 에봇을 입었더라"(삼하 6:14).

위에서 본 성경 구절들을 출애굽기 25장 7절; 28장 4, 6, 12, 15, 25, 26, 27, 28, 31절; 29장 5절; 35장 2절; 39장 2, 7, 18, 19, 20, 21, 22절 그리고 레위기 8장 7절과 비교해 보라. "에봇(ephod)"이라는 단어의 기원은 모세 오경에서 출발하고 있음을 알 수 있다. 따라서 에봇을 언급하려면 모세 오경의 제반 율례를 잘 알고 있어야 하며 그러한 율례에 관한 지식이 전제가 된다.

또한 사무엘상 28장 6절에는 우림(Urim)이 언급되어 있다. "사울이 여호와께 묻자오되 여호와께서 꿈으로도, 우림으로도, 선지자로도 그에게 대답하지 아니하시므로" 모세 오경에서 우림은 출애굽기 33장 6절에 기록되어 있음을 알 수 있다.

또한 꿈(삼상 28:15)은 창세기에서 35회, 민수기에서 1회 및 신명기에서 3회 언급되어 있다. 우리는 이들 구절 중 거의 모든 곳에서 하나님이 꿈을 통해 사람들에게 말씀하신다는 사실을 알 수 있다.

열왕기에 기록된 요시야 왕 시대의 경우, 모세 오경을 명백히 지칭하는 몇 가지 암시(allusion)들이 존재한다. 열왕기하 12장 16절은 다음과 같이 기록되어 있다. "속건제의 은과 속죄제의 은은 여호와의 성전에 드리지 아니하고 제사장에게 돌렸더라." 이러한 율법은 레위기 5장 15~15절과 7장 7절에서도 볼 수 있다. 또한 "사람이 통용하는 은"(왕하 12:4)은 출애굽기 30장 13절의 "무릇 계수 중에 드는 자마다"를 근거로 한 것이다. 그리고 "사람의 몸값으로 드리는 은"은 레위기 27장 2~8절에 언급된 모세의 율법과 일치한다.

열왕기하 11장 12절에서 우리는 여호야다가 그의 아들 요아스에게 건네준 "율법책(testimony)"을 확인할 수 있다. 이 "율법책"이라는 단어는 대응 구절인 시편 19장 7절에서도 등장한다. "여호와의 율법은 완전하여 영혼을 소성시키며 여호와의 증거는 확실하여 우둔한 자를 지혜롭게 하며" 이 "율법책"이라는 단어는 모세 오경에서 흔히 쓰이는 표현에 속한다. A. McCaul은 이렇게 설명한다. "여기서 '율법책(testimony)'이라는 단어는 율법을 가리킨다."12) 따라서 율법책은 요아스 왕의 시대에도 존재했던 것이다.

역대하 17장 7~9절에서 여호사밧 왕은 왕자, 레위인 및 제사장들을 유다 전역에 파송해 "여호와의 율법책"을 유다 백성들에게 가르치게 했다. Bertheau는 그의 비평서에서 이렇게 설명하고 있다. "역사학자의 소견으로 볼 때, 여호와의 율법책은 십중팔구 오늘날 우리가 읽고 있는 모세 오경일 것으로 추정된다."13)

역대하 15장 12~13절에서 "그들" 즉, 유다와 베냐민 및 아사 왕 시대에 살았던 나머지 여러 부족들 중 상당수는 "마음을 다하고 목숨을 다하여 조상들의 하나님 여호와를 찾기로 언약(유대인의 '언약')했으며 이스라엘 하나님 여호와를 찾지 아니하는 자는 대소 남녀를 막론하고 죽이는 것이 마땅하다고 여겼다." 여기서 하나님과 이스라엘 백성들 간에 맺은 언약은 이미 유다 백성들이 잘 알고 있었던 것으로 보인다. 이 언약은 출애굽기 24장과 신명기 29장에 언급되어 있다.

역대하 13장 8절에 언급된 금송아지(golden calf)는 출애굽기 32장 2~4

---

12) A. McCaul, *The Pentateuch* (모세 오경), 187.

13) Bertheau, *Comment.* Loc.

절에서 보는 바와 같이 광야에서 이스라엘 백성들이 만들었다.

이스라엘의 악한 왕이었던 여로보암(Jeroboam)과 대적했던 유다의 왕이자 솔로몬의 아들인 르호보암(Rehoboam)의 율법책은 모세 오경을 출처로 한 것이며 이 두 왕국은 역대하 13장 9~12절에 기록된 바와 같이 서로 전쟁을 벌였음을 알 수 있다. "깨끗한 상에"(대하 13:11)라는 표현은 레위기 24장 6절에서 볼 수 있고 "금 등잔대"(대하 13:11)는 출애굽기 25장 31절에서 확인할 수 있으며 "저녁마다 불을 켜나니(대하 13:11)"라는 표현은 레위기 24장 2~3절과 출애굽기 27장 20~21절에 언급되어 있고 "전쟁의 나팔을 부는 그의 제사장들"(대하 13:12)은 민수기 10장 8절에서 볼 수 있다. 따라서 르호보암은 그의 모든 율법책에서 모세 오경을 목도했을 것으로 추정된다. 열왕기상 2장 28절은 "그(요압)가 여호와의 장막으로 도망하여 제단 뿔을 잡으니"라고 기록되어 있지만 브나야는 솔로몬 왕의 명령에 따라 그를 죽였다. 이러한 행위는 모세의 율법을 어긴 것인가? 결코 그렇지 않다. 출애굽기 21장 14절에 기록된 율법에 따르면 고의적 살인자는 제단에서라도 잡아내려 죽여야 했다. 여기서 우리는 솔로몬 왕이 모세의 율법을 익히 잘 알고 있었음을 알 수 있다.

솔로몬 왕의 성전에서 우리는 성막을 짓는 일과 관련해 애초에 하나님께서 (다윗 왕에게) 명하신 바가 준행되었음을 알 수 있다. 신명기 27장 5~6절에 기록된 바와 같이 하나님께서 명하신 바에 따라 "이 성전은 돌을 … 가져다가 건축"하였다(왕상 6:7). "지성소"(왕상 6:16)는 출애굽기 26장 33절에서도 볼 수 있다. 출애굽기 30장 1절 및 3절에 기록된 바와 같이 하나님께서 명한 바에 따라 "내소에 속한 제단의 전부는 금으로 입혔다"(왕상 6:22). 또한 출애굽기 37장 7~9절에 기록된 바와 같이 "내소 안에 두 그룹

(Cherubim)을 만들었다"(왕상 6:23). "금단(table of gold)"(왕상 7:48) 역시 출애굽기 37장 25~29절에서 확인할 수 있다. "브삽과 대접"(왕상 7:40)은 출애굽기 27장 3절 및 28장 3절에 언급되어 있다. "진설병(shew-bread)"(왕상 7:48)은 출애굽기 25장 30절에 언급되어 있다. "정금 등잔대"와 "금 꽃"(왕상 7:49)들은 출애굽기 25장 31절데 기록되어 있다. 솔로몬 왕은 상기에 인용된 모든 작업을 준행했을 뿐만 아니라, 모세의 율법에서 명한 바와 같이 제사장 및 레위인의 율례도 준행했다. 모든 일은 모세 오경의 가르침에 따라 계획되었다.

룻기에 기록된 다음 구절을 한 번 생각해 보기로 한다.

"내가 여기 앉은 이들과 내 백성의 장로들 앞에서 그것을 사라고 네게 말하여 알게 하려 하였노라 만일 네가 무르려면 무르려니와 만일 네가 무르지 아니하려거든 내게 고하여 알게 하라 네 다음은 나요 그 외에는 무를 자가 없느니라 하니 그가 이르되 내가 무르리라 하는지라"(룻 4:4).

이 구절에 등장하는 당사자들은 레위기 25장 25절에 기록된 모세 오경의 율법을 따르고 있다. "네가 … 곧 죽은 자의 아내 모압 여인 룻에게서 사서 그 죽은 자의 기업을 그의 이름으로 세워야 할지니라 하니"라고 기록된 룻기 4장 5절은 신명기 25장 5~10절에 기록된 모세의 율법을 가리킨다. 이는 또한 나오미가 "내 딸들아 돌아가라 너희가 어찌 나와 함께 가려느냐 내 태중에 너희의 남편 될 아들들이 아직 있느냐."(룻 1:11)라고 말한 바와 같이 그녀가 알고 있는 (모세의) 율법에 속한다.

에스라서에서 선지자 에스라는 "하늘의 하나님의 율법"(스 7:21)을 언급하고 있는데 이는 의심의 여지없이 모세 오경을 가리킨다. 에스라뿐만 아니라 일반 백성들도 율법을 알고 있었는데 그 이유는 "사로잡혔던 자의 자손이 첫째 달 십사일에 유월절을 지키되 제사장들과 레위 사람들이 일제히 몸을 정결하게 하여 다 정결했으며 사로잡혔던 자들의 모든 자손과 자기 형제 제사장들과 자기를 위하여 유월절 양을 잡았기 때문"이다(스 6:19~20). 유월절에 관한 율법의 창시자는 모세였으며 그는 자신의 율법책에서 "유월절(פֶסַח = passover)"이라는 단어를 18회나 사용했다.

느헤미야서에서 선지자 느헤미야는 여호와 하나님께 자신을 포함한 이스라엘의 죄를 고백한다. "(우리 이스라엘 자손이) 주를 향하여 크게 악을 행하여 주께서 주의 종 모세에게 명령하신 계명과 율례와 규례를 지키지 아니하였나이다."(느 1:7). 그 다음 구절은 하나님께서 그의 종 모세에게 명하신 말씀을 느헤미야가 기억하고 있음을 보여준다. "만일 너희가 범죄하면 내가 너희를 여러 나라 가운데에 흩을 것이요."(느 1:8)라는 구절은 레위기 26장 33절 및 신명기 4장 25~27절을 인용한 것이다. "만일 내게로 돌아와 내 계명을 지켜 행하면 너희 쫓긴 자가 하늘 끝에 있을지라도 내가 거기서부터 그들을 모아 내 이름을 두려고 택한 곳에 돌아오게 하리라."(느 1:9)라는 구절은 신명기 4장 29~31절 및 30장 2~4절을 인용하고 있다. 또한 "이들은 주께서 일찍이 큰 권능과 강한 손으로 구속하신 주의 종들이요 주의 백성이니이다."(느 1:10)라는 구절은 신명기 9장 29절에 기록된 것과 동일한 사상을 근거로 하고 있다.

느헤미야 5장 1절에서 "부르짖어(צַעֲקָה = cry of)"라는 단어는 신명기 26장 7절에 기록된 단어와 동일하며 이 두 단어는 모두 어근인 צָעַק의 여성 구문 명사에 해당된다. "이스라엘 자손은 일곱째 달 절기에 초막에서 거할지니라."(느 8:14)라는 구절은 레위기 23장 34절 및 42절을 인용하고 있다.

이제 "하나님의 선하심에 관한 고백" 또는 이스라엘 백성들의 회개에 대해 살펴보기로 하자. 느헤미야 9장은 모세 오경에 근거하고 있는 놀라운 역사적 고백에 속한다. 여기서 필자는 이 느헤미야 9장을 모세 오경의 내용과 비교해 보고자 한다. 느헤미야 9장 7절에서 보는 바와 같이, 하나님께서 아브람을 택하시고 그를 갈데아 우르에서 인도하셨다는 기록은 창세기 11장 31절에서도 확인할 수 있다. "아브라함이라는 이름을 주시고"라는 구절은 창세기 17장 5절에서 볼 수 있다. "그의 마음이 주 앞에서 충성됨을 보시고 그와 더불어 언약을 세우사 가나안 족속과 헷 족속과 아모리 족속과 브리스 족속과 여부스 족속과 기르가스 족속의 땅을 그의 씨에게 주리라 하시더니 그 말씀대로 이루셨사오매 주는 의로우심이로소이다."(느 9:8)라는 구절은 창세기 15장 6절, 18절, 20절 및 21절에서 확인할 수 있다. "주께서 우리 조상들이 애굽에서 고난 받는 것을 감찰하시며"(느 9:9a)라는 구절은 출애굽기 2장 25절 및 3장 7절을 인용한 것이다. "홍해에서 그들의 부르짖음을 들으시고"(느 9:9b)라는 구절은 출애굽기 14장 10절에서 확인할 수 있다. "이적과 기사를 베푸사 바로와 그의 모든 신하와 그의 나라 온 백성을 치셨사오니"(느 9:10a)라는 구절은 출애굽기 7-10장, 12장 및 14장을 각각 인용하고 있다. "그들이 (우리의 조상들에게) 교만하게 행했다."(느 9:10b)라는 구절은 출어굽기 18장 11절에서 확인할 수 있다. "주께서 우리 조상들 앞에서 바다를 갈라지게 하사 그들이 바다 가운데를 육지같이 통과하게 하시고"(느 9:11a)라는 구절은 출애굽기 14장 21절을 인용한 것이다. "낮에는 구름 기둥으로 인도하시고 밤에는 불 기둥으로 그들이 행할 길을 그들에게 비추셨사오며"(느 9:12)라는 구절은 출애굽기 13장 21절에서 확인할 수 있다. "또 시내 산에 강림하시고"(느 9:13a)라는 구절은 출애굽기 19장 20절에서 확인할 수 있으며 뒤이은 구절(느 9:13b)은 모세의 율법을 가리킨다. "거룩한 안식일을 그들에게 알리시며"(느 9:14)라는 구절은 창세기 2장 3절 및 출애굽기 20장 8절에 기록되어 있다. "그들의 굶주림 때문에 (하늘로부터) 그들에게 양식을 주시며"(느 9: 15a)라는 구절은 출애굽기 16장 14절 및 15절을 각각 가리키고 있다. "그들의 목마름 때문에 그들에게 반석에서 물을 내시고"(느 9:15b)라는 구절은 출애굽기 17장 6절에서 볼 수 있다. "땅을 들어가서 차지하라."(느 9:15c)라는 말씀은 신명기 1장 8절에서 확인할 수 있다. "주께서 옛적에 손을 들어 맹세하시고 주겠다고 하신"이라는 구절은 민수기 14장 30절에서 확인할 수 있다. "목을 굳게 하여 주의 명령을 듣지 아니하고"(느 9:16a)라는 말씀은 신명기 31장 27절을 인용하고 있다. "스스로 한 우두머리를 세우고 종 되었던 땅으로 돌아가고자 하였나이다."(느 9:17b)라는 구절은 민수기 14장 4절에서 확인할 수 있다. "그러나 주께서는 용서하시는 하나님이시라 은혜로우시며 긍휼히 여기시며 더디 노하시며 인자가 풍부하시므로"(느 9:17b)라는 구절은 출애굽기 34장 6절에서 확인할 수 있다. "또 그들이 자기들을 위하여 송아지를 부어 만들고 이르기를 이는 곧 너희를 인도하여 애굽에서 나오게 한 신이라 하여 하나님을 크게 모독하였사오나"(느 9:18)라는 구절은 출애굽기 32장 4절에서 확인할 수 있다. "사십 년 동안"(느 9:21a)이라는 구절은 신명기 2장 7절에서 볼 수 있으며, "그 옷이 해어지지 아니하였고"(느 9:21b)라는 구절은 신명기 8장 4절 및 29장 5절을 각각 인용하고 있다. "주께서 그들의 자손을 하늘의 별같이 많게 하시고"(느 9:23)라는 구절은 창세기 15장 5절 및 22장 17절을 각각 인용한 것이다. "그들이 그 나라에서 주를 섬기지 아니하며"(느 9:35)라는 구절은 신명기 28장 47절에서 확인할 수 있다. "우리가 오늘날 종이 되었는데"(느 9:36)라는 구절은 신명기 28장 48절을 인용하고 있다. "우리의 죄로 말미암아 주께서 우리 위에 세우신 이방 왕들이 이 땅의 많은 소산을 얻고"(느 9:37a)라는 구절은 신명기 28장 33절 및 51절을 가리킨다. 따라서 우리는 느헤미야가 활동했던 시절에 이스라엘 자손들은 모세 오경을 매우 잘 알고 있었으며 하나님께서 모세에게 주신 율법을 지키기 위해 노력했음을 알 수 있다. 이러한 사실은 모든 절에서 모세 오경을 인용하고 있는 느헤미야서 10장을 통해 입증되고 있다.

2) 구약 성경의 시가서

150 편으로 구성된 시편에서 절반 가까이 곧 73편은 다윗이 기록한 것으로 추정되고 있다. 구약 성경은 일종의 사료에 속한다. 우리는 모세 오경이 특정한 기간의 역사에 속하며 시편은 모세 오경과 약 400년의 시간적 격차를 벌이고 있다는 사실을 알고 있다. 다윗은 역사적인 인물로 존재하기 때문에 시편은 하나님을 경배할 목적으로 기록된 진정한 사료에 속한다. 시편의 내용 중 상당수는 하나님의 율법을 찬양하고 있는 것이 틀림없다. 그중 상당수는 모세 오경의 역사와 사실을 언급하고 있다. 실제로 우리는 고대 유대 지역의 역사적 사실들을 기록하고 있는 모세 오경이 시편의 출처가 되고 있다고 말할 수 있을지도 모른다. 따라서 우리는 모세 오경을 비롯해 다윗과 솔로몬의 시대에 속하는 시편에서 유사한 내용의 구절들을 찾을 수 있다. 결국 시편 8편의 내용은 창세기 1장의 말씀을 되풀이하고 있는 셈이 된다.

시편 29편 10절은 이렇게 기록되어 있다. "여호와께서 홍수 때에 좌정하

셨음이여 여호와께서 영원하도록 왕으로 좌정하시도다.” 여기서 홍수
(flood)라는 단어는 히브리 원어 성경에서 לַמַּבּוּל로 표기되어 있다. 이 단
어는 창세기에서 12회에 걸쳐 등장하고 있으며 시편에서는 29편 10절에
서만 딱 한 번 나타난다. 따라서 이 구절은 모세 오경의 서사를 그대로 인
용하고 있는 것이다.

시편 11편 6절은 이렇게 기록되어 있다. “악인에게 그물을 던지시리니
불과 유황과 태우는 바람이 그들의 잔의 소득이 되리로다.” 여기서 악인은
창세기 19장에서 언급하고 있는 소돔과 고모라를 가리키며 불과 유황은
창세기 19장 24절에 언급된 바와 같다. 이러한 관계는 언어뿐만 아니라 역
사에 의해서도 입증하고 있다.

히브리어 원어 성경의 시편 7편 6절에서 “일어나사(קוּמָה)”와 7절의 “돌
아오소서(שׁוּבָה)”는 민수기 10장 35~36절과 비교해 볼 수 있다. 시편 17편
8절에서 “눈동자같이(בַּת-עַיִן עֵינוֹ : the apple of the eye)”라는 표현은 신
명기 32장 10절의 “자기의 눈동자같이(עֵינוֹ : the apple of his eye)”라는
표현과 비교해 볼 수 있다. “야곱의 하나님”(시 20:1; 75:9; 76:6; 81:1;
94:7)은 출애굽기 3장 15절에서 찾을 수 있다. “이스라엘의 하나님(시 41:
13; 68:8; 106:49)은 출애굽기 24:10; 32:27; 34:23, 민수기 16:9에서 각각
확인할 수 있다.

시편 68편은 이집트에서 하나님이 행하신 이적과 광야 그리고 시내 산
(Mt. Sinai)에서의 율법 전수를 인용하면서 하나님의 능력을 언급하고 있
다. 시편 132편 8~9절은 궤(ark)와 제사장의 거룩한 의복에 대한 인용을
수록하고 있다. 또한 시편 132편 12절은 모세 오경을 출처로 하고 있는 언
약(covenant)과 증거(testimony)를 인용하고 있다. 이제 우리는 다윗이 살

왔던 시대에 이스라엘 백성들이 모세 오경을 알고 있었다는 결론을 내릴 수 있다.

특히 시편 78편, 105편 및 106편은 역사 시편에 해당된다. 시편 작가들은 모세 오경을 출처로 한 인용 구절들을 시편 78편에서 83회, 시편 105편에서 61회 그리고 시편 106편에서 50회에 걸쳐 사용했다. 이러한 인용 구절들을 자세히 열거하면 다음과 같다.

먼저 시편 78편은 민 21:27, 출 12:27~28, 출 13:8, 14, 신 11:19, 출 32:9, 출 33:3, 신 9:7, 24, 신 31:27, 출 7~12, 신 13:22, 출 14:21, 출 15:8, 출 17:6, 민 20:8, 10, 11, 신 9:22, 신 6:16, 출 16:3, 민 11:4, 민 20:3, 민 21:5, 민 11:1, 창 7:11, 출 16:14, 민 11:31, 창 13:16, 창 22:17, 출 16:13, 민 11:31, 민 11:4, 33, 34, 민 11:14, 16, 17(민 14:11, 29, 35), 민 11:26, 64, 65, 신 32:4, 15, 31, 출 15:13, 출 34:5, 민 14:20, 창 8:3, 출 7:3, 출 4:21, 출 11:9, 10, 출 7:17~24, 출 7:2~14, 출 10:12~15, 출 9:23~25, 출 9:19~21, 출 12:13, 23, 출 9:3~6, 출 12:29, 창 49:3, 출 14:19, 20, 출 14:13, 27, 28, 출 15:10, 17, 레 26:30, 신 12:2, 신 31:29, 신 7:5, 25, 신 12:3, 민 25:11, 신 32:16, 21, 신 3:26을 출처로 한 인용 구절들을 수록하고 있다.

시편 105편은 창 4:26, 출 6:6, 출 7:4, 신 7:9, 창 17:2, 창 22:15~18, 창 26:3, 창 28:13, 14, 창 35:11, 12, 창 13:15, 창 15:18, 창 34:30, 신 7:7, 신 26:5, 창 35:5, 창 12:17, 창 20:3, 창 20:6, 7, 창 26:11, 창 41:54, 레 26:26, 창 45:5, 창 50:20, 창 37:28, 30, 창 39:20, 창 40:20, 21, 창 41:25, 14, 40, 53, 54, 창 46:6, 출 9:12, 출 1:8~14, 10, 민 16:5, 민 17:5, 출 3:10, 출 4:12, 출 10:21~23, 출 7:21, 출 8:3, 21, 16, 출 9:23, 25, 출 10:12~15, 출 12:35, 36, 출 12:33, 출 15:16, 출 13:21, 출 16:13, 출 2:24, 창 15:14, 출 15:1~20

을 출처로 한 인용 구절들을 수록하고 있다.

시편 106편은 레 26:40, 출 14:11, 12, 출 9:16, 출 14:21, 출 14:30, 출 14:28, 출 15:5, 출 14:31, 출 15:1~21, 출 15:24, 출 16:3, 출 17:2, 민 11:4, 출 17:2, 민 16:1~3, 신 33:2, 민 16:31, 32, 신 11:6, 민 16:35, 출 32:4, 신 9:8, 신 32:18, 신 10:21, 출 32:10, 신 9:14, 민 14:31, 신 1:32, 신 9:32, 민 14:2, 신 1:27, 출 6:8, 민 14:30, 신 32:40, 민 25:3, 7, 8, 창 15:6, 민 25:10~13, 민 20:2, 13, 신 1:37, 민 20:10, 신 7:8, 16, 출 23:33, 신 7:16, 신 32:17, 레 26:39, 42를 출처로 한 인용 구절들을 수록하고 있다.

잠언 13장 13절은 이렇게 기록되어 있다. "말씀을 멸시하는 자는 자기에게 패망을 이루고 계명을 두려워하는 자는 상을 받느니라." 여기서 "말씀(Word)"은 "계명(Commandment)"과 대구를 이룬다. 이는 잠언의 저자인 솔로몬이 율법을 알고 있었음을 입증한다. 또한 잠언 19장 16절은 이렇게 기록되어 있다. "계명을 지키는 자는 자기의 영혼을 지키거니와 자기의 행실을 삼가지 아니하는 자는 죽으리라." 여기서도 "계명"은 단수로 사용된다. 모세 오경에서도 이와 동일한 어법을 찾을 수 있다. 신명기 7장 11절은 이렇게 기록되어 있다. "그런즉 너는 오늘 내가 네게 명하는 명령과 규례와 법도를 지켜 행할지니라." 또한 신명기 8장 1절은 이렇게 기록되어 있다. "내가 오늘 명하는 모든 명령을 너희는 지켜 행하라 그리하면 너희가 살고 번성하고 여호와께서 너희의 조상들에게 맹세하신 땅에 들어가서 그것을 차지하리라." 흠정역(KJV)에서 이들 두 구절에 등장하는 "계명"은 복수인 "commandments"로 번역되어 있지만 히브리 어 역본에서는 모두 단수 형태로 번역되어 있다. 솔로몬은 모세 오경에 기록된 바와 같이 복수로 된 "계명(commandments)"을 반복적으로 사용했다. 여기서 단수 형태의 "계명(commandment)"은 하나님께서 이스라엘 자손들에게 계시한 모든 것을 가리키기 때문에 의심의 여지없이 모세 오경을 인용한다고 볼 수 있다.

"죽음(מָוֶת)"이라는 단어는 모세 오경에서 20 회에 걸쳐 등장하고 있으며(창 21:16; 25:11; 26:18; 27:2, 7, 10; 출 10:17; 레 16:1; 민 16:29; 35:25, 28(2회), 32; 신 22:26; 30:15, 19; 31:27, 29; 33:1) 잠언에서는 18회에 걸쳐 나타나고 있다(잠 2:18; 5:5; 7:27; 8:35; 10:2; 11:4, 19; 12:28; 13:14; 14:12, 27, 32, 16:14, 25; 18:21; 21:6; 24·18, 26:18).

히브리어로 "생명" 또는 "살아 있는"을 의미하는 חַיִּים은 모세 오경에서 36 회에 걸쳐 등장하고 있다(창 2:7, 9, 3:14, 17. 22, 24, 6:17, 7:11, 15, 22, 18:10, 23:1, 25:7, 17, 27:46(2회), 창 42:15, 16, 47:9(2회), 출 1:14, 6:16, 18, 20, 레 18:18; 신 4:9, 6:2; 16:3, 17:19, 28:66(2회), 신 30:15, 19(2 회), 20, 32:47). 이 단어는 잠언에서 36 회에 걸쳐 나타나고 있다(잠 2:19; 3:2, 18, 22, 4:10, 13, 22, 23; 5:6; 6:23; 8:35; 9:11. 10:11; 16, 17; 11:19; 30, 12:28; 13:12, 14; 14:27, 30; 15:4, 24, 31; 16:15, 22; 18:21; 잠 19:23; 21:21; 22:4; 31:12).

잠언에서는 모세 오경 특유의 어법을 볼 수 있다. "생명나무"(창 3:22)는 잠언에서 4회에 걸쳐 등장하고 있다(잠 3:18; 11:30, 13:12; 15:4). Gesenius의 히브리어 사전에서는 이 단어를 "비방을 퍼뜨리다(to spread slander)"로 번역하고 있다. הוֹצִיא דִבָּה는 민 13:32, 14:36, 37에서 볼 수 있으며 잠언 10장 18절에서는 솔로몬이 사용하고 있다. 잠언 10장 23절에서는 זִמָּה라는 단어를 볼 수 있는데 이 단어는 레 18:17, 레 19:29, 20:14에서도 볼 수 있다. 또한 이 단어는 시 26:10과 시 119:150에서도 볼 수 있다.

"혐오 또는 미움(תּוֹעֵבָה = abomination)"이라는 단어는 잠언에서 21회에 걸쳐 등장하며 모세 오경에서는 25회에 걸쳐 나타나고 있다. "여호와께서 미워하시나(תּוֹעֲבַת יְהוָה)"라는 어구는 잠언에서 11회에 걸쳐 나타나고 있으며(잠 3:32; 11:1, 20; 12:22, 15:8, 9, 26; 6:5, 17:15; 20:10, 23) 모세 오경(신명기)에서는 8회에 걸쳐 등장하고 있다(신 7:25; 12:31; 17:1; 신 18:12(2회), 23:18; 25:16; 27:15).

רָכִיל이라는 단어는 잠언에서 2회에 걸쳐 나타나고 있으며(잠 11:13, 잠 20:19), 레위기 19:16에서는 הֹלֵךְ רָכִיל의 형태로 표기되어 있다. 여기서 이 단어의 일부에 속하는 רָכַל는 그와 결합되는 나머지 단어와 동일하며 하나의 어근(הָלַךְ)을 기원으로 하고 있다.

"곡식을 팔다(to sell corn)"라는 의미가 있는 히브리어인 שָׁבַר는 잠언 11장 26절에 등장한다. 이 단어는 잠언 이전의 시기에 사용되지 않았으며 다만 모세 오경에서는 자주 등장하고 있다. 이는 창세기 41:36, 42:5과 신명기 2:28에서 볼 수 있다. "악인을 의롭다 하고 의인을 악하다 하는 이 두 사람은 다 여호와께 미움을 받느니라."(잠 17:15)라는 말씀은 출애굽기 23장 7절과 신명기 25장 1절에서 유래하고 있다. "자기의 아비나 어미를 저주하는 자"(잠 20:20)라는 표현은 출애굽기 21장 17절 말씀을 출처로 하고 있다(히브리 원어 성경에서 이 어구는 동일하게 מְקַלֵּל אָבִיו וְאִמּוֹ로 표기되어 있다).

또한 "함부로 이 물건은 거룩하다 하여 서원하고 그 후에 살피면 그것이 그 사람에게 덫이 되느니라."(잠 20:25)라는 말씀은 "네 하나님 여호와께 서원하거든 갚기를 더디 하지 말라."라고 기록된 신명기 23장 21절 말씀을 비롯해 여호와 하나님께 바친 물건을 전용(alienation)해서는 안 된다는 내용을 명시한 수많은 율법(레 27:9, 10, 14, 21)을 알기 쉽게 인용하고 있다. 따라서 잠언의 기자인 솔로몬은 모세 오경의 내용과 어법을 잘 알고 있었음을 알 수 있다.

3) 구약의 예언서

이사야의 설명에 따르면 그는 웃시야 왕, 요담 왕, 아하스 왕 및 히스기야 왕이 유다를 다스리던 시절에 살았음을 알 수 있다. 이사야가 활동하던 시절에 율법책(모세 오경)은 이미 존재하고 있었다. 이사야 5장 24절은 "그들이 만군의 여호와의 율법을 버리며"라고 기록되어 있으며 이사야 30장 9절은 "여호와의 법을 듣기 싫어하는 자식들이라."라고 기록되어 있다. 이 두 구절은 이사야가 활동했던 당대의 이스라엘 사람들이 잘 알고 있던 율법이 실제로 존재했으며, 그들은 이를 하나님의 율법으로 인식하고 있었음을 입증하고 있다. 따라서 이사야는 우리가 말하는 성경과 마찬가지로 이 율법을 "책(the Book)"으로 언급하고 있다.

이사야 29장 18절은 이렇게 기록되어 있다. '그날에 못 듣는 사람이 책의 말을 들을 것이며," "책(book)"이라 불리는 율법책은 오직 한 가지만 있었으며 이사야는 이 책을 더 이상의 설명이 필요가 없을 정도로 너무나 잘 알려진 책으로 언급했다. 여기서 "책"은 요시야 왕대에 발견된 "율법책"과 동일한 의미를 지니고 있음이 틀림없다.

소돔과 고모라에 대한 인용은 이사야서에서 3차례 등장하고 있으며(사 1:9, 10; 3:19), 이사야 3장 9절에서는 소돔만 1번 언급하고 있다. "소돔과 고모라"는 모세 오경에서 11차례에 걸쳐 언급되고 있으며 소돔만 언급한 구절은 12개에 이른다. 이들 구절에서 소돔과 고모라는 역사의 일부에 속한다.

이사야 1장 11절은 이렇게 기록되어 있다. "… 나는 숫양의 번제와 살진 짐승의 기름에 배불렀고 나는 수송아지나 어린 양이나 숫염소의 피를 기뻐하지 아니하노라." 히브리 원어 성경에서 각 동물의 이름은 모세의 율법에 따라 모두 남성 명사로 표기되어 있다.

이사야 1장 12절의 "너희가 내 앞에 보이러 오니"라는 구절에서 저자는 이스라엘의 3대 절기(유월절, 칠칠절, 초막절)를 염두에 두면서 출애굽기 34장 24절의 표현을 차용했다. 이사야 1장 13절은 이렇게 기록되어 있다. "헛된 제물을 다시 가져오지 말라 분향은 내가 가증히 여기는 바요 월삭과 안식일과 대회로 모이는 것도 그러하니 성회와 아울러 악을 행하는 것을 내가 견디지 못하겠노라." 여기서 이사야는 모세의 몇몇 계율을 인용하고 있을 뿐만 아니라, 이러한 계율에 대해 정확히 알고 있음을 보여 주고 있다. 그래서 그는 분향과 함께 제물에 대해 언급하고 있다. 구약의 제사에서는 여호와 하나님께 제물을 번제로 드리기 전에 분향을 해야 했기 때문이다(레 2:1, 16; 6:14, 15을 참조). 그리고 "월삭과 안식일과 대회로 모이는 것"이라는 구절에서 대회(assemblies)는 월삭과 안식일은 물론, 속죄일(큰 제사를 드리는 날)에도 열렸다(레 23장을 참조). 또한 성회(solemn meeting)에 대한 인용은 특별히 유월절 기간의 7일째 및 초막절 기간의 8일째에 해당되는 날을 각각 가리킨다(레 23:36; 민 29:25; 16:8을 참조).

이사야 2장 7절 하반부는 이렇게 기록되어 있다. "그 땅에는 마필이 가득하고 병거가 무수하며" 또한 이사야 31장 1절은 이렇게 기록되어 있다. "도움을 구하러 애굽으로 내려가는 자들은 화 있을진저 그들은 말을 의지하며 병거의 많음과 마병의 심히 강함을 의지하고 이스라엘의 거룩하신

이를 앙모하지 아니하며 여호와를 구하지 아니하나니” 만약 모세 오경이 없다면 말과 병거(전차)를 보유하는 죄를 설명하기가 매우 어려울 것이다. 하지만 신명기 17장 16절은 역사적 사실을 이렇게 기록하고 있다. “그는 병마를 많이 두지 말 것이요 병마를 많이 얻으려고 그 백성을 애굽으로 돌아가게 하지 말 것이니 이는 여호와께서 너희에게 이르시기를 너희가 이후에는 그 길로 다시 돌아가지 말 것이라 하셨음이며”라고 기록하고 있다.

“포도원을 삼킨 자는 너희이며”(사 3:14)라는 구절은 출애굽기 22장 5절(“사람이 밭에서나 포도원에서 짐승을 먹이다가 자기의 짐승을 놓아 남의 밭에서 먹게 하면 자기 밭의 가장 좋은 것과 자기 포도원의 가장 좋은 것으로 배상할지니라”)을 암시하고 있다. 히브리어로 “먹다”를 뜻하는 동사인 בִּעֵר는 특이한 표현이며 암시(allusion)의 의심을 남기지 않기 위해 두 군데에서 동일하게 사용되고 있다.

이사야 5장 26절은 이렇게 기록되어 있다. “또 그가 기치를 세우시고 먼 나라들을 불러 땅 끝에서부터 자기에게로 오게 하실 것이라 보라 그들이 빨리 달려올 것이로되” 이 구절은 신명기 28장 49절에 기록된 “곧 여호와께서 멀리 땅 끝에서 한 민족을 독수리가 날아오는 것같이 너를 치러 오게 하시리니 이는 네가 그 언어를 알지 못하는 민족이요”를 인용하고 있다. 여기서 신명기 28장 49절의 뒷부분(‘이는 … 민족이요’)은 이사야 5장 26절에서 생략되어 있지만 다른 구절에서 인용되고 있다(사 39:11; 33:19).

이사야 30장 16~17절은 이렇게 기록되어 있다. “이르기를 아니라 우리가 말 타고 도망하리라 하였으므로 너희가 도망할 것이요 또 이르기를 우리가 빠른 짐승을 타리라 하였으므로 너희를 쫓는 자들이 빠르리니 한 사람이 꾸짖은즉 천 사람이 도망하겠고 다섯이 꾸짖은즉 너희가 다 도망하고 너희 남은 자는 겨우 산꼭대기의 깃대 같겠고 산마루 위의 기치 같으리라 하셨느니라." 여기서 이와 동일한 대응 구절들은 레위기 26장 8절 및 17절에서 찾을 수 있다.

이사야 52장 4절에서 "내 백성이 전에 애굽에 내려가서 거기에 거류하였고"라는 구절은 창세기 46장 6절을 인용하고 있다. 또한 이사야 63장 12절에서 "그의 영광의 팔이 모세의 오른손을 이끄시며 그의 이름을 영원하게 하려 하사 그들 앞에서 물을 갈라지게 하시고"라는 구절도 모세 오경에 기록된 역사적 사실을 인용하고 있다(출 14:21).

예레미야서를 살펴보면 예언자 예레미야가 율법을 알고 있었을 뿐만 아니라 이를 명시적으로 언급하고 있으며 자주 인용하고 있음을 알 수 있다. 대표적인 예로는 "땅이여 들으라 내가 이 백성에게 재앙을 내리리니 이것이 그들의 생각의 결과라 그들이 내 말을 듣지 아니하며 내 율법을 거절하였음이니라."(렘 6:19)라는 구절과 "그들이 내가 그들의 앞에 세운 나의 율법을 버리고 내 목소리를 순종하지 아니하며 그대로 행하지 아니하고"(렘 9:13)라는 구절 그리고 "너희 조상들이 … 나를 버려 내 율법을 지키지 아니하였음이라."(렘 16:11)라는 구절을 들 수 있다. 또한 예레미야서의 저자인 예레미야는 이렇게 기록하고 있다. "주의 목소리를 순종하지 아니하며 주의 율법에서 행하지 아니하며"(렘 32:33)라고 기록하고 있다.

"율법을 다루는 자들은 나를 알지 못하며"(렘 2:8), "너희가 어찌 우리는 지혜가 있고 우리에게는 여호와의 율법이 있다 말하겠느냐"(렘 8:8).

따라서 "율법"은 실제로 존재했으며 "여호와의 율법(the Law of the Lord)"이라 불렸던 것이다.

또한 예레미야서는 모세 오경에 기록된 내용과 비슷한 것으로 판명된 인용 구절들을 수록하고 있다. 예를 들면, 예레미야 2장 6~7절은 이렇게 기록되어 있다. "그들이 우리를 애굽 땅에서 인도하여 내시고 광야 곧 사막과 구덩이 땅, 건조하고 사망의 그늘진 땅, 사람이 그곳으로 다니지 아니하고 그곳에 사람이 거주하지 아니하는 땅을 우리가 통과하게 하시던 여호와께서 어디 계시냐 하고 말하지 아니하였도다. 내가 너희를 기름진 땅에 인도하여 그것의 열매와 그것의 아름다운 것을 먹게 하였거늘 너희가 이리로 들어와서는 내 땅을 더럽히고 내 기업을 역겨운 것으로 만들었으며." 이는 신명기 8장 15절, 민수기 14장 7, 8절 및 레위기 18장 25~28절을 절 또는 단어 형태로 인용하고 있다.

예레미야 2장 28절의 "너를 위하여 네가 만든 네 신들이 어디 있느냐 그들이 네가 환난을 당할 때에 구원할 수 있으면 일어날 것이니라 유다여 너의 신들이 너의 성읍 수와 같도다."라는 구절에서 예레미야는 신명기 32장 37과 38절을 인용하고 있다. 또한 예레미야 3장 1절에서 "가령 사람이 그의 아내를 버리므로 그가 그에게서 떠나 타인의 아내가 된다 하자 남편이 그를 다시 받겠느냐!"라는 구절은 신명기 24장 1~4절을 그대로 인용하고 있다.

예레미야 3장 16절은 이렇게 기록되어 있다. "여호와의 말씀이니라 너희가 이 땅에서 번성하여 많아질 때에는 사람들이 여호와의 언약궤를 다시는 말하지 아니할 것이요 생각하지 아니할 것이요 기억하지 아니할 것이요 찾지 아니할 것이요 다시는 만들지 아니할 것이며" 이 구절은 모세 오경에 자주 언급된 모세의 예배를 보여 주는 한 가지 중요한 특징(여호와의 언약궤)을 인용하고 있다. "언약(covenant)"이라는 단어는 모세 오경에서 78회에 걸쳐 등장하고 있으며 "언약궤(the ark of the covenant)"라는 어구는 민수기 10장 33절, 민수기 14장 44절, 신명기 10장 8절 및 신명기 31장 9절, 25절과 26절에서 각각 찾을 수 있다. 언약의 모든 역사는 율법의 전수(giving of the Law)를 의미한다. 이스라엘의 3대 절기는 바로 이러한 율법을 전제로 하고 있다. 만약 모세 오경이 존재하지 않았다면 이스라엘의 3대 절기를 생각조차 할 수 없는 것이다.

예레미야 4장 4절은 "너희는 스스로 할례를 행하여"라고 기록되어 있으며 신명기 10장 16절과 30장 6절을 인용하고 있다. 여기서 우리는 '할례를 행하는 것'이 모세의 율법에 속한다는 사실을 기억해야 한다. 또한 예레미야 5장 15절에서 "이스라엘 집이여 보라 내가 한 나라를 먼 곳에서 너희에게로 오게 하리니 곧 강하고 오랜 민족이라 그 나라 말을 네가 알지 못하며 그 말을 네가 깨닫지 못하느니라."라는 구절은 신명기 28장 49절을 인용하고 있다.

예레미야 5장 17절에서 "그들이 네 자녀들이 먹을 추수 곡물과 양식을 먹으며"라는 구절은 레위기 26장 16절과 신명기 28장 31절을 인용하고 있다. 또한 예레미야 7장 6~7절에서 "이방인과 고아와 과부를 압제하지 아니하며 무죄한 자의 피를 이곳에서 흘리지 아니하며 다른 신들 뒤를 따라 화를 자초하지 아니하면 내가 너희를 이곳에 살게 하리니 곧 너희 조상에게 영원 무궁토록 준 땅에니라."라는 구절은 의심의 여지없이 창 15:18, 창 17: 8, 창 26:3, 출 22:21, 신 4:10, 신 6:15~16 및 신 19:10을 각각 인용한 것이다.

예레미야 8장 17절에서 "여호와의 말씀이니라 내가 … 뱀과 독사를 너희 가운데 보내리니 그것들이 너희를 물리라 하시도다."라는 구절은 민수기 21장 16절에서 찾을 수 있다. 또한 예레미야 8장 19절에서 "그들이 어찌하여 그 조각한 신상과 이방의 헛된 것들로 나를 격노하게 하였는고"라는 구절은 신명기 32장 21절을 인용하고 있다. 예레미야 11장 3절에서 "이 언약의 말을 따르지 않는 자는 저주를 받을 것이니라."라는 구절은 신명기 27장 26절에서 볼 수 있다. 그리고 예레미야 11장 4절에 기록된 "쇠풀무 애굽 땅에서(מֵאֶרֶץ מִצְרַיִם מִכּוּר)"라는 구절은 신명기 4장 20절에서도 똑같이 등장한다. 여기서 우리는 표현뿐만 아니라 거기에 담긴 사상도 동일함을 알 수 있다.

예레미야 11장 4절 하반부 ~ 5절에서 "너희는 내 목소리를 순종하고 나의 모든 명령을 따라 행하라 그리하면 너희는 내 백성이 되겠고 나는 너희의 하나님이 되리라 내가 또 너희 조상들에게 한 맹세는 그들에게 젖과 꿀이 흐르는 땅을 주리라 한 언약을 이루리라 한 것인데 오늘이 그것을 증언하느니라 하라 하시기로 내가 대답하여 이르되 아멘 여호와여 하였노라."라는 구절은 출 3:8, 레 6:3, 12, 신 7:12~13에 기록된 이스라엘의 역사를 생생하게 인용하고 있다. 예레미야 17장 22절 하반부에서 "또한 내가 너희 조상들에게 명령함 같이 안식일을 거룩히 할지어다."라는 구절은 출 20:8~11, 출 23:12, 출 31:13 및 신 5:12~15에서 볼 수 있는 율법의 십계명 중 하나에 속한다.

예레미야 32장 20절~21절에 기록된 "주께서 애굽 땅에서 표적과 기사를 행하셨고 … 주께서 표적과 기사와 강한 손과 펴신 팔과 큰 두려움으로 주의 백성 이스라엘을 애굽 땅에서 인도하여 나시고"라는 구절은 출애굽기에 기록된 이스라엘 자손들의 여정에 관한 역사적 사실을 간략히 정리하면서 하나님께 드리는 저자 예레미야의 기도문에 포함된 내용이다. 예레미야는 모세 오경을 알고 있었다. 이스라엘 백성들과 예언자 예레미야도 당대에 모세 오경을 알고 있었던 것이다.

에스겔서에 따르면 저자는 바벨론 제국의 포로가 된 유다 백성들 중 한 명이었다. 그는 예루살렘이 바벨론에 함락되기 11년 전에 포로로 끌려갔다. 그는 바벨론의 포로가 된 후 5년째가 되었을 때 에스겔서에 기록된 예언을 하기 시작했으며 예루살렘이 함락된 후 16년이 경과할 때까지 예언을 계속했다. 근대 성경 비평가들은 에스겔서의 진의(眞意) 여부에 대해 의심하지 않고 있다. 에스겔서에서 "율법"이라는 단어는 6차례에 걸쳐 등장하는데 특히 에스겔 7장 26절은 "… 제사장에게는 율법이 없어질 것이요"라고 기록되어 있으며 에스겔 22장 26절은 "그 제사장들은 내 율법을 범하였으며"라고 기록되어 있다. 여기서 "율법"은 "여호와의 율법" 혹은 모세의 율법으로 언급되어 있지는 않으며 다만 에스겔이 모세 오경을 인용했음을 입증하는 구절들을 여러 곳에서 발견할 수 있다.

에스겔 22장 7~12절은 이렇게 기록되어 있다. "그들이 네 가운데에서 부모를 업신여겼으며 네 가운데에서 나그네를 학대하였으며 네 가운데에서 고아와 과부를 해하였도다. 너는 나의 성물들을 업신여겼으며 나의 안식일을 더럽혔으며 네 가운데에 피를 흘리려고 이간을 붙이는 자도 있었으며 네 가운데에 산 위에서 제물을 먹는 자도 있었으며 네 가운데에 음행하는 자도 있었으며 네 가운데에 자기 아버지의 하체를 드러내는 자도 있었으며 네 가운데에 월경하는 부정한 여인과 관계하는 자도 있었으며 어떤 사람은 그 이웃의 아내와 가증한 일을 행하였으며 어떤 사람은 그의 며느리를 더럽혀 음행하였으며 네 가운데에 어떤 사람은 그 자매 곧 아버지의 딸과 관계하였으며 네 가운데에 피를 흘리려고 뇌물을 받는 자도 있었으며 네가 변돈과 이자를 받았으며 이익을 탐하여 이웃을 속여 빼앗았으며 나를 잊어버렸도다. 주 여호와의 말씀이니라."

앞서 언급한 구절을 살펴보면 모세 오경을 출처로 하고 있는 인용 구절 및 그와 유사한 단어들이 여러 곳에서 등장함을 알 수 있다. "그들이 네 가운데에서 부모를 업신여겼으며"라는 구절은 신명기 27장 16절에서 볼 수 있다. "나그네를 학대하였으며"라는 구절은 출애굽기 22장 21절에서 찾을 수 있다. 히브리 원어 성경에서 "업신여기다(to despise)"를 뜻하는 히브리 어인 בָּזָה는 에스겔서에서 5차례 등장하거 모세 오경에서는 2번 나타나고 있다(창 25:34; 민 15:31). "더럽히다(profane)"를 뜻하는 히브리 어인 חִלְּלוּ는 에스겔서에서 10차례 등장하고 있으며 레위기에서는 13번 나타나고 있다. "안식일(sabbath)"을 뜻하는 히브리 어인 שַׁבָּת는 모세 오경에서 43회에 걸쳐 나타나고 있으며 에스겔서에서는 15차례에 걸쳐 등장하고 있는데 여기서 "안식일을 지키는 것"은 의심의 여지없이 모세의 율법을 근거로 한 것이었다. "네 가운데에 피를 흘리려고 이간을 붙이는 자"는 레 19:16, 창 9:6 및 민수기 25:33을 각각 인용한 것이다. 동사인 "~를 흘리다(to shed)"를 뜻하는 히브리 어인 שָׁפַךְ는 에스겔서에서 10차례에 걸쳐 나타나고 있으며 모세 오경에서는 5번 나타나그 있다. "피(blood)"를 뜻하는 히브리 어인 דָם은 에스겔서에서 46회에 걸쳐 등장하며 모세 오경에서는 무려 148회에 걸쳐 나타나고 있다. "자기 아버지의 하체를 드러내는 자도 있었으며"라는 구절은 창세기 9장 22~23절을 인용하고 있다. "하체 곧 벗은 몸(nakedness)"을 뜻하는 히브리어인 עֶרְוָה는 에스겔서에서 8번 등장하며 모세 오경에서는 30회에 걸쳐 나타나고 있다. "더럽히다(defile)"를 뜻하는 히브리어인 שָׁקַץ는 모세 오경에서 12회에 걸쳐 등장하며 에스겔서에서도 12회에 걸쳐 나타나고 있다. "욕보이다(humble)"를 뜻하는 히브리

어인 עֶרְוָה는 에스겔서에서 12회에 걸쳐 등장하며 신명기에서는 6회에 걸쳐 나타나고 있는데 그중에서도 "여자를 욕보였다 혹은 여자와 관계했다."(겔 22:11)라는 구절은 신명기 21장 14절과 22장 29절에서 각각 볼 수 있다. "월경하는 부정한 여인과 관계하는 자도 있었으며"라는 구절은 레위기 18장 19절을 인용하고 있다. "어떤 사람은 그 이웃의 아내와 가증한 일을 행하였으며"라는 구절은 레위기 18장 20절에서 볼 수 있다. "가증한 일(abomination)"을 뜻하는 히브리 어인 תּוֹעֵבָה는 에스겔서에서 42회에 걸쳐 등장하며 모세 오경에서는 25회에 걸쳐 나타나고 있다. "그 자매 곧 아버지의 딸과 관계하였으며"라는 구절은 레위기 18장 9절에서 확인할 수 있다. "피를 흘리려고 뇌물을 받는 자도 있었으며"라는 구절은 출애굽기 28:20 및 신명기 16:19에서 각각 볼 수 있다. "뇌물(gift)"을 뜻하는 히브리 어인 שֹׁחַד는 에스겔서에서 1번 등장하며 모세 오경에서는 2번 나타난다(출 23:8; 신 16:19). "변돈(usury)"을 뜻하는 히브리 어인 נֶשֶׁךְ는 에스겔서에서 4회에 걸쳐 등장하며 모세 오경에서도 4번 나타난다(출 22:25, 레 25:26, 27, 신 23:19). "이자(利子 : increase)"를 뜻하는 히브리어인 תַּרְבִּית는 에스겔서에서 4번 나타나며 모세 오경에서는 레위기 25장 36절에서만 딱 1번 등장하며 그 외에는 찾을 수 없다. "잊어버렸도다(forgotten)"를 뜻하는 히브리 어인 שָׁכַח는 에스겔서에서 1번 등장하며 모세 오경에서는 2번 나타난다(창 41:30, 신 31:21). 앞서 언급한 각 구절을 살펴보면 에스겔서에 모세 오경을 출처로 하고 있는 인용 구절들이 많이 수록되어 있으며 이러한 모세 오경의 원본에서도 똑같은 단어들을 사용하고 있다는 사실을 알 수 있다.

에스겔 22장 26절은 모세 오경을 적어도 4번 이상 인용하고 있다(레 10:10; 레 11:45; 레 22:25; 민 31:13). 에스겔 20장에서 필자는 29개의 구절이 모세 오경을 출처로 하여 이를 인용하고 있음을 확인했다(창 9:12; 14:22; 17:11; 출 3:8; 4:31; 6:2; 6:7; 13:18, 20; 20:2; 20:8~11; 레 18:5; 18:31; 21:23; 민 14:28; 15:39; 14:20, 23, 28~30; 20:12; 4:8; 5:4; 5:12~15; 5:32~33; 31:27; 28:64). 이와 마찬가지로, 에스겔서의 다른 장에서도 우리는 모세 오경을 출처로 하고 있는 많은 인용 구절들을 쉽게 확인할 수 있다. 사실 에스겔서의 전체 본문은 앞서 입증한 바와 같이 모세 오경을 출처로 한 구절들로 가득 차 있다.

특히 에스겔서에서는 모세 오경 특유의 어구들을 놀라울 정도로 많이 인용하고 있다. 예를 들면, 에스겔 4:17, 24:23, 33:10에 기록된 "패망(쇠퇴)하다(pine away)"를 뜻하는 히브리어인 מקק는 레위기 26장 39절에서 2군데밖에 볼 수 없다. 에스겔서 및 모세 오경 특유의 어구로는 "내가 … 칼을 빼리라."라는 구절을 들 수 있다. 에스겔 5:2, 12, 7:14을 신명기 15:9, 레위기 26:33과 비교해 보라. 또한 "의뢰하는 양식(staff of bread)"이라는 어구는 에스겔 4:16, 5:16, 14:13에서 각각 볼 수 있으며 레위기 26:26에서도 볼 수 있다. 그리고 에스겔 14:8, 15:7에 등장하는 "내가(~ 를) 대적하여(I will set my face)"라는 어구는 레위기 17:10, 20:3, 6 26:17에서도 볼 수 있다. 에스겔서에서는 모세 오경을 출처로 한 그 밖의 인용 구절들도 많이 볼 수 있다. A. MacCaul은 이렇게 설명하고 있다.

여기서 특별히 주목해야 할 점이 있다면, (모세의) 율법에 대한 예언자 에스겔의 언급이야말로 제사장, 예언자 및 일반 백성들 모두 에스겔이 인용한 율법을 알고 있었을 뿐만 아니라 기꺼이 순종할 만하고 판단의 근거가 되었으며 이의가 없었던 이 율법을 의심할 여지가 없는 신적 권위로 받아들였다는 사실을 필연적으로 암시하고 있다는 사실이다. 따라서 우리는 바벨론 포로 시기는 물론, 예루살렘이 함락되기 7년 전에 모세 오경이 존재했음을 입증하는 명백한 증거를 에스겔서에서 확인할 수 있다.

소선지서 중 호세아 4장 6절은 이렇게 기록되어 있다. "네가 네 하나님의 율법을 잊었으니 나도 네 자녀들을 잊어버리리라." 또한 호세아 8장 1절은 이렇게 기록되어 있다. "그들이 내 언약을 어기며 내 율법을 범함이로다." 또한 아모스 2장 4절은 이렇게 기록되어 있다. "그들이 여호와의 율법을 멸시하며" 앞서 언급한 인용 구절들은 율법이 일반 백성들에게 잘 알려져 있었으며 이 율법은 '모세의 율법'으로 인정을 받고 있었음을 보여준다.

또한 호세아 8장 12절은 이렇게 기록되어 있다. "내가 그를 위하여 내 율법을 만 가지로 기록하였으나 그들은 이상한 것으로 여기도다." 따라서 우리는 웃시야 왕과 여로보암 2세가 각각 유다와 이스라엘을 다스리던 시기에 율법이 일반 백성들에게까지 알려져 있었음을 알 수 있다. 이 율법은 여호와 하나님께서 모세에게 전수한 것이다. 그래서 선지자 말라기는 "모세의 율법을 기억하라."(말 4:4)라고 말하고 있다. 소선지서에서도 모세 오경을 출처로 하고 있는 인용 구절을 많이 볼 수 있는데 이는 소선지자들이 활동했던 시기에도 모세 오경이 널리 알려져 있었음을 보여 준다.

소선지자들은 이스라엘과 유다의 역사를 잘 알고 있었다. 선지자 호세아가 "그들은 아담처럼 언약을 어기고"라고 말한 것처럼 소선지자들은 아담의 죄(원죄)를 알고 있었다. 소선지자들은 성경에서 마귀를 상징하는 뱀(serpent)에 관한 일화를 알고 있었다. 선지자 미가는 이렇게 말하고 있다. "그들이 뱀처럼 티끌을 핥으며 땅에 기는 벌레처럼 떨며 그 좁은 구멍에서 나와서 두려워하며 우리 하나님 여호와께로 돌아와서 주로 말미암아 두려워하리이다"(미 7:17). 여기서 우리는 창세기 3장 14절의 내용을 인용하고 있을 뿐만 아니라, 신명기 32장 24절을 출처로 하고 있는 몇몇 단어들도 인용하고 있다. 소돔과 고모라는 아모스 4장 11절에서 볼 수 있다. 아브라함과 야곱에 대한 하나님의 언약은 미가 7장 20절에 인용되어 있다.

호세아 12장 3~4절은 이렇게 기록되어 있다. "야곱은 모태에서 그의 형의 발뒤꿈치를 잡았고 또 힘으로는 하나님과 겨루되 천사와 겨루어 이기고 울며 그에게 간구하였으며 하나님은 벧엘에서 그를 만나셨고 거기에서 우리에게 말씀하셨나니" 이 구절은 창서기 25:26; 28:11; 31:11; 32:24에 각각 기록된 야곱의 이력을 인용하고 있다.

미가 6장 4절에서 우리는 이스라엘 백성들을 이집트에서 건져 내신 여호와 하나님의 구원에 관한 말씀을 들을 수 있는데 이는 모세 오경에 기록된 것과 매우 흡사하다. "내가 너를 애굽 땅에서 인도해 내어 종 노릇 하는 집에서 속량하였고 모세와 아론과 미리암을 네 앞에 보냈느니라." 또한 미가 7장 15절은 이렇게 기록되어 있다. "네가 애굽 땅에서 나오던 날과 같이 내가 그들에게 이적을 보이리라 하셨느니라." 호세아 2장 15절은 이렇게 기록되어 있다. "거기서 비로소 그의 포도원을 그에게 주고 아골 골짜기로 소망의 문을 삼아 주리니 그가 거기서 응대하기를 어렸을 때와 애굽 땅에서 올라오던 날과 같이 하리라." 이러한 구절들은 출애굽기와 모세 및 미리암의 노래를 인용하고 있다. 호세아 11장 1절 – "이스라엘이 어렸을 때에 내가 사랑하여 내 아들을 애굽에서 불러냈거늘" – 에 표현된 사상은 출애굽기 4장 22~23절에서도 볼 수 있다. "너는 바로에게 이르기를 여호와의 말씀에 이스라엘은 내 아들 내 장자라 내가 네게 이르기를 내 아들을 보내 주어 나를 섬기게 하라 하여도 네가 보내 주기를 거절하니 내가 네 아들 네 장자를 죽이리라 하셨다 하라 하시니라." 아모스 2장 10절은 이렇게 기록되어 있다. "내가 너희를 애굽 땅에서 이끌어 내어 사십 년 동안 광야에서 인도하고 아모리 사람의 땅을 너희가 차지하게 하였고," 또한 아모스 3장 1절은 이렇게 기록되어 있다. "이스라엘 자손들아 여호와께서 너희에 대하여 이르시는 이 말씀을 들으라 애굽 땅에서 인도하여 올리신 모든 족속에 대하여 이르시기를" 그리고 아모스 5장 25절은 이렇게 기록되어 있다. "이스라엘 족속아 너희가 사십 년 동안 광야에서 희생과 소제물을 내게 드렸느냐."

발람(Balaam)의 역사를 인용하고 있는 미가 6장 5절은 이렇게 기록되어 있다. "내 백성아 너는 모압 왕 발락이 꾀한 것과 브올의 아들 발람이 그에게 대답한 것을 기억하며 싯딤에서부터 길갈까지의 일을 기억하라 그리하면 나 여호와가 공의롭게 행한 일을 알리라 하실 것이니라." 이 이야기는 민 22:5, 민 25:1에서 확인할 수 있다.

호세아서에서는 여러 구절에 걸쳐 모세의 율법을 인용하고 있다. "그들은 여호와의 땅에 거주하지 못하며 에브라임은 애굽으로 다시 가고 앗수르에서 더러운 것을 먹을 것이니라. 그들은 여호와께 포도주를 부어 드리지 못하며 여호와께서 기뻐하시는 바도 되지 못할 것이라. 그들의 제물은 애곡하는 자의 떡과 같아서 그것을 먹는 자는 더러워지나니 그들의 떡은 자기의 먹기에만 소용될 뿐이라. 여호와의 집에 드릴 것이 아님이니라. 너희는 명절 날과 여호와의 절기의 날에 무엇을 하겠느냐"(호 9:2~5). 또한 호세아 12장 9절은 이렇게 기록되어 있다. "네가 애굽 땅에 있을 때부터 나는 네 하나님 여호와니라 내가 너로 다시 장막에 거주하게 하기를 명절

날에 하던 것 같게 하리라"(출 34:25; 레 23:34, 42; 25:33; 신 28:48를 각각 참조).

이와 마찬가지로 선지자 아모스는 "너희 절기를 애통으로 … 변하게 하며"(암 8:10)라고 예언하고 있으며 "내가 너희 절기들을 미워하여 멸시하며 너희 성회들을 기뻐하지 아니하나니 너희가 내게 번제나 소제를 드릴지라도 내가 받지 아니할 것이요 너희의 살진 희생의 화목제도 내가 돌아보지 아니하리라."(암 5:21~22)라고 예언하고 있다. 호세아 2장 11절과 아모스 8장 5절에서는 월삭(new moon)과 안식일에 대해 언급하고 있다. 아모스 4장 4~5절은 이렇게 기록되어 있다. "너희는 벧엘에 가서 범죄하며 길갈에 가서 죄를 더하며 아침마다 너희 희생을, 삼일마다 너희 십일조를 드리며 누룩 넣은 것을 불살라 수은제로 드리며 낙헌제를 소리내어 선포하려무나 이스라엘 자손들아 이것이 너희가 기뻐하는 바니라 주 여호와의 말씀이니라." 이 구절은 민수기 28장, 신명기 12:6; 26:13; 14:28; 레위기 2:11; 7:12; 22:18~21을 각각 인용하고 있다.

아모스 2장 11~12절은 이렇게 기록되어 있다. "또 너희 아들 중에서 선지자를, 너희 청년 중에서 나실인을 일으켰나니 이스라엘 자손들아 과연 그렇지 아니하냐 이는 여호와의 말씀이니라. 그러나 너희가 나실 사람으로 포도주를 마시게 하며 또 선지자에게 명령하여(예언하지 말라 하였느니라)" 이 구절은 아모스 3장 14절에 인용된 나실인을 인용하고 있다. "그 제단의 뿔들을 꺾어 땅에 떨어뜨리고"(암 3:14), 출애굽기 27:2; 레위기 4:7에서 보는 바와 같이 이 제단은 모세의 율법에 따라 제작되었다. "제사장은 또 그 피를 여호와 앞 곧 회막 안 향단 뿔들에 바르고" 또한 출애굽기 30장 10절은 이렇게 기록되어 있다. "아론이 일 년에 한 번씩 이 향단 뿔을 위하여 속죄하되 속죄제의 피로 일 년에 한 번씩 대대로 속죄할지니라."

위의 구절들은 구약시대의 이스라엘 백성들이 모세의 율법에 관한 내용을 잘 알고 있었음을 보여 준다. 그들은 율법의 명령을 어길 경우 벌을 받는다는 사실을 알고 있었다. 상기의 인용 구절들은 선지자들과 예언자들이 구약 성경에서 "책"이라 불리며 "모세의 율법"으로도 알려져 있는 율법(책)을 잘 알고 있었음을 충분히 입증하고 있다. 그 외에도 선지자들과 예언자들은 모세 오경의 역사와 율례를 끊임없이 인용하고 있다.

4) 신약 성경

모세 오경의 저자가 모세임을 입증하는 가장 강력한 증거 중 하나는 기원 후 1세기에 활동했던 우리 주 예수 그리스도와 사도들 및 복음 전도자들의 확실한 증언을 근거로 하여 오늘날 기독교인들이 모세 오경의 진정성과 신적 기원(divine origin)을 믿고 있다는 사실이다. 신약 성경의 저자들은 모세 오경에 수록된 역사를 사실로 인정했으며 모세의 율법은 영감으로 구술된 하나님의 말씀으로 받아들였다.

요한계시록의 저자인 요한 사도는 이렇게 말하고 있다. "만일 누구든지 이것들 외에 더하면 하나님이 이 두루마리에 기록된 재앙들을 그에게 더하실 것이요"(계 22:18). 이는 신명기 4장 2절을 인용하고 있다. 또한 요한계시록 16장 21절에 기록된 "그 우박의 재앙 때문에 (하나님을 비방하니) 그 재앙이 심히 큼이러라."라는 말씀의 기원은 출애굽기 9장 23~25절에서 찾을 수 있다. 소돔과 고모라에 대한 인용은 유 7장; 벧후 2:6; 롬 9:29; 막 6:11; 마 10:15에서 확인할 수 있다. 물론 이러한 구절들은 모세 오경에서 볼 수 있는 역사적 기록들을 근거로 하고 있다. 유다서의 몇몇 구절들 곧

"가인의 길"과 "발람의 어그러진 길"(유 1:11) 및 "주께서 백성을 애굽에서 구원하여 내시고 후에 믿지 아니하는 자들을 멸하셨으며"(유 1:5)는 각각 모세 오경의 역사 중 일부를 인용하고 있다.

"가인같이 하지 말라. 그는 악한 자에게 속하여 그 아우를 죽였으니"(요일 3:12), "노아와 그 일곱 식구를 보존하시고"(벧후 2:5), "브올의 아들 발람의 길을 따르는도다 그는 불의의 삯을 사랑하다가"(벧후 2:15), "사라가 아브라함을 (주라 칭하여) 순종한 것 같이"(벧전 3:6), "그들은 전에 노아의 날 방주를 준비할 동안 하나님이 오래 참고 기다리실 때에"(벧전 3:20) 및 "우리 조상 아브라함이 그 아들 이삭을 제단에 바칠 때에 행함으로 의롭다 하심을 받은 것이 아니냐."(약 2:21) 등의 구절들은 모두 모세 오경을 인용하고 있다.

히브리서 11장 4~29절에서는 가인의 등장부터 홍해가 갈라지는 기적까지 모세 오경의 역사를 계속 인용하고 있다. 히브리서 12장 18~21절에서는 하나님께서 모세에게 율법을 전수하실 때 모세가 느낀 경외감과 하나님의 위엄을 인용하고 있다. 히브리서 3장 7~19절에서는 이집트에서 탈출한 세대의 이스라엘 자손들이 믿음이 없는 이유로 가나안의 안식처에 들어가지 못했다는 모세 오경의 기록을 근거로 하여 믿음을 훈계하고 있다. 이스라엘의 초창기에 있었던 안식일의 관습은 히브리서에서도 언급하고 있다.

디모데전서 2장 13~14절은 이렇게 기록되어 있다. "이는 아담이 먼저 지음을 받고 하와가 그 후며 아담이 속은 것이 아니고 여자가 속아 죄에 빠졌음이라." 이 구절은 인류의 시초와 (영적) 타락의 기원에 관한 역사를 간략히 요약하고 있다. "너희 부모에게 순종하라."(엡 6:1)라는 구절은 출애굽기 20장 12절에서 확인할 수 있다. 갈라디아서 3장 16절은 "이 약속들은 아브라함과 그 자손에게 말씀하신 것인데"라고 기록되어 있으며 갈라디아서 3장 18절은 "하나님이 약속으로 말미암아(이 유업을) 아브라함에게 주신 것이라."라고 기록되어 있다. 아브라함에 대한 하나님의 언약은 모세 오경에 기록되어 있다. 갈라디아서 3장 17절에는 "사백삼십 년(후에 생긴 율법이)"이라는 구절이 등장하는데 이는 출애굽기 12장 40~41절에서도 확인할 수 있다. 따라서 갈라디아서의 저자인 사도 바울은 모세 오경을 소지하고 있었거나 이를 기억하고 있었을 가능성이 높다.

고린도후서 6장 16절은 이렇게 기록되어 있다. "하나님께서 이르시되 내가 그들 가운데 거하며 두루 행하여 나는 그들의 하나님이 되고 그들은 나의 백성이 되리라." 이 말씀은 레위기 26장 12절을 출처로 한 인용 구절이다. 출애굽기 6장 7절과 마찬가지로 "백성이 앉아서 먹고 마시며 일어나서 뛰논다."(고전 10:7)라는 구절은 출애굽기 32장 6절을 인용하고 있다. "남편은 그 아내에 대한 의무를 다하고 아내도 그 남편에게 그렇게 할지라."(고전 7:3)라는 말씀은 출애굽기 21장 10절에 기록된 모세의 율법을 인용하고 있다. "이러므로 우리가 명절을 지키되 묵은 누룩으로도 말고 악하고 악의에 찬 누룩으로도 말고 누룩이 없이 오직 순전함과 진실함의 떡으로 하자."(고전 5:8)라는 말씀은 출 12:15, 신 16:3을 각각 인용하고 있다.

로마서 9장 10~13절에서 우리는 장자의 축복을 받은 야곱과 그러한 축복을 빼앗긴 에서에 관한 인용을 볼 수 있다. "그러므로 한 사람으로 말미암아 죄가 세상에 들어오고 죄로 말미암아 사망이 들어왔나니 이와 같이 (모든 사람이 죄를 지었으므로) 사망이 모든 사람에게 이르렀느니라."(롬 5:12)라는 말씀은 아담의 원죄를 인용하고 있다. 아브라함의 할례에 관한 언급은 로마서 4장 9~13절에서 확인할 수 있다. 로마서의 저자인 사도 바울은 아브라함의 아내 사라의 기적적인 임신과 이삭의 탄생을 언급하고 있다(롬 4:19). 결국 이러한 모든 사건들은 모세 오경에 기록되어 있음을 확인할 수 있다.

사도행전 13장 17~18절은 이렇게 기록되어 있다. "이 이스라엘 백성의 하나님이 우리 조상들을 택하시고 애굽 땅에서 나그네 된 그 백성을 높여 큰 권능으로 인도하여 내사 광야에서 약 사십 년 간 그들의 소행을 참으시고" 이 구절은 모세 오경에서 모세가 밝힌 이스라엘의 역사를 간략히 정리하고 있다. 사도행전 7장에서 초대 교회의 집사 중 한 명이었던 스데반은 아브라함의 소명과 이삭, 야곱 및 야곱의 열두 아들의 탄생은 물론, 이집트에서 노예 생활을 한 이스라엘 자손들의 처지, 기적적인 이집트 탈출기, 이스라엘 자손들의 광야 유랑(시내 산에서) 및 율법의 전수에 관한 기록들을 한 소절씩 되풀이하고 있다. "대주재여 천지와 바다와 그 가운데 만물을 지은 이시요."라는 말씀(행 4:24)은 창 1장과 출 20:21에서 확인할 수 있다.

요한복음 8장 5절은 "모세는 율법에 이러한 여자(간음한 여인)를 돌로 치라 명하였거니와 …"라고 기록되어 있다. 이는 레위기 20:10, 신명기 22:22, 24를 각각 인용하고 있다. 사마리아 여인은 불타는 떨기나무(뱀에 물린 이스라엘 백성들이) 놋뱀을 쳐다볼 때 나타났던 치유의 기적, 만나의 공급 등 모세 오경에 기록된 이스라엘의 역사에 대해 잘 알고 있었던 것 같다. 비교법의 활용은 모세 오경을 출처로 한 사건의 진실을 내포하고 있다(행 3:14; 6:49~51을 참조).

누가복음 17장 26~29절은 이렇게 기록되어 있다. "노아의 때에 된 것과 같이 … 노아가 방주에 들어가던 날까지 사람들이 먹고 마시고 장가들고 시집가더니 홍수가 나서 그들을 다 멸망시켰으며 또 롯의 때와 같으리니 사람들이 먹고 마시고 사고팔고 심고 집을 짓더니 롯이 소돔에서 나가던 날에 하늘로부터 불과 유황이 비오듯하여 그들을 멸망시켰느니라." 이 구절은 모세 오경에서 읽을 수 있는 제반 상황을 정확하게 묘사하고 있다(창 6:5; 7:7; 19:16, 24).

마가복음 10장 4절에 기록된 "모세는 이혼 증서를 써 주어 버리기를 허락하였나이다."라는 구절은 신명기 24장 1~4절을 근거로 하고 있는데 이는 이스라엘 사람이라면 누구나 알고 있었던 모세 율법 중 하나에 속한다. 마가복음 10장 9절에서 주님은 아담과 하와의 창조를 역사적인 진실로서 인용하고 계신다. "진설병"(shewbread, 막 2:26)은 출 25:30, 레 24:5~9에 각각 언급되어 있다. "안식일"(막 2:27)은 출 23:12, 신 5:14에서 각각 언급하고 있음을 알 수 있다.

마태복음 24장 37절에서 저자 마태는 창세기에 기록된 노아의 대홍수를 인용하고 있다. 또한 "의인 아벨의 피(마 23:35)"는 창세기 4장 4절을 인용한 것이다.

우리 주 예수 그리스도와 그의 사도들은 모세 오경이 모세를 통해 하나님으로부터 전수된 경전이며 모세는 이 경전의 저자로서 율법을 기록했다는 사실을 배웠다. 그래서 "모세"라는 단어는 "율법"을 대신해 기록되어 있다. 때문에 마태복음 22장 24절에서 사두개인들은 "모세가 일렀으되"라고 말하고 있다. 또한 주님은 마가복음 7장 10절에서 바리새인들에게 "모세는 네 부모를 공경하라."라고 말씀하셨으며 마가복음 10장 5절에서는 "너희 마음이 완악함으로 말미암아 그(모세)가 이 명령을 기록하였거니와"라고 말씀하셨다. 누가복음 16장 29절에서 주님은 "그들에게 모세와 선지자들이 있으니 그들에게 들을지니라."라고 말씀하셨으며 누가복음 16장 31절에서는 "모세와 선지자들에게 듣지 아니하면 …"이라고 말씀하셨다. 사도 누가는 누가복음 24장 27절에서 이렇게 말하고 있다. "이에 모세와 모든 선지자의 글로 시작하여 모든 성경에 쓴 바, 자기에 관한 것을 자세히 설명하시니라." 누가복음 20장 28절에서 유대인들은 "선생님이여 모세가 우리에게 써 주기를"이라고 말했으며 누가복음 20장 37절에서 주님은 "죽은 자가 살아난다는 것은 모세도 가시나무 떨기에 관한 글에서 주를 아브라함의 하나님이요 이삭의 하나님이요 야곱의 하나님이시라 칭하였나니"라고 말씀하고 계신다.

요한복음 7장 19절에서 주님은 "모세가 너희에게 율법을 주지 아니하였느냐"라고 말씀하셨다. 요한복음 8장 5절은 "모세는 율법에 … 명하였거니와"라고 기록되어 있으며 사도행전 3장 22절은 "모세가 말하되"라고 기록되어 있다. 로마서 10장 5절에서 사도 바울은 "모세가 기록하되 율법으로 말미암는 의를 행하는 사람은 그 의로 살리라 하였거니와"라고 말했다. 앞서 언급한 인용 구절들은 모세의 이름이 모세가 기록한 책에 기재되어 있음을 입증하고 있는데 그 이유는 모세 오경의 기록에서 "선지자"라는 단어를 사용하고 있기 때문이다.

주님과 그의 제자들은 율법을 하나님의 계시(divine revelation)로 알고 있었다. 때문에 그들에게 있어 율법은 하나님의 권위를 지니고 있었다. 그래서 성경에서는 "주의 율법"을 가리키는 인용 구절들을 발견할 수 있다(눅 2:23, 24, 39). 사도 바울은 "하나님의 법"에 대해 말하고 있다(롬 7:22). 그는 로마서 7장 7~11절에서도 이렇게 말하고 있다. "그런즉 우리가 무슨 말을 하리요 율법이 죄냐 그럴 수 없느니라 율법으로 말미암지 않고는 내가 죄를 알지 못하였으니 곧 율법이 탐내지 말라 하지 아니하였더라면 내가 탐심을 알지 못하였으리라 그러나 죄가 기회를 타서 계명으로 말미암아 내 속에서 온갖 탐심을 이루었나니 이는 율법이 없으면 죄가 죽은 것임이라 전에 율법을 깨닫지 못했을 때에는 내가 살았더니 계명이 이르매 죄는 살아나고 나는 죽었도다 생명에 이르게 할 그 계명이 내게 대하여 도리어 사망에 이르게 하는 것이 되었도다 죄가 기회를 타서 계명으로 말미암아 나를 속이고 그것으로 나를 죽였는지라." 이 구절에서 사도 바울은 율법에 순종함으로써 생명에 이르며 죄로 말미암아 사망에 이른다는 가르침을 전하고 있다. 이와 마찬가지로 사도 요한은 "죄를 짓는 자마다 불법을 행하나니"(요일 3:4)라고 말하고 있다. 신약 성경의 모든 내용은 구원의 교리, 인간의 죄, 율법 및 그리스도의 피로 말미암은 속죄가 '율법은 하나님의 계시'라는 사실을 전제로 하고 있음을 보여주고 있다. 주님은 하나님의 권위가 율법에 있다고 생각하셨다. 마태복음 12장 3절 및 5절에서 주님은 "너희가 율법에서 읽지 못하였느냐!"라고 말씀하시면서 "하나님의 계명(the commandment of God)"에 대해서도 말씀하고 계신다. 주님의 가르침에 따르면 율법은 전적으로 하나님께 속한 것이다. 주님은 "율법의 한 획이 떨어짐보다 천지가 없어짐이 쉬우리라."(눅 16:17)라고 말씀하신다. 또한 주님은 "그러므로 누구든지 이 계명 중의 지극히 작은 것 하나라도 버리고 또 그같이 사람을 가르치는 자는 천국에서 지극히 작다 일컬음을 받을 것이요 누구든지 이를 행하며 가르치는 자는 천국에서 크다 일컬음을 받으리라."(마 5:19)라고 말씀하신다.

　주님과 그의 사도들은 유대인들과의 대화에서 모세 오경을 언제나 "율법"이라고 칭하고 있다. 따라서 주님은 "율법과 선지자"(마 5:17) 및 "이것이 율법이요 선지자니라."(마 7:12)라고 언급하고 계신다. 또한 주님은 "모든 선지자와 율법이 예언한 것은 요한까지니"(마 11:13; 눅 16:16)라고 말씀하시며 "이 두 계명이 온 율법과 선지자의 강령이니라."(마 22:40)라고 말씀하신다. 마지막으로 주님은 "모세의 율법과 선지자의 글과 시편에 나를 가리켜 기록된 모든 것이 이루어져야 하리라."라고 말씀하신다(눅 24:44). "모세의 율법"은 의심의 여지없이 모세에게 귀속되는 5권의 책(모세 오경)을 가리킨다.

앞서 열거한 직접적인 인용 구절들은 주 예수 그리스도와 사도들이 모세 오경을 모세가 기록한 율법책으로 생각했다는 사실을 입증하고 있다. 그와 동시에 그들은 이 5권의 책이 온전하면서도 틀림이 없는 하나님의 계시였음을 알고 있었다. 따라서 주님은 이렇게 말씀하신다. "그러나 그의 글도 믿지 아니하거든 어찌 내 말을 믿겠느냐" 주 예수 그리스도의 전지전능하심과 사도들에게 임한 성령의 역사는 모든 그리스도인에게 있어 모세 오경을 기록한 저자가 모세라는 사실을 믿을 수 있는 충분한 근거가 되고 있음이 분명하다.

제2장

파괴적 비평가들과 오경의 모세 저작 증명

1. 비평의 역사

비평의 기원은 적어도 약 2천 년 전으로 거슬러 올라가며 매우 교훈적이
면서도 긴 역사를 지니고 있다고 생각된다.

1세기 당시, 초대 교회의 일부 소규코 분파들 – 특히 유대인들과 대적
관계에 있었던 영지주의자들(the Gnostics) – 과 유대교 율법의 일부 분파
들은 서로 다른 주장들을 펼치고 있었다. 그 당시 영지주의자들은 크게 2
가지 부류로 나뉘어졌는데, 하나는 "우리는 (어떤 사실에 대해) 알지 못한
다."라고 말했던 불가지론자(Agnostics)들이었으며, 다른 하나는 주 예수
그리스도의 인격적 실체를 부인했던 그리스도 가현론자(Docetists)들이었
다. 이러한 영지주의는 기원 후 67년경에 일부 지역의 교회들 사이에서 발
생했다. 심지어는 그 이전에도 유대인들이 자신의 성경(모세 오경을 포함
한 구약 성경)에 대하여 비평을 시도했었다. 그래서 순교자 저스틴(Justin
Martyr)은 트리포(Trypho)가 이사야서에 등장하는 "처녀(virgin)"라는 단
어를 부인했다고 기록하고 있다.[14]

2세기가 되자 프톨레매우스(Ptolemaeus)는 모세 오경의 내용을 3개의
부분으로 구분했는데 첫 번째 부분은 하나님의 계시에 관한 내용으로 보

---

14) Bertheau, *Comment*. Loc. LXVII.

았고, 두 번째 부분은 오로지 모세에 관한 내용으로 보았으며, 세 번째 부분은 이스라엘 백성들의 장로들에 관한 내용으로 보았다. 나사렛파 기독교도들은 모세 오경이 허구로 지어 낸 이야기라 생각했으며 이 경전을 받아들이지 않았다. 『클레멘스 설교집』(*The Clementine Homilies*)의 설명에 따르면 모세는 70명의 지혜로운 자들에게 율법을 전수했다고 한다. 모세가 죽은 후, 그들은 이 율법을 기록했으며 이것이 바로 모세 오경의 기원이 되었다.

중세 시대의 경우, 이삭 벤 야소스(Issac Ben Jasos, 1057)와 아브라함 이벤 에즈라(Abraham Iben Ezra, 1167)는 모세 오경의 모든 내용을 모세가 기록했는지 여부에 대해 상당한 의심을 표시한 대표적인 인물들일 것으로 추정된다. 그들은 "그때에 가나안 사람이 그 땅에 거주하였더라."(창 12:6)라는 구절이 기원전 500년 이후에 기록된 것이 틀림없으며 "이스라엘 자손을 다스리는 왕이 있기 전에"(창 36:31)라는 구절은 모세의 시대에 살았던 저자의 입에서 결코 나올 수 없는 말이라고 주장했다. "요단 저쪽"(신 1:1), "모세가 이 율법을 써서"(신 31:9), "여호와의 산에서 준비되리라"(창 22:14). 그리고 신명기 3장 2절 말씀은 모두 모세 사후 시대에 해당되는 기록이다.

이벤 에즈라(Iben Ezra)를 잇는 근대의 모세 오경 비평가로는 마르틴 루터(M. Luther)와 동시대를 살았던 인물인 칼스타트(Calstadt)를 들 수 있다. 그는 모세가 신명기가 끝날 때까지 자신의 죽음에 관한 기록(물론 이 기록은 모세 오경의 다른 나머지 부분과 동일한 문체로 표시되어 있기는 하다)을 남겼을 가능성은 없기 때문에 모세가 오경을 기록한 저자라는 사실을 부인했다.15)

그로부터 조금 뒤, 로마 가톨릭 교도이자 변호사였던 벨기에의 안드레아스 마시우스(Andreas Masius)는 그의 책 『여호수아서 비평』(*Commentary on the Book of Joshua*)의 서론에서 모세 오경은 선지자 에스라(Ezra)가 집필했거나 혹은 하나님의 영감을 받은 그 밖의 저자가 기록했으며 모세의 저작은 아니라고 주장했다.

홉스(T. Hobbes)는 근대 과학적 회의론의 선구자였다. 1651년에 발간된 그의 책 『리바이어던』(*Leviathan*)에서('리바이어던'은 시 74:14, 사 27:1에는 '리워야단'으로 나옴) 그는 모세 오경을 기록한 저자가 모세임을 전반적으로 부인했다. 그는 모세 오경이 모세가 직접 기록한 책이라기보다는 오히려 모세에 관하여 기록된 것으로 보인다고 주장한다. 그는 모세가 오경을 모두 기록하지는 않았으며 다만 신명기 11~27장의 율법만 기록했다고 지적한다.

유태인 출신의 프랑스 개신교도였던 이삭 라 페이레르(Isaac d. L. Payrere, 1594~1676)는 『아담 이전의 사람들에 대한 신학적 가설』(*Systema Theologicum ex Prea Adamitorum Hypothesi*(1655)이라는 제목의 책을 집필했다. 그는 오늘날과 같은 형태의 모세 오경이 모세의 저작에 속한다는 사실을 부인했으며 다만 홉스가 주장한 바와 같이 (모세 오경을 기록하는 작업에) 모세가 참여함으로써 이집트 탈출기, 기나긴 광야 여행 및 시내 산에서의 율법 전수 등에 관한 모든 내용을 기록할 수 있었다는 결론을 내렸다. 페이레르는 이처럼 모세의 친필로 작성된 원본이 분실되었으며 모세 오경을 구성하는 5권의 책은 애초에는 발췌본이였으나 훨씬 후대에 와서

---

15) E. C. Bissell, *The Pentateuch, Its Origin and Structure*(모세 오경의 기원과 구성), 47-48.

추가로 작성되었기 때문에 발췌본에서 직접적으로 파생된 것은 아니라고 설명한다. 또한 페이레르는 여호와의 전쟁기(the book of the wars of the Lord, 민 21:14)에 대한 인용, 여호와께서 이스라엘에 기업의 땅을 주셨음을 기록한 구절(신 3:14)과 "오늘날까지"(신 3:14)라는 어구에서 추가적인 의혹의 근거를 찾고 있다.

유태인 출신의 베네딕트 스피노자(Benedict Spinoza)는 초자연적인 계시, 기적 및 예언을 인정하지 않았다. 그가 집필한 『신학 정치론』(*Tractatus Theologico-politicus* (1670)이라는 제목의 책은 홉스나 페이레르보다 더 유능하면서도 칼스타트보다 더 대담한 학문적 접근법을 취하고 있는데 이 책에서 그는 (모세 오경의) 모세가 3인칭 화자로 언급되고 있다는 사실은 물론, 율법 전수자인 모세의 죽음이 신명기에 언급되어 있으며 모세가 최초의 예언자라는 사실을 밝혔다. 모세는 모세 오경의 전부가 아닌 일부만을 기록했다는 것이다. 일례로 모세는 여호와의 전쟁기(출 17:14)를 기록했을 뿐만 아니라 오늘날 우리가 읽고 있는 모세 오경의 기초를 마련한 율법책(신 21:9)도 기록했다. 현대에까지 전수된 모세 오경은 구약 성경을 구성하는 나머지 역사서들과 마찬가지로 에스라에 의해 편찬된 것이다. 에스라는 신명기부터 먼저 집필한 후, 나머지 4권의 책을 기록했으며 신명기의 내용을 이 4권의 책에 덧붙였다. 그는 "단"(창 14:14), "이스라엘 자손을 다스리는 왕이 있기 전에 에돔 땅을 다스리던 왕들"(창 36:31), 40년 동안 이스라엘 자손들이 맛본 만나(출 16:35)와 민수기 12장 3절의 내용은 모세가 기록한 것이 아니라고 주장한다.

오라토리오 수도회 신부였던 리처드 사이먼(Richard Simon)은 1678년 『구약 성경 비평사』(*The Critical History of the Old Testament*)라는 제

목의 책을 발간했는데 이 책에서 그는 모세 오경에 등장하는 일부 사건이 때때로 2번씩 언급되고 있다는 이유로 모세 오경을 기록한 저자가 모세라는 사실을 인정하지 않았으며 그러한 중복적 기술(duplication)이 다른 문체를 동반할 경우, 이러한 현상은 다양한 저자들의 저작으로 인한 결과임에 틀림없다고 주장했다. 일례로 사이먼은 모세가 당대 이집트인들의 관례에 따라 공식적인 연대기 편찬자(annalist)를 채용해 기록된 모세 오경의 율법책들이 서로 연계되지 않은 채 일정한 방식으로 편찬되었다고 주장한다.

독일 출신의 신학 교수였던 르 끌레르끄(Le Clerc, 1657~1736)는 네덜란드 개혁파 교회 신학교에서 재직했다. 그는 이스라엘 열 지파가 바빌론의 포로로 끌려간 후 앗시리아의 제왕에 의해 바빌론에서 이스라엘로 환송된 이스라엘의 제사장들이 여호와 하나님께 드리는 예배의 모본을 식민지에 거주하는 새로운 세대의 이스라엘 백성들에게 보여 주기 위해 모세 오경을 기록했다고 주장한다. 그러나 이후 끌레르끄는 모세 오경의 전체 내용을 기록한 저자는 다름 아닌 모세이며 다만 일부 구절은 후대에 추가로 삽입되었다고 주장했다. 그는 일련의 구절들이 모세가 아닌 다른 저자를 가리키고 있는 것으로 추정하면서 에덴 동산(창 2:11, 12)에 관한 설명과 바벨론 및 니느웨(창 10:10, 12)의 번영에 관한 설명이 갈대아의 한 저자에 의해 기술된 것이 틀림없다고 주장하는 한편, "갈대아인의 우르"(창 11:28, 31), "에델 망대"(창 35:21; 미 4:8을 참조), "헤브론"(창 13:18; 수 14:15을 참조), "히브리 땅"(창 40:15), "선지자(נָבִיא)"(창 20:7; 삼상 9:9를 참조할 것) 등의 어구들은 모두 모세 이후의 시대를 기원으로 하고 있으며, 모세 및 아론에 관한 설명(출 6:25, 26)과 "오멜(omer)"의 계량에 관한 설명

(출 16:36)은 현대인들에게 불필요한 내용일 지도 모른다고 주장했다.

지금까지 정리한 견해들을 검토해 보면 크게 2가지 사실을 확인할 수 있다.

첫째, 모세 오경을 기록한 저자가 모세임을 부인하기 위해 제시한 근거들이 오늘날에도 거의 그대로 재현할 만한 가치가 있는 것으로 평가되었음에도 불구하고 매우 피상적인 수준에 머물러 있다는 점이다.

둘째, 앞서 열거한 반론적 비평가들 중 모세의 문예적 활동 또는 모세 오경의 편찬 과정에서 모세의 지배적인 영향력을 부인하고 싶은 자는 아무도 없는 것으로 보인다. 네덜란드 프라네커대학교(University of Franeker)의 신학 교수였던 Vitrings(1659~1722)는 모세가 창세기를 기록하는 과정에서 이스라엘의 조상들(아브라함, 이삭, 야곱 및 그의 열두 아들)이 기록한 초고(sketch)를 활용했다는 견해를 피력했지만 18세기 중반 이후까지 이러한 의문은 학계에서 특별한 주목을 받지 못했다.

구약의 오경이 4개의 문서로 구성되어 있다고 주장하는 이른바 "문서 가설(documentary hypothesis)"의 새로운 발견은 1776년에 사망한 프랑스의 물리학 교수이자 파리의 의학 교수였던 장 아스트룩(J. Astruc)을 기원으로 하고 있다. 그는 『모세가 창세기를 만드는 데 쓰여진 것으로 보여지는 최초의 비망록에 관한 추측』(*Conjectures sur les Memoires Originaux Dont il Paroit que Moyse s'est servi pour composer le liure de la Genees*)(1753)"이라는 제목의 책을 한 권 발간했다. 이 책에서 아스트룩은 창세기가 주로 2개의 문서에서 파생되었는데 그중 한 문서는 하나님을 가리키는 용어인 "엘로힘"을 사용하고 있으며 다른 한 문서는 하나님을 가리키는 히브리어 고유 명사인 "여호와(야훼)"를 사용하고 있는 것이 주된

특징이라고 주장한다. 그는 이러한 두 문서의 개별 단편들이 창세기에 도입되었으며 이러한 두 문서를 출처로 하여 모세는 모세 오경의 전체 내용을 편찬했다고 설명한다. 장 아스트뤽은 모세가 애초에 모세 오경을 12편으로 나누어 기록했지만 이러한 단편들은 이후 계속해서 차례대로 기록되었으며 필사자들의 실수로 인해 일부 내용이 잘못된 곳에 삽입되었다고 설명한다.

장 아스트룩이 집필한 위의 책(모세가 창세기를 만드는 데 쓰여진 것으로 보여지는 최초의 비망록에 관한 추측)이 발간되기 1년 전에 태어난 J. G. 아이히호른(J. G. Eichhorn)은 매우 박식한 히브리 어 학자로서 아스트룩의 견해를 따르고 있었으며 모세 오경의 원문 내용을 자세히 알고 있었다. 그는 모세 오경을 구성하는 첫 52개의 장들을 크게 2개의 문서로 분류하면서 다만 그 밖의 출전(出典)들도 활용했다고 주장했다. 또한 그는 히브리인들이 "높은 수준의 문명에 도달하지 못했다."라고 생각했으며 "모든 지식은 성직자들의 특권에 속했다."라는 견해를 피력했다.

이러한 가설은 일부 비평가들에게 너무 보수적인 것이었기 때문에 그들은 단편적인 가설로 방향을 돌렸다. 이러한 가설을 Vater 다음으로 가장 훌륭하게 입증한 엘리엇(C. Elliot)은 『모세 오경 주해(*Commentary on the Pentateuch*)』라는 제목의 책을 집필했다. 그는 다윗과 솔로몬의 시대에 집대성된 일련의 율법책들이 모세 오경 전체의 기초가 되었을 뿐만 아니라, 요시야 왕이 통치하던 시대에 발견된 바로 그 율법책이었으며 그 단편들은 이후 신명기에 삽입되었다고 추정했다. 또한 역사의 단편들을 비롯해 오늘날에 이르기까지 각기 다른 시대에 기록된 율법들로 구성된 모세 오경의 나머지 내용들은 모두 요시야 왕대에서 바벨론 포로 시기 사이에

오늘날과 같은 형태로 편찬 및 구성되었다고 그는 설명한다.16)

따라서 이러한 요인이 적절한 위치를 차지하기 위한 새로운 선결 조건이 필요했다. 이는 곧 보충 가설(supplementary hypothesis)로 알려지게 되었다. 이 가설은 De Wette, Tuch, Bleek, Stahelin, Knobel, Bunsen, Hupfeld, Kurtz, Langerke, Delitzsch 등의 구약학자들에 의해 채택되었다. 그들은 모두 모세 오경에서 두 가지 문서를 확인하고 있는데 하나님을 엘로힘으로 명명한 저자 곧 엘로히스트(Elohist)의 문서는 하나님을 여호와 혹은 야훼로 명명한 야휘스트(Yahwist)의 문서보다 더 오랜 기원을 갖고 있기 때문에 모세 오경 저작의 기초가 되었다고 가정하고 있으며 다만 각자의 이론 적용에 있어 일치된 의견을 도출하지 못하고 있다.

예를 들면, De Wette는 모세 오경의 첫 4권(창세기~민수기)에서 2개의 문서 곧 엘로히스트의 문서와 야휘스트의 문서가 존재하며 다만 신명기는 다른 한 저자에 의해 기록되었다고 주장한다. Tuck도 이와 동일한 견해를 제시하고 있으며 다만 엘로히스트의 기원을 솔로몬 왕대로 추정하고 있다. Langerke는 엘로히스트의 기원을 솔로몬 왕대로 추정하고 있으며 야휘스트의 기원은 히스기야 왕대로 추정하고 있다. Stahelin은 야휘스트와 신명기의 유사성에 주목하면서 이스라엘의 초대 국왕인 사울 왕의 시대에 야휘스트가 사사기와 신명기를 기록했다고 추정한다. Hupfeld는 최소한 창세기에서 3명의 저자들 곧 1차 엘로히스트(P), 2차 엘로히스트(E) 및 야휘스트(J)를 발견하고 있다. 그는 모세 오경의 원본에 속하는 야휘스트 문서가 엘로히스트 문서에 관한 지식이 없는 완전히 독립적인 저자에 의해 기

---

16) C. Elliot, *The Vindication of the Mosaic Authorship of the Pentateuch* (모세 오경의 저자 증명), 49-50.

록되었다고 주장한다. 그는 후대의 편찬자 또는 편집자가 2개의 책을 발견했으며 이를 다시 하나로 집대성했다고 추정하고 있다.

Vaihinger 역시 모세 오경을 구성하는 3개의 원본 문서 중 일부는 첫 4권의 책(창세기~민수기)에서 찾아야 한다고 주장했으며 이 4권의 책에 신명기 32장과 34장의 일부 단편들을 추가하고 있다. 그는 엘로히스트가 등장하기 전에 활동했던 모세 오경의 저자가 기원전 약 1,200년경에 살았고, 그로부터 약 200여 년 후에 엘로히스트가 등장했으며 야휘스트는 기원전 8세기 초반에 등장했고 신명기의 저자는 히스기야 왕대에 출현했을 것으로 추정하고 있다.

Delitzsch는 2개의 고유한 문서(엘로히스트, 야휘스트)가 모세 오경의 기초를 이루고 있다는 사실을 인정하고는 있지만 모세가 신명기를 기록했다는 주장을 하고 있다는 점에서 상기의 구약학자들과는 다른 견해를 보이고 있다. Delitzsch는 모세 오경의 첫 번째 기초를 언약책에서 찾을 수 있는데(출 19~24장) 이 언약책이 모세에 의해 기록되었으며 후대에 와서 모세 오경의 본권에 수록되었다고 주장한다.

Kurtz는 다음과 같이 밝히고 있다. "모세가 분명히 그의 저작물에 속하는 오경의 일부분을 창작했으며 그의 손으로 직접 이를 기록하는 데 전념했을 가능성이 있다."

모세 오경을 구성하는 주요 책에 수록된 일련의 율법들은 저자에 대한 언급을 분명히 밝히고 있지는 않으며 신명기의 말씀이 전달되기 전에 그리고 신명기의 말씀이 모세의 입으로부터 나온 직후에 틀림없이 모세의 지시 및 감독에 따라(다른 사람에 의해) 기록되었을 것으로 추정된다. 모세 오경은 여호수아의 노년기 또는 그가 사망한 직후에 마지막으로 개정되었으며 그 분량도 오늘날에 전수된 형태로 축소되었다. 모세 오경의 사료 부분에서 우리는 2개의 고유한 출처가 존재한다는 사실을 인정할 수밖에 없는데 그것은 바로 기초 자료(Grundschrift)와 보충 자료(Erganzungschrift)이다. 기초 자료가 애초부터 역사적 사건으로만 구성되었는지 아니면 처음부터 주요 책에서 일련의 율법들을 수록하고 있었는지 여부 그리고 기초 자료가 주요 율법을 편찬한 저자에 의해 기록되었는지 여부와 그 외에도 유사한 성격의 의문들을 우리는 전적으로 규명할 수 없다.[17]

엘리엇(C. Elliot)이 설명한 바와 같이 Ewald는 모세 오경과 여호수아서를 구성하고 있는 인류 기원 또는 고대 역사를 그리스 어로 기록한 책에서 7명의 상이한 저자들을 구분했다. 현재 아주 적은 수의 단편들만 남아 있는 태고의 사료는 여호와(야훼)의 전쟁기에 수록되어 있다. 그 다음으로 모세의 일대기가 기록되고 있는데 이 일대기도 소수의 단편들만 보존되어 있다. 3번째 문서 및 4번째 문서는 삼손이 활동했던 시기에 기록된 언약책과 솔로몬 왕대의 한 제사장에 의해 기록된 기원의 책(the Book of Origins)으로 구성되어 있어 내용상 훨씬 더 완전한 것이 특징이다. 5번째 문서에서는 3번째 고대 이스라엘 역사가 또는 선지자 엘리야 또는 요엘이 활동했던 시절에 북이스라엘 왕국의 한 백성이기도 했던 최초의 예언적 화자가 등장한다. 6번째 문서에서는 기원전 800년~750년에 살았던 4번째의 고대 이스라엘 역사가 또는 2번째 예언적 화자가 등장한다. 5번째 역사가 또는 3번째 예언적 화자는 선지자 요엘 이후에 활동했으며 선배들의 다양한 저작물을 한 권의 책으로 집대성했다. 예언적 측면 및 율법적 측면

---

17) *History of the Old Covenant* (구약의 역사), Vol. Ⅲ, 제 2 판 (Edinburg, 1872), 444.

에서 역사의 진정한 목적은 이제야 비로소 이해되기 시작했다. 기원전 7세기 초의 한 익명의 저자는 이러한 방향에서 몇 가지 조치들을 취했으며 이후에는 므낫세 왕대에 활동했으며 이집트에 거주했던 신명기 저자가 보다 포괄적인 조치들을 취했다. 예언자 예레미야가 활동했던 시기에는 신명기에 수록된 모세의 축복을 글로 기록하는 시인이 나타났다. 이후 모세 오경의 한 편집자는 신명기 저자가 애초에 별도로 기록한 저작물과 그의 두 동료들이 추가로 기록한 소저작물을 5번째 화자가 남긴 역사와 함께 수록했으며 이로써 모세 오경의 전체 내용이 최종적으로 완성되기에 이른다.[18]

Samuel Davidson은 그의 책 『구약 성경 개른 (*Introduction to the Old Testament*)』에서 모세 오경이 4명의 저자 곧 1차 엘로히스트, 2차 엘로히스트, 야휘스트 및 편집자(the Redactor)에 의해 작성되었다고 주장한다.[19]

『모세 오경과 여호수아서 비평(*The Pentateuch and Book of Joshua Critically Examined*』(1862)의 저자이자 영국성공회의 주교였던 Colenso는 모세 오경이 4명의 저자 곧 엘로히스트, 야휘스트, 신명기 저자 및 율법서 저자에 의해 기록되었다고 추정한다. 그는 모세 오경을 매우 신중하게 연구했으며 모세 오경의 전체 내용을 다음과 같이 구분했다.

창세기는 총 1,533개의 구절들로 구성되어 있는데 그중 대부분을 의미하는 1,150개의 구절들은 야휘스트(기원전 1,040~1,000년)에 의해 기록되

---

18) *The Mosaic Authorship of the Pentateuch* (모세 오경을 기록한 저자로서의 모세), 55-56.
19) *Ibid.* 58-61.

었으며 333개의 구절들은 엘로히스트(기원전 1,080~1,060년)에 의해 기록되었고 47개의 구절들은 신명기 저자(기원전 640년)에 의해 기록되었으며 나머지 3개의 구절은 후대의 일부 율법서 저자(기원전 약 450년)에 의해 기록되었다.

출애굽기는 총 1,213개의 구절들로 구성되어 있는데 그중 절반에 가까운 510개의 구절들은 야휘스트에 의해 기록되었으며 14.5개의 구절은 엘로히스트에 의해 기록되었고 86개의 구절은 신명기 저자에 의해 기록되었으며 나머지 602.5개의 구절은 후대의 율법서 저자(기원전 600년~450년)에 의해 기록되었다.

레위기(Leviticus)는 총 859개의 구절들로 구성되어 있는데 이는 모두 후대의 율법서 저자들에 의해 기록되었다.

민수기는 총 1,288개의 구절들로 구성되어 있는데 그 중 274개의 구절들은 야휘스트에 의해 기록되었으며 6개의 구절은 신명기 저자에 의해 기록되었고 1,008개의 구절들은 후대의 율법서 저자들에 의해 기록되었다.

신명기는 총 959개의 구절들로 구성되어 있는데 그중 7.5개의 구절은 야휘스트에 의해 기록되었고 931개의 구절들은 신명기 저자에 의해 기록되었으며 나머지 20.5개의 구절들은 후대의 한 율법서 저자에 의해 기록되었다.

최근의 모세 오경 비평 자료들을 살펴보면 K. H. Graf, Julius Wellhausen, A. Kuenen 및 R. W. Smith가 대표적인 파괴적 비평가들임을 알 수 있다.

십계명(Decalogue)을 모세가 기록했다는 사실조차도 인정하지 못했던 Reuss의 제자인 K. H. Graf(1815~1869)는 『실로 성전에 관한 주석 』(*Commentatio de Templo Silonensa*, 1855)이라는 제목의 책을 발간했다. E.

C. Bissell은 이렇게 말한다. "이 책에서 Graf는(여호와의) 장막이 단지 솔로몬의 성전을 모방한 축소 모형에 불과하다는 견해를 제시했다. 모세 오경의 중간 부분에서 이러한 장막에 대한 모든 언급은 바벨론 포로 시기 이후에 첨가된 내용에 속한다. 11년 후에는 그의 주요 저작물이 그 정체를 드러냈다."[20]

"그는 장막에 관하여 기록한 율법서 뿐간 아니라 1차 엘로히스트가 기록한 모든 율법 … 곧 출애굽기, 레위기 및 민수기에서 볼 수 있는 율법의 대부분은 동일한 후대를 기원으로 하고 있다는 견해를 피력할 각오가 되어 있었다. 그러나 그는 이 문서의 사료 부분은 아스트뤽 이후로 대다수의 구약 비평가들이 줄곧 주장한 바와 같이 모세 오경의 가장 오래된 내용에 속한다고 보았다."[21]

엘리엇(C. Elliot)은 이렇게 말한다. "네덜란드 라이덴대학에 재직 중이며 '이스라엘의 종교(the Religion of Israel)'라는 제목의 책을 집필한 A. Kuenen 교수(1828~1891)는 이스라엘의 종교 곧 유대교를 불교, 이슬람교 및 그 외 종교들과 동일한 관점에서 조사했다. 우대교는 인류의 주요 종교들 중 하나에 지나지 않는다. 이는 신을 기원으로 하지 않으며 오히려 자연스러운 발전의 소산에 속한다. 이스라엘 사람들은 가장 하등한 형태의 종교에서부터 일신교에 이르기까지 다양한 종고의 단계들을 통과했다. 예언자의 시대 이전에 존재했던 이스라엘의 사료 또는 기원전 8세기 중반에 관한 이스라엘의 사료들은 신뢰할 수 없는 전승(tradition)으로 가득하다. 예언자들은 유일하게 신뢰할 수 있는 정보 출처에 속한다. 이스라엘 민족

---

20) *Die Geschichtlichen Buches des* A. T.(구약 성경의 역사서), 1866.
21) *The Pentateuch, Its Origin and Structure* (모세 오경의 기원과 구성), 74-77.

의 조상들(아브라함, 이삭, 야곱 및 그의 열두 아들)은 역사상 존재한 인물들이 아니다. 모세는 율법을 기록한 저자였을 가능성이 있으며 다만 이러한 율법은 아마도 오늘날과는 다른 방식으로 모세를 통해 탄생했을 가능성이 높다. 열두 지파는 이스라엘의 열두 아들로부터 탄생한 후손들이 아니었으며 다만 인접한 민족들의 피가 섞여 형성되었다. 열두 지파의 족장들은 후대에 와서 열두 지파의 명칭이 존재하는 것을 설명하기 위해 고안된 인물들이었다. 가장 오래된 율법책은 다름 아닌 출애굽기 21~23장이 기록된 언약책이다. 신명기는 기원전 약 625년에 기록되었다. 신명기의 저자는 아마도 종교 개혁의 일환에서 이 책을 기록한 힐기야(Hilkiah)일 것으로 추정된다. 레위기 27~28장은 에스겔에 의해 작성되었는데 이 두 장의 후반부에 등장하는 예언은 신명기와 모세 오경의 중간에 삽입된 책들 곧 출애굽기, 레위기 및 민수기 간에 연결 고리를 형성하고 있다. 이러한 책들은 제사장과 서기관들의 소망을 대변하며 에스라가 계획했을 것으로 추정되는 어떤 강령(programme)을 형성하고 있다. 이 강령은 성과가 있었다. 율법적 경향이 점점 커지기 전에 예언자의 음성은 침묵하기에 이르렀으며 모세 오경에 그토록 자세히 설명된 수많은 제사 의식들은 유대교의 구전 율법인 미쉬나(Mishna)의 세련된 부제 속에서 진정한 열매를 맺게 되었다. 결국 이스라엘의 열왕사(列王史)는 에스라 이후 오랜 시간이 경과했을 때 이러한 율법의 작용을 설명하기 위한 목적에서 연대기 편자에 의해 정정되었던 것이다. 이에 제사장의 율법(출애굽기, 레위기, 민수기)은 종교적 기만의 수법을 통해 역사적 지지를 얻게 되었다."22)

---

22) *The Mosaic Authorship of the Pentateuch* (모세 오경을 기록한 저자로서의 모세), 58-60.

1844년에 태어난 독일의 성서학자 율리우스 벨하우젠(Julius Wellhausen)은 『사무엘서의 본문』(*Text of the Book of Samuel*, 1871) 및 『이스라엘의 역사』(*History of Israel*, 1878)라는 제독의 책들을 각각 발간했다. 그는 독일 그라입스발트(Greifswald)의 대학 교수였다. 상기의 신학적 가설을 오늘날의 학계에 널리 전파하는 과정에서 벨하우젠이 끼친 영향력의 10분의 1만큼이라도 발휘한 성경 비평 저술가들은 없다. 그는 이렇게 말한다. "예호비스트 문서(JE)는 이처럼 대응되는 2가지 역사책(야휘스트 문서와 엘로히스트 문서)을 출처로 한 저작물에 속한다. 우리는 이 2가지 역사책이 애초에 얼마나 두드러진 유사성을 보였는지를 알 수 있다."23)

또한 벨하우젠은 이렇게 말한다. "이 조합 문서는 독립된 역사적 원전에 속할 것으로 추정되며 다만 이 문서에 수록된 이야기들은 그보다 먼저 기록된 다른 역사책 곧 야휘스트 문서(J) 및 2차 엘로히스트 문서(E)를 전제로 하며 하나의 책으로 집대성될 때까지 이들 두 문서와 대응을 이루고 있다."24) 또한 그는 "오경의 율법 부분은 모세 율법(Mosaism)의 실제 내용에 대해 우리가 알고 있는 것들이 유래하고 있는 출처로서 간주할 수 없는데 그 이유는 이 율법 부분이 어떤 의미든 간에 후속으로 이어지는 구약 성경의 출발점으로 간주할 수 없기 때문이다. 만약 이 율법 부분이 모세가 기록한 저작물일 경우, 우리는 이를 수 세기 동안 사문(dead letter)으로 남아 있었던 자료일 것으로 추정해야 하며 오로지 요시야 왕 및 서기관 에스라를 통해 이스라엘 민족사에서 영향을 미치게 되었을 것으로 추정해야 한다."라고 주장한다. 또한 그는 이렇게 말한다. "역사적 전승을 통해 분명히 알 수

---

23) James Orr, *the Problem of Old Testament* (구약 성경의 문제), 218.
24) *Ibid.*, 65.; J. Wellhausen, *the History of Israel* (이스라엘의 역사)로부터 인용.

있는 사실은, 모세가 토라(Torah) 곧 모세 오경의 창시자였으며 다만 율법의 전승은 모세의 토라에 수록된 실증적 내용들을 우리에게 알려 줄 수 없다는 점이다. 사실 상고시대의 전체 기간을 통틀어 토라는 미완성된 율법 경전으로 존재했으며 다만 그것의 모든 내용은 제사장의 구전적 판결과 교훈들로 구성되었다. 대체로 이러한 토라는 실제로 존재했을 가능성이 있다. 실제로 존재했던 것은 요구에 따라 제사장들이 전달한 개개의 성경 구절이었기 때문이다. 결국 모세는 이스라엘 민족의 모든 율법을 반포한 유일한 자로 간주되지 않았으며 오히려 율법과 공의에 대한 민족적 의미를 도입하는 한편, 그의 사후에 제사장들이 준수했던 일련의 구전적 판결들을 시작한 최초의 인물로 간주되었다. 그는 토라와 예언이 후대에 발전하게 된 민족의 창시자였다."[25]

스코틀랜드 애버딘에 위치한 자유교회대학(Free Church College)의 교수였던 W. R. Smith는 모세 오경과 이른바 상고의 예언서들이 단일한 연속적 설화를 함께 형성하고 있다고 주장했다. 그러나 전체 저작물은 한 명의 저자가 기록한 일률적인 작품이 아니며 오히려 어떤 점에서는 서로 다른 시기에 서로 다른 문체로 집필된 다양한 기록물들이 조합해 하나의 단일한 설화를 구성했다고 보는 것이 무난하리라 생각된다. 따라서 유대교의 전승은 모세가 모세 오경을 기록했다고 주장하는 것이다. 또한 Smith는 오늘날과 같은 형태의 모세 오경은 모세가 활동했던 시기 이후에 발생한 지리적 명칭들(예 : 헤브론, 단)을 사용했으며 이미 완료된 가나안 정복을 인용하고 있을 뿐만 아니라(신 2:12 ; 민 15:32; 창 12:6과 비교) 이스라엘 내

---

25) 브리태니카 백과사전(*Encyclopedia Britannica*)의 "이스라엘(Israel)" 항목, Vol. VIII, 399.

왕의 존재를 이미 상정하고 있기 때문에(창 36:31) 분명 가나안 정복 직후에 기록되었을 것이라고 말한다. 또한 그는 이 문서(미완성된 토라)의 분리가 바로 구약 성경의 원전에 대한 실증적 비평의 출발점이 될 수 있으며 모세 오경에 대한 오늘날의 논의는 주로 이 문서와 모세 오경을 구성하는 나머지 부분과의 관계에 따라 달라진다고 주장한다. 그중에서 가장 중요한 것은 천지 만물의 창조로부터 시작해 이스라엘의 상고사를 예언적 신학과 이상주의의 정신으로 다루고 있는 야휘스트 설화이다. 또한 하나님의 이름으로 기록된 엘로힘 문서(Elohim document)는 요셉의 개인사에 관한 기록 중 상당 부분에서 야휘스트 설화와 일치하고 있으며 다만 그 외의 점에 있어서는 광범위한 편차를 보이고 있다. 북이스라엘 출신의 저자로서 특히 북이스라엘 지파의 선조들에 대해 관심이 있었던 세 번째 저자는 대체로 이러한 대목들을 근거로 하여 상정해 볼 수 있다.

또한 Smith는 신명기를 기록한 책이 후속으로 이어지는 구약 성경의 여러 구절에 걸쳐 수시로 반복해서 등장하는 특유의 문체 유형을 보이고 있는데 신명기를 기록한 저자는 창세기부터 열왕기까지 이어지는 이스라엘의 전체 역사 혹은 적어도 레위기를 제외한 나머지 내용을 최종적으로 편집한 자와 일치하며, 모세 오경의 이 부분에 명시된 성소의 율법은 이후 남유다 왕국의 요시야가 왕위에 오를 될 때까지 인정되지 않았을 뿐만 아니라 선지자 사무엘과 엘리야에겐 상상조차 할 수 없었던 율법이었다고 말했다. 또한 Smith는 신명기에 기록된 율법은 요시야 왕보다 나이가 어린 동시대인이었던 예언자 예레미야가 익히 알고 있는 내용이었지만 예레미야 이전 시대에 활동했던 예언자들은 이 율법을 인용한 바가 없다고 설명한다.26)

이미 앞서 정리한 바와 같이 모세 오경에 대한 간략한 비평사의 결론을 도출해 볼 때, 이러한 가설들은 모두 하나님에 대해 서로 다른 호칭(엘로힘, 야훼)을 사용하는 것을 근거로 하여 모세가 모세 오경을 구성하는 전체 내용을 기록한 저자가 아닌 것으로 보고 있다. 대체로 이러한 비평가들의 모든 주장은 크게 5가지 유형으로 나누어볼 수 있다.

첫째, 언약서(출 20:23)는 상고시대를 기원으로 하고 있지만 모세의 시대로 거슬러 올라가면 모세가 반드시 문어적(文語的) 형태로 이러한 언약서를 남긴 것은 아니다.

둘째, 야휘스트 문서와 2차 엘로히스트 문서는 처음에는 구전을 통해 별도로 전파되다가 여러 가지 변경과 첨가 과정을 거치게 되면서 결국에는 이스라엘 왕국이 분열(북이스라엘과 남유다)된 이후의 시기에 예호비스트에 의해 하나의 문서로 집대성되었다.

셋째, 신명기와 여타 신명기를 출처로 한 개정판에 수록된 율법들은 기원전 7세기 말에 그 모습을 드러냈다.

넷째, 레위기 18~26장은 예언자 에스겔에 의해 작성되었다.

다섯째, 벨하우젠(Wellhausen)이 설명한 바와 같이, 최초의 엘로히스트 문서 또는 "제사장의 율법"은 기원전 444년에 하나의 온전한 저작물로 집대성되었다. 무엇보다도 난해한 이론적 내용 중 하나는 이 저작물이 편집자(redactor)에 의해 완성된 것으로 추정된다는 점이다.

---

26) 브리태니카 백과사전(*Encyclopedia Britannica*)의 "이스라엘(Israel)" 항목, Vol. Ⅲ, 635-637.

2. 파괴적 비평가들의 주장과 오경을 기록한 저자로서의 모세

이미 앞 단원에서 살펴본 파괴적 비평가들의 주장에서 W. H. Green 박사는 이렇게 설명한다. "모세 오경은 다음의 4가지 이유를 근거로 할 때 모세가 기록한 저작물일 수 없다고 말할 수 있다. ① 모세 오경은 시대에 맞지 않는 내용과 일관성이 없는 내용 및 불일치한 내용들을 포함하고 있다. ② 모세 오경은 복합적인 기원에서 유래하고 있어 한 명의 저자가 기록한 저작물일 수가 없다. ③ 모세 오경의 3개 법전은 서로 다른 시기에 속하며 서로 다른 단계의 민족적 발전을 설명하고 있다. ④ 율법의 경시는 모세 이후의 세대에서 율법이 존재하지 않았음을 보여 준다."[27]

여기서 우리는 이러한 주제를 크게 3가지 부분으로 나누어 논의해 볼 수 있다.

(1) Green 박사의 첫 번째 논거에 해당된다고 볼 수 있는 파괴적 비평가들의 초기 주장,

(2) Green 박사의 두 번째 논거에 해당되는 문예 비평가들의 주장 그리고,

(3) Green 박사의 세 번째 및 네 번째 논거에 해당되는 발전 가설(development hypothesis)의 주장이 바로 그것이다.

1) 파괴적 비평가들의 초기 주장과 오경을 기록한 저자로서의 모세

이 논거는 르 끌레르끄(Le Clerc)가 활동하던 시대에 이르기까지 초창기 파괴적 비평가들의 모든 반론에 포함되어 있다. 그들은 모세 오경의 일부 구절이 시대에 맞지 않는 내용과 일관성이 없는 내용 및 불일치한 내용들을

---

27) W. H. Green, *The Higher Criticism of the Pentateuch* (모세 오경에 대한 반론 비평), 46-47.

포함하고 있다는 이유로 모세가 모세 오경을 기록한 저자임을 부인하고 있다. 이러한 구절들은 창 2:11, 12; 10:10, 12; 11:28, 31; 12:5; 13:18; 14:14; 20:7; 22:14; 35:21; 36:31; 40:15; 출 6:26, 27; 16:35, 36; 민 12:8; 21:14; 신 1:1; 2:12;신 3:2, 11, 14; 31:9에서 각각 찾을 수 있다.[28]

창세기 2장 11절 및 12절은 "첫째의 이름은 비손이라 금이 있는 하윌라 온 땅을 둘렀으며 그 땅의 금은 순금이요 그곳에는 베델리엄과 호마노도 있으며"라고 기록되어 있다. 르 끌레르끄는 "이 구절들이 틀림없이 갈대아의 저자에 의해 기록되었을 것"이라고 말한다. 만약 에덴 동산에 관한 이러한 설명이 갈대아의 한 저자에 의해 기록되었다는 사실을 발견할 경우, 우리는 그의 견해를 신뢰할 수 있을지도 모르겠다. 하지만 고대 문서에서 그러한 사실을 입증하는 증거는 존재하지 않는다. 오늘날 고고학자들은 성경에 등장하는 에덴 동산의 존재를 역사적 사실로서 믿고 있지만 이 에덴 동산이 위치했던 정확한 지점은 찾을 수 없다.[29] 왜 그런가? 그것은 단지 에덴 동산이 홍수로 인해 파괴되었을 것이라는 사실을 입증하는 강력한 증거가 존재하기 때문이다. 어떤 이는 에덴 동산이 신화에 불과하다고 말할 지도 모르겠다. C. F. Keil과 F. Delitzsch는 이렇게 설명한다.

> 그러나 이러한 4개의 하천이 오늘날에는 하나의 수원에서 유래하지 않고 있으며 오히려 그러한 하천의 수원들은 정반대로 여러 산맥에 의해 분리되고 있음에도 불구하고 이러한 지리학적 사실은 에덴 동산에 관한 설화가 신화임을 입증하지 못하고 있다. 에덴 동산과 함께 혹은 에덴 동산이 소멸된 이후 지구의 일부 지역은 정확한 장소를 더 이상 명

---

28) 상기 "비평의 역사(The History of Criticism)" 단원을 참조할 것.
29) M. G. Kyle, *The Deciding Voice of the Monuments in Biblical Criticism* (성경 비평에서의 각종 유적의 결정적인 증거), 230.

확하게 규명할 수 없을 정도로 심한 변화를 겪었을 것으로 추정된다.[30]

창세기 10장 10절 및 12절은 이렇게 기록되어 있다. "그의 나라는 시날 땅의 바벨과 에렉과 악갓과 갈레에서 시작되었으며 … 니느웨와 갈라 사이의 레센을 건설하였으니 이는 큰 성읍이라." 르 끌레르끄는 이러한 지명들 중에서도 바벨론 및 니느웨의 기원이 틀림없이 갈대아의 한 저자에 의해 기록되었을 것이라고 설명했다. 르 끌레르끄가 이러한 구절들이 갈대아의 한 저자에 의해 기록되었다는 사실을 인정한다면 모세가 그러한 구절들을 기록하지 못했을 이유가 없다. 도세는 애굽 사람의 모든 지혜를 배운 자(행 7:22)였으며 그의 선조인 아브라함은 갈대아인의 우르 땅을 떠나 가나안 땅으로 이주했다(창 11:31). 따라서 모세는 그의 선조들로부터 이러한 정보를 습득한 후 성령의 인도하심에 따라 오경에 기록했을 것으로 추정된다. 바벨론과 니느웨 이 두 도시가 만약 역사적 사실이 아니라면 우리는 이러한 기록에 대해 의심을 제기해 볼 수 있을 것이다. 하지만 이 두 도시가 고대에 실존했던 곳이었음은 오늘날 누구나 알고 있는 사실이다.

창세기 11장 28절 및 31절은 이렇게 기록되어 있다. "하란은 그 아비 데라보다 먼저 고향 갈대아인의 우르에서 죽었더라 … 데라가 그 아들 아브람과 하란의 아들인 그의 손자 롯과 그의 며느리 아브람의 아내 사래를 데리고 갈대아인의 우르를 떠나 가나안 땅으로 가고자 하더니 하란에 이르러 거기 거류하였으며" 르 끌레르끄는 이 구절에서 갈대아인의 우르(Ur of the Chaldees)는 모세가 활동했던 시대가 아닌 모세 이후의 시대를 기원

---

30) C. F. Keil & F. Delitzsch, *The Biblical Commentary on the Old Testament* (구약 성경 주해). Vol. 85. 또한 이 책의 동일한 페이지에 수록된 각주 2)를 참조.

으로 하고 있다고 주장한다. G. A. Barton은 이렇게 말한다.

> 선사시대에 해당되는 이 시기는 틀림없이 기원전 약 5천 년 또는 6천 년에 시작되었을 것이며 기원전 약 4,200년에 끝났을 것으로 추정된다. 최근 아부 샤라인(Abu Sharain)에서 발견된 유물들은 이 지역의 고대 문명이 중앙아시아 지역에서 유래한 한 인종에 의해 바빌론 남부로 먼저 유입되었음을 보여 준다. 그 다음으로 아라비아 출신의 셈족(Semites)에 의해 문명이 전파되었는데 이 셈족은 아라비아 반도 남부 출신으로 페르시아 만 해안의 에리두(Eridu)에 소재한 여러 도시에 정착했다가 이후 성경에 등장하는 우르, 에렉 등의 도시로 이주했다.[31]

I. M. Price는 그의 책에서 이 '우르'라는 도시의 위치에 관한 그의 견해를 피력했다.[32] 우르가 아브람이 살던 시절 이전에 실제로 존재했던 도시였으며 모세가 아브람의 후손 중 한 명이라면 르 끌레르끄의 견해를 이해하기는 매우 어렵다.

창세기 12장 6절은 이렇게 기록되어 있다. "아브람이 그 땅을 지나 세겜 땅 모레 상수리나무에 이르니 그때에 가나안 사람이 그 땅에 거주하였더라." 이 구절과 관련해 아벤 에즈라(Aben Ezra)는 가나안 족속이 그 땅에 거했다는 기록은 모세 이후의 시대에 해당된다고 설명했다. C. F. Keil과 F. Delitzsch는 이렇게 말한다.

> 이 구절(창 12:6)은 가나안 족속이 소멸된 모세 이후의 시대를 가리키지 않는다. 이는 가나안 족속들이 그 땅에 계속 거했다는 사실을 의미하지 않으며 하나님께서 아브라함의 씨에게 이 땅을 주실 것이라는 뒤따라오는 약속은 가리키는 것이다(창 12:7을 참조). 아브람이 들어간 그 땅에

---

31) G. A. Barton, *Archaeology and the Bible* (고고학과 성경), 59.
32) I. M. Price, *The Monuments and the Old Testament* (유물과 구약 성경), 168.

는 사람들이 거주하고 있었을 뿐만 아니라 소유자가 없는 것은 아니었다. 그래서 아브람은 이 땅을 즉시 자신의 개인적인 소유 재산으로 간주하여 이 땅을 계속해서 점유할 수 없었으며 다만 믿음으로 그가 이방의 땅에 있는 것같이 약속의 땅에서 거류했을 뿐이다(히 11:9).[33]

창세기 13장 18절은 이렇게 기록되어 있다. "이에 아브람이 장막을 옮겨 헤브론에 있는 마므레 상수리 수풀에 이르러 거주하며 거기서 여호와를 위하여 제단을 쌓았더라." 이 구절에서 르 끌레르끄는 "헤브론(Hebron)"이라는 지명이 모세 이후의 시대를 기원으로 하고 있다고 설명한다. 토머스 화이트로(Thomas Whitelaw)의 설명에 따르면 헤브론은 요르단의 남서쪽 방면에 있는 3개의 도시 중 하나로서 이집트의 조안(Zoan, 기원전 약 2,400년경)이 건설된 해로부터 7년 전에 완공되었다고 한다. 이 도시는 구약 성경의 다른 구절에서 기럇 아르바(Kirjath-Arba) 또는 아르바(Arba) 도읍이라 불리고 있으며 가나안 정복기 전까지 그렇게 불린 것으로 보인다(수 14:15). 헤브론이라는 지명의 출현은 모세 이후의 시기에 태어난 저자의 흔적으로 간주된다. 그러나 헤브론이 이 도시의 원래 명칭이었으며 아마도 이집트에 살았던 야곱의 후손들이 아낙 자손의 성읍인 아르바 땅에 도착해 거류하는 동안 이 도시는 기럇 아르바라 불리고 있었을 가능성이 더욱 높다(Rosenmuller, Baumgarten, Hengstenberg, Keil, Kurtz).[34]

C. F. Keil과 F. Delitzsch는 위의 주장을 증명하고 있다. 그들은 기럇 아르바가 이 도시의 원래 명칭이 아니었으며 이스라엘 민족의 조상들이 살던 시대에는 이곳에 방문한 적이 없었던 아르바(Arba)에 의해 명명되었다고

---

33) C. F. Keil & F. Delitzsch, *The Biblical Commentary on the Old Testament* (구약 성경 주해). Vol. 196.
34) *The Pulpit Commentary on Genesis* (창세기 설교 주해), 200.

주장한다. 기럇 아르바는 이스라엘의 조상들이 이 도읍 곧 헤브론을 점유했을 때 이들 족속이 불렀던 지명이었다.[35]

창세기 14장 14절은 "아브람이 그의 조카가 사로잡혔음을 듣고 집에서 길리고 훈련된 자 삼백십팔 명을 거느리고 단까지 쫓아가서"라고 기록되어 있다. 스피노자(Spinoza)는 창세기 14장 14절에 등장하는 '단(Dan)'이라는 지명이 사사기 18장 28~29절에 등장하는 그것과 동일하다고 주장한다. 그 때문에 C. F. Keil과 F. Delitzsch는 이 구절이 벧르홉 (Beth Rehob) 계곡의 레셈(Leshem) 또는 라이스(Laish)와 동일한 지명이었을 리가 없다는 사실을 입증하고 있다고 설명한다. 단 자손들은 벧르홉을 정복한 후 이 도읍을 단(Dan)이라고 불렀다 (삿 18:28, 29; 수 19:47). 라이스 - 단은 요르단의 중앙 지역에 위치했으며(요세푸스도 이러한 견해를 주장하고 있다.[36] 싯딤계곡 또는 요단 계곡에서 출발해 다메섹(오늘날의 다마스커스)에 이르는 2개의 도로 중 한 곳에 위치하지 않고 있다. 이 단은 길르앗(신 34:1)에 속했으며 사무엘하 24장 6절에서 길르앗과 연계해 언급된 '다나안(Dan-Jaan)'과 동일한 지명임에 틀림없기 때문에 다메섹 남서부 방면의 페레아(Peraea) 북부 지역에서 조사해야 한다.[37] 또한 W. H. Green 박사는 이렇게 설명한다. "반복적인 필사 과정을 통해 후대에 공통적으로 사용되고 있는 성경의 지명은 원문에 명시된 비교적 덜 익숙한 지명을 대신해 사용되었다고 쉽게 추정할 수 있다."[38]

---

35) C. F. Keil & F. Delitzsch, *op, cit,*, Vol. 1. 254-255.
36) Thomas Whitelaw, *The Pulpit Commentary on Genesis* (창세기 설교 주해), 206.
37) C. F. Keil & F. Delitzsch, *op, cit,*, Vol. 1. 206.
38) W. H. Green, *The Higher Criticism of the Pentateuch* (모세 오경에 대한 반론 비평), 51.

창세기 20장 7절은 이렇게 기록되어 있다. "이제 그 사람의 아내를 돌려보내라 그는 선지자라 그가 너를 위하여 기도하리니 네가 살려니와 네가 돌려보내지 아니하면 너와 네게 속한 자가 다 반드시 죽을 줄 알지니라." 르 끌레르끄의 설명에 따르면, 이 구절에서 선지자(prophet)를 뜻하는 히브리어인 נָבִיא는 모세 이후의 시대를 기원으로 하는 단어임을 알 수 있다. John Skinner는 이렇게 설명한다. "선지자 아브람이라는 개념은 야휘스트 문서와 심지어는 엘로힘 문서에서도 등장하지 않는다. 다만 그는 아브람을 נָבִיא라고 애매하게 언급하고 있으며(20:7, Q.V.) 예언자 특유의 어구로 하나님과의 영적 교통을 설명하고 있지 않다."[39] 그러나 이러한 의문에 대한 만족스러운 답변은 Thomas Whitelaw가 제시했다. 그는 모세 오경에서 사용되는 용어가 하나님의 계시를 받은 자를 기술하고 있으며 그 자체가 모세의 율법에 포함되었다고 설명한다.[40]

모세 오경에서 히브리어 נָבִיא의 명사형 단어는 13번 등장하며(창 20:7; 출 7:1; 민 11:29; 12:6; 신 13:1, 3, 5; 18:15, 18, 22, 25; 34:10) 동사형 단어는 3번 나타난다(민 11:25, 26, 27). 성경의 해설에 따르면 아브라함, 이삭 및 야곱의 시신이 라헬의 시신을 제외한 그들의 아내의 시신과 함께 묻힌 막벨라의 모스크(the Mosque of Machpelah)에 대한 Dean Stanley의 설명에서 "예언자(prophet)"라는 단어를 확인할 수 있다. 또한 이 단어는 아랍어 및 바빌로니아어 문헌에서도 찾을 수 있다.[41] 따라서 우리는 모세가

---

39) *International Critical Commentary on Genesis*(국제 창세기 비평 주해), 278.

40) Thomas Whitelaw, *The Pulpit Commentary on Genesis*(창세기 설교 주해), 264

41) Charles Marston, *The New Bible Evidence*(성경의 새로운 증거), 121- 122를 참조.

모세 오경을 기록하던 시절에 "예언자"[42]라는 단어를 알고 있었다고 당당하게 주장할 수 있다.

창세기 22장 14절은 이렇게 기록되어 있다. "아브라함이 그 땅 이름을 여호와 이레라 하였으므로 오늘날까지 사람들이 이르기를 여호와의 산에서 준비되리라 하더라." 앞서 설명한 내용에서 아벤 에즈라(Aben Ezra)는 "여호와의 산에서 준비되리라."라는 구절을 모세 이후에 기록된 것으로 간주하고 있다. 이 구절은 이후 바로 그 여호와의 산에 지어진 성전(temple)의 출현에 관한 내용을 포함하지 않았으며 다만 믿음의 시험(만년에 낳은 아들 '이삭'을 하나님께 바치는 일)에서 아브라함에게 여호와의 사자가 나타난 사건을 기초로 하고 있다.[43]

창세기 35장 21절은 이렇게 기록되어 있다. "이스라엘이 다시 길을 떠나 에델 망대를 지나 장막을 쳤더라." 르 끌레르끄(Le Clerc)는 "에델의 망대(tower of Eder)"라는 어구가 모세 이후의 시대를 기원으로 하고 있다고 생각한다. 히브리어 원문 성경에서 이 어구를 직역하면 "무리의 망대(flock-tower)"를 뜻한다.

이 어구는 목동들이 약탈자들로부터 양 떼들을 보호하기 위해 각자 보유한 망대(tower)를 가리키는 명칭이었을 것으로 추정된다(왕하 18:8과 비교). 여기서 언급된 망대는 베들레헴(Bethlehem)과 헤브론(Hebron) 사이에 위치했다. 성 히에로니무스(St. Jerome)는 이 망대가 베들레헴으로부터 약 1,482 미터(Roman mile) 떨어진 지점에 위치해 있었다고 말한다.[44]

---

42) *Genesis Lexicon* (창세기 용어사전)을 참조.

43) W. H. Green, *The Higher Criticism of the Pentateuch* (모세 오경에 대한 반론 비평), 50.

44) *The International Standard Bible Encyclopedia* (국제 표준 성서 백과사전) ;

이 구절은 결코 난해한 의미를 담고 있지 않다. 때문에 H. M. Wiener는 이렇게 설명한다. "창세기 35장 21절에서 에델의 망대는 후대를 가리키는 어구였지만(미 4:8 및 느 3:1과 비교) 오늘날 이처럼 호기심을 불러일으키는 주제는 더 이상 화제에 오르내리지 못하고 있다."[45]

창세기 36장 31절은 이렇게 기록되어 있다. "이스라엘 자손을 다스리는 왕이 있기 전에 에돔 땅을 다스리던 왕들은 이러하니라." 스피노자(Spinoza)는 이스라엘을 다스리는 왕이 있기 전에 에돔 땅을 다스리던 왕들에 관한 진술이 모세 이후의 시대에 기록되었다고 주장한다. Keil과 Delitzsch가 설명한 바와 같이, 이는 이스라엘에서 군주제가 사울(Saul)의 영도 하에서 도입되었던 시기를 가리키지 않고 오히려 왕들이 야곱의 허리에서 나온다는 하나님의 언약을 염두에 두고 기록되었으며(창 35:11; 창 17:4 이하와 비교) 단지 이스라엘보다 더 이른 시기에 에돔이 왕국으로 성장했다는 견해를 피력하고 있다. 그러한 견해는 모세가 활동했던 시대와 결코 맞지 않았다. 이스라엘이 독자적인 가문의 군주들이 다스리는 왕국으로 성장하도록 예정되어 있었다는 견해는 모세 시대에 이르기까지 전수된 하나의 희망이었으며 이 희망은 이집트에서 오랜 세월 동안 거주한 이스라엘 자손들의 삶속에서 싹트기에 안성맞춤이었다.[46]

C. I. Scofield 박사는 그러한 진술이 성경의 특징에 속한다고 주장한다.

Hasting's *The Dictionary of the Bible, Pulpit Commentary on Genesis* (창세기 설교 주해), 417 및 Keil과 Delitzsch의 *The Biblical Commentary on the Old Testament* (구약 성경 주해), 319에서 "에델(Eder)"에 관한 설명을 각각 참조.

45) H. M. Wiener, *Pentateuchal Studies* (모세 오경 연구), 28.

46) C. F. Keil & Delitzsch, *The Biblical Commentary on the Old Testament* (구약 성경 주해), 325-329.

그는 이렇게 설명한다. "그 원리는 고린도전서 15장 45절에 명시되어 있다. 첫 번째 것은 자연적인 것으로서 인간의 최선을 의미하지만 늘 쇠하며 두 번째 것은 영적인 것으로서 하나님의 것에 속하며 흥하고 있다. 아담 - 그리스도, 가인 - 아벨, 가인의 후손 - 셋의 후손, 사울 - 다윗, 이스라엘 - 참교회 등 서로 대비되는 상관관계가 이를 입증한다."[47]

창세기 40장 15절은 이렇게 기록되어 있다. "나는 히브리 땅에서 끌려온 자요 여기서도 옥에 갇힐 일은 행하지 아니하였나이다." 르 끌레르끄와 블릭(Bleek)은 이 구절에 등장하는 "히브리(Hebrews)"라는 단어가 모세에 의해 기록되지 않았다고 주장한다. 다만 아브람은 거의 2세기 전에 히브리인으로 인지되었으며(창 14:13) 보디발의 아내는 그녀의 남편에게 요셉을 히브리 사람으로 2번씩이나 언급했다(창 39:14, 17). 때문에 요셉이 자신의 고향을 "히브리인의 땅"으로 설명할 수 없었어야 했던 이유는 충분하지 않다. 적어도 바로(파라오)와 그의 왕실은 아브람을 통해 히브리인들을 가나안 땅에 속하는 자들로 알고 있었다(창 12:15~20). 또한 요셉이 활동했던 시대에 "히브리인의 땅"은 어쩌면 팔레스타인의 전역은 아닐망정 헤브론과 마므레를 중심으로 한 지역으로서 이집트인들이 잘 알고 있는 어구였다는 가정은 결코 억지가 아니다.[48]

출애굽기 6장 26~27절은 이렇게 기록되어 있다. "이스라엘 자손을 그들의 군대대로 애굽 땅에서 인도하라 하신 여호와의 명령을 받은 자는 이 아론과 모세요, 애굽 왕 바로에게 이스라엘 자손을 애굽에서 내보내라 말한 사람도 이 모세와 아론이었더라." 또한 출애굽기 16장 36절은 이렇게 기

---

47) *Scofield Bible*, 35.
48) Clericus Le Kalisch, The, *Pulpit Commentary on Genesis*(창세기 설교 주해), 455.

록되어 있다. "오멜은 십분의 일 에바이더라." 위 구절에서 르 끌레르끄는 모세와 아론에 관한 설명 및 "오멜(omer)"의 용량에 관한 설명이 현대인들에게 있어 불필요한 것일지도 모른다고 말한다. G. Rawlinson은 이렇게 말한다. "결론적으로 계보(genealogy)는 별도의 문서에 속하며 계보의 저자는 이 계보에 언급된 아론과 모세가 이스라엘 자손들을 이집트에서 인도해 내라는 하나님의 명령을 받았으며 바로 앞에 나아가 이스라엘 자손들을 대표해 그와 대화를 한 바로 그 아론과 모세라는 사실(출 6:20)을 추가로 기술하고 있다. 이 문서의 표제는 출애굽기의 설화에 삽입된 상태로 보존되었기 때문에(출 6:13에 관한 주해를 참조) 이 문서의 결론문도 보존되었던 것이다."[49] 여기서 우리는 계보에서 아론이 두 사람 중 장남으로서 맨 처음 나타나고 있기 때문에 저자가 이 장에서 아론부터 먼저 기록했다는 사실에 주목해야 한다. 또한 "오멜"은 후대의 "호멜"과 반드시 구분해야 한다. "오멜"과 "에바"는 고대 이집트의 도량형에 속한다. 따라서 이 구절이 후대의 저자에 의해 추가로 삽입되었을 가능성은 전혀 없다.[50]

출애굽기 16장 35절은 이렇게 기록되어 있다. "사람이 사는 땅에 이르기까지 이스라엘 자손이 사십 년 동안 만나를 먹었으니 곧 가나안 땅 접경에 이르기까지 그들이 만나를 먹었더라." 이스라엘 자손들이 40년 동안 광야에서 전능하신 하나님의 인도를 받았다고 생각한다면 40년 동안 매일 만나가 그치지 않았다는 오경 저자의 증언에 대한 스피노자의 의구심은 전혀 문제가 되지 않는다. Kalisch는 이스라엘 자손들이 만나를 먹었던 기간이 실제로는 40년이 아니라 그보다 약 1개월 정도 짧은 기간이었을 것이라는

---

49) Clericus Le Kalisch, The, *Pulpit Commentary on Genesis*(창세기 설교 주해), 156.
50) *Ibid.*, 58.

소견을 밝히고 있는데, 그 이유는 만나가 애굽에서 나온 후 첫해 둘째 달의 15일이 경과했을 때 이스라엘 자손들이 거한 광야 지면에 내리기 시작했으며 41년째 되는 해의 유월절 기간이 끝났을 때 그쳤기 때문이다(수 5:10~12). 하지만 동양에서 연(年) 단위의 기간을 표현하는 어법이 서양의 그것과는 판이하게 다르기 때문에 이러한 불일치는 문제가 되지 않는다. 예를 들면, 오늘 어떤 아이가 태어날 경우, 그 아이는 동양에서 한 살배기로 불리게 되며 이듬해 정초(1월 1일)가 지나면 두 살배기로 불린다. Kalisch는 모세가 임종의 날에 이를 때까지 기록을 남겼을 것으로 추정된다는 소견을 보이고 있다. 또한 후대의 저자는 이스라엘 자손들의 40년 광야 생활을 보다 구체적으로 기록했을 것으로 생각된다.[51]

민수기 12장 3절은 이렇게 기록되어 있다. "이 사람 모세는 온유함이 지면의 모든 사람보다 더하더라." 스피노자(Spinoza)는 이 구절이 모세가 직접 기록한 내용 치고는 너무나 자화자찬에 가까운 구절이라고 생각하지만 R. Winterbotham은 이렇게 말하고 있다. "한 명의 위대한 선인이 자신에 관한 이야기를 기록할 때(특히 그가 성령의 감동을 받아 기록을 할 때) 그가 다른 이들에 대해 언급할 경우와 마찬가지로 담담하면서도 매우 솔직한 어조로 자기 자신을 설명할 수 있다는 사실은 분명 어느 정도까지는 사실이다."[52] 모세의 입장에서 이러한 자화자찬은 허영심에 가득한 자기 과시의 발로에 속하지 않는다. 이는 단지 모세가 스스로 습득한 것이 아니라 하나님의 은혜를 통해 얻은 성품과 관련된 모든 상황들을 빠짐없이 정확

---

51) Kalisch, *The Pulpit Commentary on Exodus* (출애굽기 설교 주해), Vol. 11, 58.

52) R. Winterbotham, *The Pulpit Commentary on Numbers* (민수기 설교 주해), 130.

하게 해석하는 데 있어 없어서는 안 될 하나의 진술에 속한다. 그와 동시에 모든 생애에 걸쳐 하나님을 위해 헌신했던 모세와 같은 인물만이 그 자신을 그와 같은 식으로 언급할 수 있었다는 사실은 의문의 여지가 없다.

민수기 21장 14절은 "이러므로 여호와의 전쟁기에 일렀으되 수바의 와헙과 아르논 골짜기와"라고 기록되어 있다. 페이레리우스(Peyrerius)는 "여호와의 전쟁기"의 원저자가 모세라는 사실을 부인하고 있지만 C. F. Keil과 F. Delitzsch는 "이 책(여호와의 전쟁기)"이 이스라엘 백성들을 향하신 여호와 하나님의 영광스러운 위업을 찬양하기 위해 모세가 활동하던 시대에 불렸던 송시(odes)들을 한데 모은 책이라고 말한다. 또한 이러한 인용 구절과 역사 그 자체와의 관계는 자유의 전쟁(wars of freedom)에 직접 참전한 경험을 갖고 있으며 자신의 역사 저술에서 시문(詩文)을 도입한 Korner의 시가 이러한 전쟁에 관한 역사가들의 기록과 형성하고 있는 관계와 동일하다 (Hengstenberg).53) W. H. Green 박사는 이렇게 설명한다. "여호와의 전쟁기는 여기서 모세가 언급하고 있는 전능하신 하나님의 지휘 하에 획득한 일련의 승리들을 찬양하는 동시대의 저작물임에 틀림없다."54)

신명기 1장 1절은 이렇게 기록되어 있다. "이는 모세가 요단 저쪽 숩 맞은 편의 아라바 광야 곧 바란과 도벨과 라반과 하세롯과 디사합 사이에서 이스라엘 무리에게 선포한 말씀이니라." 모세 오경의 비평가들이 선호하는 구절 중 하나에 속하는 "요단 저쪽(beyond Jordan)"에 대해 W. H. Green 박사는 이 구절이 강(요단 강) 동쪽에 모세가 위치해 있음을 가리키고 있으며 표현

---

53) C. F. Keil & F. Delitzsch, *The Biblical Commentary on the Old Testament* (구약 성경 주해), 145.

54) W. H. Green, *The Higher Criticism of the Pentateuch* (모세 오경에 대한 반론 비평), 50.

이 모호하기 때문에 저자가 가나안 땅에 위치해 있다는 사실을 분명히 암시하지는 않는다고 주장한다. 민수기 32장 19절에서 이 "요단 저쪽"이라는 표현은 똑같은 문장에서 우선 요단 강의 서쪽을 가리키고 있으며, 그 다음으로 요단 강의 동쪽을 가리키고 있다. 다른 구절에서는 요단강 너머 동쪽(신 4:47, 48; 수 1:15; 12:1; 13:8, 27, 32) 및 요단 강 너머 서쪽(신 11:30; 5:1; 12:7)으로 정의되며 모세가 이스라엘 백성들에게 이르는 말에서도 마찬가지로 이 "요단 저쪽"이라는 표현은 동쪽(신 3:8) 및 서쪽(신 3:20, 25)을 각각 가리키는 데 사용되고 있다. 이처럼 모호한 표현은 주어진 시대 상황에 따라 쉽게 설명될 수 있다. 가나안 땅은 모압 평지에 진을 친 이스라엘의 입장에서 볼 때 요단 강 너머에 있었고 이 강의 동쪽 영토를 가로지르는 요단 강 너머에는 하나님께서 이스라엘의 선조들에게 약속하신 땅이자 이스라엘 선조들이 그들의 고향으로 생각한 땅인 가나안이 자리하고 있었다.[55]

신명기 2장 12절은 이렇게 기록되어 있다. "호리 사람도 세일에 거주하였는데 에서의 자손이 그들을 멸하고 그 땅에 거주하였으니 이스라엘이 여호와께서 주신 기업의 땅에서 행한 것과 같았느니라." 이 구절에서 "이스라엘이 여호와께서 주신 기업의 땅에서 행한 것과 같았느니라."라는 문구는 Peyrerius가 주장하는 것처럼 가나안 땅 정복 또는 모세 이후의 시대에 오경을 기록한 저자를 전제로 하지 않는다. 다만 이스라엘이 점유한 땅은 요단 강 동편의 땅으로서(길르앗과 바산, 민 21:33~35; 32:39~41) 모세의 영도 하에 이스라엘 백성들에 의해 점령되었으며 두 지파와 그 반 지파 간에 분할되었다. 또한 신명기 3장 20절에서도 여호와께서 그들에게

---

55) W. H. Green, *op, cit.*, 50.

"기업으로 주신 땅(possession)"을 발견할 수 있다.

신명기 3장 11절은 이렇게 기록되어 있다. "르바임 족속의 남은 자는 바산 왕 옥뿐이었으며 그의 침상은 철 침상이라. 아직도 암몬 족속의 랍바에 있지 아니하냐? 그것을 사람의 보통 규빗(cubit)으로 재면 그 길이가 아홉 규빗이요 너비가 네 규빗이니라." 구약시대에 공통적으로 사용되는 도량형인 규빗을 기준으로 할 때, 1규빗은 18 드레스덴 인치(dresden inch)여야 한다. 따라서 바산 왕 옥의 침상 치수를 오늘날 도량형으로 환산하면 약 4.1 미터(13.5 피트) × 1.83 미터(6 피트)가 된다. C. F. Keil과 F. Delitzsch는 이렇게 말했다. "여기서 끌레르끄(Clericus)는 바산 왕 옥이 이 침상에서 잠을 자는 데 익숙한 그의 신장과 관련해 후대의 사람들로 하여금 침상의 크기로부터 보다 장대한 결론을 도출하도록 유도하기 위해 의도적으로 필수적인 치수보다 큰 침상을 사용했다고 생각한다." 그는 또한 바산 왕 옥의 사례와 유사한 알렉산더 대왕의 사례를 인용하고 있는데, 알렉산더 대왕에 관한 기록을 볼 수 있는 Diod, Sis(xvll. 95)는 그가 자신의 군대로 인도를 진격하는 작전을 중단해야 할 때마다 온갖 종류의 웅대한 계획들을 구상했으며 무엇보다도 '영웅들의 진영을 나타내면서 이 땅의 거민들을 대상으로 거구의 남성들과 그들의 초자연적인 힘을 표현하는 인상적인 기념비를 남기기 위해' 보병 1명당 각각 5규빗 길이의 침상 2대를 천막 내부에 비치하고 통상적인 크기보다 2배나 큰 마구간을 기병 1명당 2개씩 배치했다는 사실을 확인하고 있다. 바산 왕 옥 역시 아모리 족속을 상대로 원정에 나설 때 알렉산더 대왕과 비슷한 의도를 갖고 그의 초자연적인 위대함을 과시하는 기념물로서 거대한 침상을 남겼다. 이 침상은 아모리 족속과 적대 관계에 있었던 바산의 위대함을 입증하는 증거로서 아모리 족속의 수도에 보존되었을 가능성이 있다. 모세는 당대의 이스라엘 백성들이 알고 있었던 바산 왕 옥의 이 거대한 침상을 인용했을지도 모른다.[56] 또한 이를 입증하는 다른 증거를 발견할 수 있다. 앞서 언급한 고고학적 지역에서 우리는 길이가 약 2.74 미터(9 피트)이며 너비는 약 1.07 미터(3.5 피트)인 침상들 또는 길이가 약 3.66 미터(12 피트)이며 너비와 높이는 각각 약 1.83 미터(6 피트)인 침상들을 자주 볼 수 있다.[57] 우리는 바산 왕 옥의 침상에 대한 언급이 이 설화에 결코 어울리지 않는 것은 아니라는 결론을 내릴 수 있다. 이는 새로운 승리에 대한 기념물의 역할을 했을 것으로 보인다.

신명기 3장 14절은 이렇게 기록되어 있다. "므낫세의 아들 야일이 그술 족속과 마아갓 족속의 경계까지의 아르곱 온 지방을 점령하고 자기의 이름으로 이 바산을 오늘날까지 하봇야일이라 불러오느니라." 아르곱 지방은 야일(Jair)에 의해 점령되었으며(민 32:41을 참조) 이 지방의 경계는 수 12:5, 수 13:11, 13에 기록된 구절들을 통해 입증된다. 히브리어로 '하보트(חוֹת)'이라는 단어는 '생명(life)'을 뜻하는 단어의 복수형에 해당된다. 따라서 이 단어는 일부 학자들이 주장하는 것처럼 아르곱 지역의 특정 부류에 속하는 마을들이 아니라 야일의 생존을 의미한다. 역사적 사실에 속하는 이 지방은 "오늘날까지" 야일의 이름을 따서 하봇야일이라 불리게 되었는데 Peyrerius는 이러한 사실을 인정하지 않았다. 점령 사건이 발생한 후 수 개월이 경과했다는 사실을 언급할 경우, 이는 반드시 오랜 세월을 전제

---

56) C. F. Keil & F. Delitzsch. *The Biblical Commentary on the Pentateuch* (모세 오경 주해). 303-312.

57) F. Delitzsch. *The Biblical Commentary on the Pentateuch* (도세 오경 주해). 303.

로 하는 것은 아니다. 모세는 이스라엘 백성들의 사기를 높이고자 거구의 바산 왕 옥이 다스리는 도성을 므낫세 지파가 함락했다는 사실을 부각시키기 위해 이러한 표현을 사용했을 수도 있기 때문에 상기 구절의 사건은 역사적 사실일 가능성이 높다(Keil과 Delitzsch의 모세 오경 주해(*The Biblical Commentary on the Pentateuch*), 303~305쪽과 신명기 설교 주해(*The Pulpit Commentary on Deuteronomy*), 46쪽을 각각 참조).

신명기 31장 9절은 "또 모세가 이 율법을 써서 여호와의 언약궤를 메는 레위 자손 제사장들과 이스라엘 모든 장로에게 주고"라고 기록되어 있다. 아벤 에즈라(Aben Ezra) 이후부터 파괴적 비평가들은 "모세가 이 율법을 기록했다."라는 내용 때문에 이 구절을 인정하지 않고 있다. 신명기 31장 9~13절을 읽어 보면 이 구절은 율법의 장본인인 모세 외에는 그 누구도 하나님의 율법을 기록할 수 없었다는 사실을 입증하고 있다. 따라서 Keil과 Delitzsch는 "이후 모세가 언약궤를 옮겼던 레위 지파의 제사장들 및 이스라엘의 모든 장로들에게 자신이 기록한 율법을 넘겨주었으며, 7년 주기가 끝나고 희년의 축제 기간 곧 초막절이 되면 여호와 하나님 앞에 선 이스라엘 백성들을 대상으로 율법을 낭독하기 위한 제반 지침도 함께 넘겨주었다."라고 주장하고 있으며, "율법의 전수와 관련해 모세가 제사장들이 언약궤를 통해 옮겼을 것으로 추정되는(손수 기록한) 율법책을 그들에게 주었을 뿐만 아니라 이스라엘의 모든 장로들에게도 주었다는 사실은 모세가 그 당시에 자신의 손으로 율법책을 모두 건네 줄 의향이 없었다는 점을 분명히 입증하고 있을 뿐만 아니라, 이러한 율법의 전수는 단지 이를 관리해야 할 백성들에게 율법을 양도한 것이었으며 향후에 기록된 율법은 이스라엘 백성들의 삶과 행동을 규율하는 준칙으로서(백성들의 면전에서) 보

존해야 하며 그들에게 공개적으로 낭독해야 한다는 사실을 충분히 입증하고 있다."라고 주장한다.[58]

모세 오경에 대한 초창기 반대 이론들의 고찰에 따른 결론을 도출해 보면 앞서 우리가 논의한 이들 구절이 모세의 손에 의해 모세 오경의 다른 나머지 부분과 마찬가지로 기록되었다는 사실을 분명히 알 수 있다. 비평가들이 모세 오경을 기록한 저자로서의 모세를 인정하지 않는 이유를 납득하기는 매우 어렵다고 본다. 물론 그들은 모세 오경의 주요 본문이 모세의 손으로 기록되었을 가능성이 있다는 점은 인정했다. 그들이 모세 오경의 주요 본문을 수용할 의향을 보인 이상, 부수적인 구절들로 인해 문제가 야기되어서는 안 된다.

2) 문학 비평가들의 주장과 오경의 저자로서의 모세

이러한 주제를 논의하면서 우리는 우선 문학적 가설의 과정부터 먼저 살펴봐야 한다. W. H. Green 박사는 5가지 상이한 가설 곧 기록적 가설, 단편적 가설, 보충적 가설, 구체화 가설(crystallization) 기록 수정 가설을 지적하고 있다.

첫째, 무엇보다도 앞서 비평의 역사에서 언급한 바와 같이 아스트뤽(Astruc)은 창세기에서 엘로히스트 문서와 야휘스트 문서를 발견했는데 이는 이른바 기록적 가설을 설정하고 있다.

둘째, Vater, Hattmann 및 그 밖의 학자들은 단편적 가설을 발견했는데 이는 모세 오경의 편찬자가 그가 다루고자 했던 전체 기간을 한결같이 포괄하는 그러한 기록들만 보유한 것이 아니라 오히려 그의 주제와 관련해

---

58) Keil & Delitzsch, *op, cit.*, 457.

종류별로 수집할 수 있는 모든 자료를 보유했음을 의미한다.

셋째, 보충적 가설은 Bleek, Tuch, De Wette 및 그 밖의 학자들에 의해 제기되었다. 이 가설은 기록적 가설보다 훨씬 더 범위가 넓고 불분명한 경계의 측면에서가 아니라 그보다 더 가까운 연합의 이면에서 기록적 가설을 변형한 형태에 속한다. 이 가설은 모세 오경의 전체 기록에 걸쳐 그 토대를 이루고 있는 엘로히스트 문서의 저자가 먼저 그의 문서를 기록했고 야휘스트는 그보다 후대에 생존했으며 이러한 고대 근동사의 확대판을 작성했다고 가정한다.

넷째, Hupfeld 및 Ewald가 제기한 구체화 가설은 모세 오경의 기록 보충에 사용된 수를 1에서부터 별개의 기간에 연쇄적으로 나타나는 수열로 늘림으로써 보충적 가설의 변형된 형태에 속한다.

다섯째, Hupfeld는 모세 오경의 주요 수정판을 제안한 기록 수정 가설 (modified document hypothesis)의 창시자였다. 모세 오경은 3가지 상이한 문서들 곧 1차 엘로히스트 문서, 2차 엘로히스트 문서 및 야휘스트 문서로 구분된다. 이러한 문서들은 1명의 편집자(redactor)에 의해 오늘날의 형태로 합본되었다. 이 편집자는 그와 같은 기록들을 수시로 자유롭게 삽입, 삭제, 수정, 번역 및 결합할 수 있었다 59)

상기의 설명에서 우리는 모든 가설들이 문학적 비평의 원천이 되었던 기록적 가설을 바탕으로 하고 있었음을 확인할 수 있으며 이러한 가설은 크게 3가지 요소 곧 문체, 어법 및 개념의 사용 변화 또는 중복된 설명 그리고 문체, 어법 및 개념의 다양성으로 구분해 볼 수 있다.

---

59) W. H. Green, *The Higher Criticism of the Pentateuch* (모세 오경에 대한 반론 비평), 61-68.

(1) 첫 번째 논거는 하나님을 가리키는 호칭의 사용 변화이다

대체로 파괴적 비평가들의 분석에 따르면 창세기는 다음과 같이 구성되어 있음을 알 수 있다.[60] 총 50개의 장과 1,534개의 절로 구성되어 있다.

창세기 1~19장은 496개의 절로 구성되어 있고,
창세기 20~50장은 1,636개의 절로 구성되어 있으며,
엘로히스트 문서의 구절은 707개의 절로 구성되어 있고,
야휘스트 문서의 구절은 803개의 절로 구성되어 있으며,
창세기 14장은 24개의 절로 구성되어 있다 (DC에 의해 많은 문제 발생).
엘로히스트 문서는 크게 2개의 부분 곧 1차 엘로히스트 문서(P)와 2차 엘로히스트 문서(E)로 구분되는데 전자는 343개의 절로 구성어 있고 후자는 364개의 절로 구성되어 있다.

첫째, 창세기 1~19장을 수록한 1차 엘로히스트 문서는 187개의 절로 구성되어 있으며 2차 엘로히스트 문서는 아무런 절로 구성되어 있지 않다. 창세기 20~50장을 수록한 1차 엘로히스트 문서는 156개의 절로 구성되어 있으며 2차 엘로히스트 문서는 364개의 절로 구성되어 있다.

파괴적 비평가들의 주장에 따르면 1차 엘로히스트 문서는 특유의 문체로 기록되어 있다. 야휘스트 문서의 분석은 파괴적 비평가들에 의해 종종 다르게 확인되고 있다. 따라서 초기의 분류는 유효하지 않다. S. R. Driver에 따르면 2차 엘로히스트 문서는 창세기 20장으로 시작되지만[61] E. S. Brightman의 주장에 따르면 이 문서는 그보다 이른 시기에 시작된다.[62]

---

60) O. T. Allis의 모세 오경 강의를 출처로 함.
61) S. R. Driver, *Introduction to the Literature of the Old Testament* (구약 성경 문헌 개론), 13.
62). E. S. Brightman, *The Sources of the Hexateuch* (육경의 출처), 123.

창세기의 대부분에 걸쳐 문서 P(1차 엘로히스트 문서)는 매우 단편적으로 존재한다. 하나님의 호칭에 관한 한, 이러한 분석은 결코 유효하지 않다. 창세기에서 하나님의 호칭을 여하한 식으로 분명하게 구별하고 있는 장은 1~19장밖에 없다. 엘로히스트 문서는 그 자체가 복합적인 문서이며 그 명칭은 2차 엘로히스트 문서에서 사용될 가능성이 있다. Hupfeld의 수정판은 1차 엘로히스트 문서와 2차 엘로히스트 문서의 큰 차이에서 비롯되었다. 또한 2차 엘로히스트 문서를 야휘스트 문서와 구별하기는 매우 어렵다. Hupfeld 이후 J. Wellhausen은 1차 엘로히스트 문서와 2차 엘로히스트 문서의 저자를 정정했으며 최신 문서 중에서도 가장 오래된 문서에 해당될 것으로 추정되는 자료를 입증했다. 그가 지적한 P 문서(1차 엘로히스트 문서)는 창세기의 나머지 구절과 들어맞는 구조를 제공하고 있다. 하나님의 호칭은 엘로히스트 문서와 야휘스트 문서를 판별하는 데 있어 더 이상 기준이 되지 않았다.

둘째, 우리는 P 문서가 창세기 20장 이후부터 매우 단편적으로 나타나고 있음을 확인할 수 있다. 이 문서의 기원이 이처럼 창세기의 후대로 추정된 이유는 이 문서에 기록된 율법이 가장 높은 수준으로 전개되어 있기 때문이다. P 문서를 구성하는 율법서는 설화 부분과 분리될 수 없었으며 결국 P 문서의 전체 내용은 후대에 기록된 것으로 추정되었다.

하나님의 호칭 변동에 관한 의문에 응하기에 앞서 우리는 그러한 호칭 변동이 독특한 현상이 아니라는 사실에 유의해야 한다. 왜냐하면 아래에 설명한 바와 같이 인간의 호칭도 그와 같이 변동하고 있음을 확인할 수 있기 때문이다.

(a) 므낫세 지파에 속하는 요아스의 아들 기드온(Gideon)은 이스라엘을

미디안 족속으로부터 구해냈다. 그는 또한 여룹바알(Jerubbaal)이라고도 불리며 이스라엘의 5대 사사로서 40년 동안 이스라엘을 치리했다. '기드온'이라는 호칭은 사사기 6장에서 11번 등장하고 있으며(삿 6:11, 13, 19, 22, 23, 24, 27, 29, 34, 36, 39) 사사기 7장에서는 13번 등장하고 있고(삿 7:1, 2, 4, 5, 7, 13, 14, 15, 18, 19, 20, 24, 25) 사사기 8장에서는 15번 나타나고 있는 반면에(삿 8:4, 7, 11, 13, 21, 22, 23, 24, 27, 27, 28, 30, 32, 33, 35) '여룹바알'이라는 호칭은 사사기 6장(삿 6:32) 및 사사기 7장(삿 7:1)에서 각각 1번씩 등장하고 있으며, 사사기 8장에서 2번 나타나고 있고(삿 8:29, 35), 사사기 9장에서 9번 나타나고 있다(삿 9:1, 2, 5, 5, 16, 19, 24, 28, 57). 여기서 우리는 기드온이 여룹바알이라는 새로운 이름으로 불리게 된 후, 그의 호칭은 오로지 여룹바알로만 기록되어 있을 것으로 예상해 볼 수 있겠지만 그것은 사실이 아니다.

(b) 아마샤의 아들이자 요담의 아버지였던 유다의 왕 웃시야(Uzziah)는 아사랴(Azariah)로도 불린다. '아사랴'라는 호칭은 열왕기하 14장 21절에서 1번 등장하며 열왕기하 15장(왕하 15:1, 6, 7, 8, 17, 23, 27)에서 7번 나타난다. 또한 '웃시야'라는 호칭은 같은 장(章)인 열왕기하 15장(왕하 15:13, 32, 30, 34)에서 4번 등장한다. 한편 '아사랴'는 역대상 3장 13절에서 1번 인용되고 있으며 '웃시야'는 역대하에서 13번 인용되고 있고(대하 26:1, 3, 8, 9, 11, 14, 18, 19, 21, 22, 23 및 대하 27:1), 이사야서에서는 3번 인용되고 있으며(사 1:1, 사 6:1, 사 7:1), 호세아 1장 1절, 아모스 1장 1절 및 스가랴 14장 5절에서 각각 1번씩 인용되고 있다. 구약 성경에 등장하는 상당수 인물들의 호칭이 왜 그렇게 변동한 것일까? 그 이유는 알 수 없다. 이러한 호칭 변동은 과연 오경을 구성하고 있는 상이한 문서들을 의미하는 것일까?

(c) 성경에 등장하는 "그룹(Cherubim)"이라는 단어는 생물과 동일한 존재에 해당된다(겔 10:15). 특히 에스겔서에서는 이 두 가지를 함께 언급하고 있다. "생물(living creature)"이라는 단어는 에스겔 1장에서 10번(겔 1:5, 13, 13, 14, 15, 15, 19, 19, 20, 22), 에스겔 3장 13절에서 1번, 에스겔 10장에서 2 번 나타난다(겔 10:15, 17). "그룹(Cherubim)"이라는 단어는 에스겔 9장 3절에서 1번, 에스겔 10장에서 20번(겔 10:1, 2, 2, 3, 4, 5, 6, 7, 7, 7, 8, 9, 9, 15, 16, 18, 19, 20), 에스겔 11장 22절에서 1 번, 에스겔 28장에서 2번(겔 28:14, 16), 에스겔 41장에서 5번(겔 41:18, 18, 18, 20, 25) 등장한다. 에스겔 9장 3절에서 처음 언급된 '그룹'에 대해 에스겔서는 아무런 소개도 하지 않고 있다. 만약 이 그룹이 창세기에 등장했다면 기록적 분석의 기초가 될 것이라고 말할 수 있다. 만약 어느 한 가설이 틀리다면 다른 쪽 가설이 옳다는 사실을 어떻게 알 수 있을까? 우리는 곧 회의적인 입장을 취하게 된다. 우리가 저자나 편집자가 서로 배타적인 2가지 진술을 했기 때문에 그를 신뢰할 수 없다면 이제 우리는 그들의 진정성에 대해서도 확신할 수가 없다.

(d) 창세기 17장 5절에 기록된 바와 같이 원래의 '아브람(Abram)'에서 하나님에 의해 호칭이 바뀐 '아브라함(Abraham)'은 성경 전체를 통틀어 246번 등장하며 그중 모세 오경에서는 148회에 걸쳐 나타나고 있고 이후에 이어지는 성경책에서 98번 등장한다(역대상 1장 27절 및 느헤미야 9장 7절에서는 원래의 호칭인 아브람을 단지 2번만 인용함으로써 아브라함과 대비하고 있다). 또한 아브람의 아내인 '사래(Sarai)'의 바뀐 호칭인 '사라(Sarah)'는 성경에서 40회에 걸쳐 등장하고 있지만 옛 이름인 사래는 이후의 성경책에서 찾을 수 없다.

(e) 창세기 32장 28절에서 '이스라엘(Israel)'로 이름이 바뀐 '야곱(Jacob)'은 성경 전체를 통틀어 263회에 걸쳐 언급되고 있는데 그중 창세기에서 74회, 출애굽기에서 11회, 레위기에서 1회, 민수기에서 9회, 신명기에서 11회, 여호수아서에서 3회, 사무엘상에서 1회, 사무엘하에서 1회, 열왕기상에서 1회, 열왕기하에서 2회, 역대상에서 2회, 시편에서 33회, 이사야서에서 41회, 예레미야서에서 16회, 예레미야 애가에서 3회, 에스겔서에서 4회, 호세아서에서 3회, 미가서에서 6회, 마가복음에서 1회, 누가복음에서 4회, 요한복음에서 3회, 사도행전에서 7회, 로마서에서 2회, 히브리서에서 3회 등 등에 걸쳐 각각 등장하고 있다. 창세기 35장 10절에서는 그의 이름(야곱)이 하나님의 말씀에 따라 이스라엘로 바뀌었는데 이 이름은 후대에 여러 정황 하에서 명시적으로 사용되었으며 이러한 호칭 변경 선언은 전자(야곱)를 가리키지 않고 있다. 창세기 35장 20~22절에서는 야곱과 이스라엘이라는 두 명칭이 여러 차례 번갈아 가며 나타나고 있으며 이와 마찬가지로 창 37:1; 2, 34, 45, 27, 28; 46:1, 2에서도 그러한 경향을 볼 수 있는데 예를 들면, "그 밤에 하나님이 이상 중에 이스라엘에게 나타나 이르시되 야곱아 야곱아 하시는지라 야곱이 이르되 내가 여기 있나이다 하매(창 46:2)"라는 구절과 "이스라엘 족속이 애굽 고센 땅에 거주하며(창 47:27)"라는 구절을 볼 수 있다. 물론 후자의 경우는 이스라엘의 자손들을 가리키지만 애초에는 야곱의 열두 아들들을 가리킨 어구였다. 또한 그 다음 구절인 창 47:28은 "야곱이 애굽 땅에 … 거주하였으니"라고 기록되어 있다. 이러한 호칭의 변동을 어떻게 설명할 수 있을 것인가? 신약 성경에서 그의 호칭은 "야곱"으로 통일되어 있다. O. T. Allis 박사는 그의 모세 오경 강의에서 신약 성경이 이스라엘의 예전 이름인 야곱을 그대로 유지하고 있는 이유를 모르겠다고 말한다. 반면

에 아브라함과 사라의 호칭 변경은 규칙적이면서도 설명이 가능하다. 과연 모세 오경의 편찬자는 이처럼 명백한 모순을 허용함으로써 큰 실수를 저지른 것일까? 어떤 학자는 제반 특성을 뒷받침하는 근거가 존재한다는 사실을 설명하려고 했다. 즉, 야곱은 회개하지 않은 존재를 가리키며 이스라엘은 죄에서 돌이킨 후 더욱 영성이 깊어진 존재를 가리킨다는 것이다. 하지만 이스라엘의 명칭을 그대로 간직하고 있는 북이스라엘 왕국은 가장 배교하는 나라였음을 우리는 알고 있다. 만약 비평적 분석을 통해 하나님의 호칭을 설명할 경우, 이러한 분석이 그와 같은 야곱의 이름들(야곱과 이스라엘)을 해명해야 하는 이유는 무엇일까? Brightman의 설명에 따르면 창세기 32장 28절은 야휘스트 문서에 속하며 창세기 35장 10절은 1차 엘로히스트 문서에 속한다는 사실을 알 수 있다.[63] 엘르히스트는 이름의 변동에 대한 지식이 없다. O. T. Allis 박사는 이러한 호칭 변동 사례들에 주목하는 것과 전자의 이름이 필연적으로 소멸되지는 않은 이유를 설명하는 것은 별개의 문제라고 생각한다. 따라서 우리는 전체적인 복합 기론이 이스라엘과 야곱의 호칭 변동에 관한 설명을 분석하고 있음을 알 수 있다. 호칭의 변동은 인간의 호칭뿐만 아니라 그 밖의 사례에서도 볼 수 있는 문학적 현상인 것처럼 보인다.

(f) 지파(tribe)를 의미하는 히브리 어 간어는 מַטֶּה와 שֵׁבֶט으로 2개가 있다. 이 두 단어는 모두 정확히 동일한 의미를 지니고 있다. 전자는 구약 성경에서 183회에 걸쳐 등장하며 후자는 구약 성경에서 145회에 걸쳐 나타나고 있다.[64] 그중 מַטֶּה는 여호수아서에서 50회에 걸쳐 나타나고 있으며

63) E. S. Brightman, *The Sources of Hexateuch* (육경의 출처), 60, 226.
64) *International Standard Bible Encyclopedia* (국제 표준 성경 백과사전), Vol. 5.

(수 7:1, 18; 13:15, 24, 29; 14:1, 2, 3, 4; 15:1, 20, 20; 16:8; 17:1; 18:11, 21; 19:23, 24, 31, 39, 40, 48, 51; 20:8, 8, 8; 21:1, 4, 4, 5, 5, 6, 6, 7, 7, 9, 9, 17, 20, 23, 25, 27, 28, 30, 32, 34, 38; 22:1, 14) שֵׁבֶט는 여호수아서에서 31 회에 걸쳐 등장하고 있다(수 1:12; 3:12; 4:2, 4, 5, 8, 12; 7:14, 14, 16; 11:23 ; 12:6, 7; 13:7, 14, 29, 33; 18:2, 4, 7; 21:16; 22:7, 9, 10, 11, 13, 15, 21; 23:4; 34:1). 위에 열거한 각 구절을 살펴보면 이러한 단어들의 어법이 불규칙적임을 알 수 있다. W. H. Bennett는 이렇게 말하고 있다. "שֵׁבֶט는 신명기계 문헌(D)에서 공통적으로 쓰이고 있는 데다 예호비스트 문서(JE)에서도 관찰되고 있으며 다만 1차 엘로히스트 문서(P)에서는 아주 간간이 등장하고 있다(편집된 구절에서만 관찰 가능)."[65] 그와 동시에 그는 "지파를 의미하는 히브리 어인 마테(Matteh, מַטֶּה)가 육경(Hexateuch : 오경과 여호수아까지 포함)을 수록한 1차 엘로히스트 문서(P)에서 관찰된다."라고 말한다. 그러나 S. R. Driver는 창세기 49:16, 28 및 출애굽기 24:4에 등장하는 שֵׁבֶט라는 단어가 야휘스트 문서에 속하며 민수기 4:18; 18:2에 등장하는 이 단어는 1차 엘로히스트 문서(P)에 속하고 민수기 24:2에 등장하는 이 단어는 예호비스트 문서(JE)에 속한다고 주장한다. 그리고 출애굽기 31:1, 6; 35:30, 34; 38:22, 23에 등장하는 מַטֶּה라는 단어는 1차 엘로히스트 문서(P)에 속하며, 민수기 21:1~22에 등장하는 이 단어는 1차 엘로히스트 문서(P)에 속한다고 그는 주장하고 있는데 여기서 שֵׁבֶט 는 1번 나타나며 מַטֶּה 는 21번 나타나고 있다. 그렇다면 이들 단어의 어법은 어떻게 설명할 수 있을까?

3010.

65) Hastings, *The Dictionary of the Bible* (성경사전), Vol. 1v.

(g) "성막(tabernacle)"을 의미하는 히브리 어로는 2 가지 단어를 들 수 있는데 바로 אֹהֶל מוֹעֵד과 מִשְׁכָּן이다. 전자는 모세 오경 중 출 26:9, 출 27:21, 출 28:43, 출 29:4, 10, 11, 30, 32, 42, 44, 출 30:16, 18, 20, 26, 36, 출 31:7, 7, 출 35:21, 출 38:8, 30, 출 40:12, 레 1:1, 3, 5, 레 3:2, 8, 13, 레 4:4, 5, 7, 7, 14, 16, 18, 18, 레 6:16, 26, 30, 레 8:3, 4, 31, 33, 35, 레 9:5, 23, 레 10:7, 9, 레 12:6, 레 14:11, 23, 레 15:14, 29, 레 16:7, 16, 17, 20, 23, 33, 레 17:4, 5, 6, 9, 레 19:21, 레 24:3, 민 1:1, 민 2:2, 17, 민 3:7, 8, 25, 25, 28, 민 4:3, 4, 15, 23, 25, 25, 28, 30, 31, 33, 35, 37, 39, 41, 43, 47, 민 6:10, 13, 18, 민 7:5, 89, 민 8:9, 15, 19, 22, 24, 26, 민 10:3, 민 11:16, 민 12:4, 5, 민 14:10, 민 16:18, 19, 42, 43, 50, 민 17:14, 민 18:4, 6, 21, 22, 23, 31, 민 19:4, 20, 민 25:6, 민 27:2, 민 31:54 및 신 31:14, 14에서 각각 확인할 수 있으며, 후자는 모세 오경 중 출 25:9, 출 26:1, 6, 7, 12, 13, 15, 17, 18, 20, 22, 23, 26, 27, 27, 30, 35, 출 27:9, 19, 출 35:11, 15, 18, 출 36:8, 13, 14, 20, 22, 25, 27, 28, 31, 32, 32, 출 38:20, 21, 31, 출 39:32, 33, 40 및 출 40:2, 5, 9, 17, 18, 19, 21, 22, 24, 28, 33, 34, 35, 38에서 각각 확인할 수 있다.

위의 인용 구절들을 살펴보면 앞서 설명한 인간의 성명에서 이미 확인한 바와 같이 이는 성경의 동일한 문학적 현상에 해당된다는 사실을 알 수 있다. James Orr는 이렇게 말한다. "이스라엘의 역사를 전체적으로 살펴보면 예호비스트 문서(JE)에서 성막이(하나님께서 자신을 계시하는) 계시의 장소로만 존재하는 반면, 1차 엘로히스트 문서(P)에서 성막은 특별히 예배의 장소로 존재한다는 진술을 뒷받침할 더 확실한 근거는 없는 것 같다. 예호비스트 문서(JE)와 마찬가지로 1차 엘로히스트 문서(P)에서도 성막은 계시

의 장소에 속한다. 예호비스트 문서(JE)와 솔로몬 왕대 이전의 시대에는 1
차 엘로히스트 문서(P)의 경우와 마찬가지로 성막은 하나님께 예배를 드리
는 처소에 속하며 제단과 거룩한 기구, 제사장 보조자들과 절기마다 모이는
성회 등을 포함하고 있다. 예호비스트 문서(JE) 중 계시의 측면이 두드러지
게 나타나는 1~2개 정도의 특별한 구절들을 분리하기만 해도 성막은 외관
상 다른 형태로 나타날 수 있다. 어떤 측면에서는 전자의 경우와 분명히 닮
아 있다. 1차 엘로히스트 문서(P) 및 예호비스트 문서(JE)의 경우, 성막
(tabernacle)을 일컬어 히브리 어로 '오헬 모에드(אֹהֶל מוֹעֵד, 회막을 의미한
다)'라 하며 1차 엘로히스트 문서(P)에서 이 단어는 미쉬칸(거주 혹은 집)이
라는 단어와 번갈아가며 나타난다. 여기서 비평가들을 곤혹스럽게 만드는
한 가지 이상한 사실이 있는데 그것은 바로 1차 엘로히스트 문서(P)의 몇몇
구절(출 25장 ~ 출27:19)에서 '미쉬칸'이라는 단어만 사용하고 있으며 나머
지 구절(출 20장 ~ 출31장)에서는 'אֹהֶל מוֹעֵד'라는 단어만 사용하고 있거나
두 단어를 혼용하고 있다는 점이다."[66]

  분명한 사실이 있다면, 파괴적 비평가들이 성경 내 호칭의 변동에 대한
각자의 견해를 일관성 있게 적용하지 못하고 있다는 것이다. 그들의 이론
에 따르면 하나님의 호칭은 출 6:3(엘로히스트 문서[P])에 따른 기준에 속
하지 않는다. 야휘스트(J) 문서에서 여호와(Jehovah)라는 호칭은 홍수 이
전 시기에 사용되었으며 태초 이후로부터 사람들에게 알려지게 되었다. 1
차 엘로히스트 문서(P)와 관련해 '여호와'라는 호칭은 모세 시대에 알려져
있지 않았다. 그러나 R. D. Wilson이 집계한 수치들을 잠시 살펴보면 다
음과 같다.[67] E 문서에서 P 문서는 여호와를 755회, 엘로힘을 95회 사용

---

66) James Orr, *The Problem of the Old Testament* (구약 성경의 문제), 169-170.

하고 JE 문서는 여호와를 579회, 엘로힘을 157회, D 문서는 여호와를 600회, 엘로힘을 40회 사용한다.

이 목록을 살펴보면 여호와라는 호칭이 야휘스트 문서일 것으로 추정되는 예호비스트 문서(JE)보다는 오히려 1차 엘로히스트 문서(P)에서 더 자주 나타나는 것으로 보인다는 사실을 알 수 있다. 파괴적 비평가들의 주장에 따르면, 하나님의 호칭을 표현하는 이러한 어법은 전체적인 문서설에 대한 기준을 명백히 제시하고 있다. E. S. Brightman은 이렇게 말한다.

> 눈에 띄는 호칭은 '여호와(야훼)'이다. 야휘스트는 창 2:4로 시작되는 그의 전체 내러티브(narrative)를 통해 거의 배타적으로 여호와만을 하나님의 호칭으로 사용하는 반면에, 2차 엘로히스트(E)는 출애굽기 3장에서 처음으로 언급하고 있으며 1차 엘로히스트(P)가 출애굽기 6장에서 처음으로 도입했다(다만 편집자들은 이 여호와라는 호칭을 그보다 앞서 기록된 일부 구절에 도입했다). 야휘스트는 이러한 호칭(여호와)만을 고집하지는 않고 있다.[68]

사실 출애굽기 3:15 이후의 기록에서 엘로히스트는 하나님의 호칭이 여호와로 바뀌었음을 공언했음에도 불구하고 엘로힘(Elohim)을 약 110회에 걸쳐 사용했으며 여전히 1차 엘로히스트(P)가 하나님의 새로운 호칭(즉, 여호와)을 도입하고 있는 출애굽기 6:3에서 여호와가 사용되고 있다. 이 시점 이후부터 1차 엘로히스트(P)는 '엘로힘'이라는 하나님의 호칭을 20회 이하 수준으로 아주 가끔씩 인용한 반면에 '여호와'라는 호칭은 약 800회에 가까울 정도로 자주 인용했다(육경에서는 85회 인용). 1차 엘로히스트 문서(P)가 2차 엘로히스트 문서(E)와 비교해 볼 때 하나님의 새로운 호칭

---

67) Dr. Allis의 모세 오경 강의를 출처로 함.
68) E. S. Brightman, *The Sources of Hexateuch* (육경의 출처), 22.

인 여호와를 인용하는 데 있어 훨씬 더 높은 일관성을 보이고 있는 이유는 무엇일까? 2차 엘로히스트(E) 문서가 출애굽기 3장 15절 이후의 기록에서 엘로힘을 계속 인용하고 있는 이유는 무엇일까?

파괴적 비평가들은 각자의 이론에서 여러 가지 문제들을 제기하고 있다. 그들은 민수기 22장이 예호비스트(JE) 문서에 속한다고 주장하지만 1차 엘로히스트 문서와 2차 엘로히스트 문서를 정확하게 구분하는 분석은 수행할 수 없었다. 출애굽기 20장 이후의 기록과 관련해 하나님의 호칭의 사용이 더 이상 출애굽기 3:15 이후의 2차 엘로히스트 문서와 출애굽기 6:5 이후의 1차 엘로히스트 문서의 기록에 대해 기준이 되지 못하였다. 1차 엘로히스트 문서(P)보다 오히려 야휘스트(J) 문서와 더 가깝다는 주장이 인정을 받고 있다. 우리는 2차 엘로히스트 문서(E)가 훨씬 이전에 하나님의 호칭인 '엘로힘'의 사용을 도입했다는 사실에 주목한다. 2차 엘로히스트 문서(E)가 하나님의 호칭 변화에 있어서 1차 엘로히스트 문서(P)만큼 일관성이 없는 이유는 무엇일까? 결국 이러한 하나님의 호칭들을 인용하는 것은 더 이상 2차 엘로히스트 문서(E) 중 출애굽기 3:15 이후의 기록과 1차 엘로히스트 문서(P) 중 출 6:5 이후의 기록에 대한 기준이 되지 못했다.

하나님의 호칭은 창세기를 충분히 분석할 수 있을 만큼 창세기 내에 충분히 분포되어 있지 않으며 결국 이 책의 분석은 부차적인 증거임에 틀림없다. 따라서 1차 엘로히스트 문서(P)에서 총 95회에 걸쳐 등장하는 하나님의 호칭인 엘로힘은 출애굽기 6:3 이전의 기록에서 무려 77회나 나타나고 있으며 그중에서도 창세기 1장에만 35회에 걸쳐 나타나고 있다.

이러한 하나님의 호칭들은 창세기 다섯 장을 확인할 수 있다. 그러나 파괴적 비평가들은 창세기 22장은 1차 엘로히스트 문서(P)에 속하며, 창세기 24장은 18개의 단편들을 포함하고 있고 야휘스트 문서(J) 및 1차 엘로히스트 문서(P)에 각각 속하고 P는 창세기 24장 1, 2a, 4, 6, 8~10, 13~16, 20~24, 27~28절에서 각각 확인할 수 있으며 J는 창세기 24장 2b, 3, 5, 7, 11, 12, 19, 25 일부, 26, 30~31절에서 각각 확인할 수 있다. 창세기 36장은 1차 엘로히스트 문서(P)에 속하며, 창세기 37장은 총 14개의 단편들로 구분된다. 1차 엘로히스트 문서(P), 야휘스트 문서(J) 및 2차 엘로히스트 문서(E)에 각각 속하고 - (P)는 창세기 37장 1절, 2a절에서 확인되며 J는 창세기 37장 12~18절에서부터 21, 25~27, 28b, 31~35절의 "은(silver)"까지 이르는 각 구절에서 확인할 수 있으며, E는 창세기 37장 2b절의 요셉에서부터 같은 장의 11, 19, 20, 22~29, 28a절의 '구덩이'까지 이르는 각 구절에서 확인할 수 있다(28c~30, 36절). - 10개의 단편으로 분할된다. 창세기 47장은 1차 엘로히스트 문서(P), 야휘스트 문서(J) 및 2차 엘로히스트 문서(E)에 각각 속한다(P는 창세기 47장 5, 6a, 7~11, 27b, 28절에서 각각 확인할 수 있고, J는 창세기 47장 1~4절에서 시작해 6b, 13~27a 및 29~31절의 "고센"까지 이르는 각 구절에서 확인되며, E는 창세기 47장 12절에서 볼 수 있다).[69]

 '여호와'라는 호칭은 창세기 10장 1, 10, 20, 23, 36, 37, 40, 41, 45, 48절과 출애굽기 11장 20, 21, 22, 23, 24, 26, 27, 28, 29, 30, 31절에서는 발견되지 않는다. 창세기에서 하나님의 호칭인 '여호와'만 찾을 수 있는 장은 4개 정도에 불과하며(창 3, 4, 38, 39장), Holborn의 목록에 따르면 창세기의 마지막 11개의 장에서 '여호와'라는 호칭이 10회에 걸쳐 나타나고 있다.[70] 이를

---

69) A. Holborn, *The Pentateuch in the Light of Today* (현대의 시각에서 본 모세 오경) 103-108.

70) *Ibid.*, 103-108.

테면 여호와(יְהוָה)라는 단어가 창세기 49장 18절에서도 역시 단 1번만 등장하고 있다.

Holborn의 목록에 따르면 2차 엘로히스트 문서(E)는 창세기 중 27개의 장에서 확인할 수 없다(1~18, 25~27, 34, 36, 38, 39, 44, 49장). 창세기 34장에서는 18개의 단편들이 존재하는데 여기서 1차 엘로히스트 문서(P)는 창세기 34장 1, 2a, 4, 6, 8~10, 13~18, 20~24 및 27~29절에서 각각 확인할 수 있고 야휘스트 문서(J)는 창세기 34장 2b, 3, 5, 7, 11, 12, 19, 25(일부), 26, 30~31절에서 각각 확인할 수 있다. 창세기 31장은 10개의 단편으로 나눌 수 있으며 여기서 P는 창세기 31장 18b절에서 확인할 수 있고 J는 창세기 31장 1, 3, 46, 48~50절에서 각각 확인할 수 있으며 E는 창세기 31장 2, 4~18a, 19~45, 47, 51~55절에서 각각 확인할 수 있다. 또한 창세기 30장은 11개의 단편들로 구분되는데 여기서 J는 창세기 30장 3b~5, 7, 9~16, 20b("이제는"에서 시작해 "아들"까지) 22b, 24~43절에서 각각 확인할 수가 있으며 E는 창세기 30장 1~3a("무릎에"까지), 6, 8, 10c~22bx, 23절에서 각각 확인할 수 있다. 하나님의 호칭이 충분하지 않을 때 이차적으로 결정하려고 각 호칭에 전형적인 이차적 용어들을 택하여 이를테면, "창조하다"와 "만들다"와 같은 단어들과 다른 단어들을 사용한다 하더라도 확실히 일차적 기준에 문제가 있으며, 일차적 기준에 의존하는 이차적 기준들이 그것은 아니라고 부정하는 것은 불가능하다.

하나님을 가리키는 호칭의 사용에 있어서 관찰되는 차이는 창세기의 앞부분 특히 1~3장에서 무엇보다도 두드러지게 나타난다. E. A. Brightman의 설명에 따르면 창 1:1 ~ 2:4a는 "엘로힘(Elohim)"을 사용하는 1차 엘로히스트 문서(P)에 해당된다.[71] 창 2:4b ~ 3:24에서는 "여호와 하나님

(Jehovah-God)"이라는 조합 호칭이 20차례에 걸쳐 등장한다. 이러한 조합 호칭은 앞서 언급한 구절을 제외한 구약 성경의 나머지 구절에서 겨우 16번만 등장하며 모세 오경의 나머지 구절에서는 단 1번만 나타난다. 이는 과연 무엇을 의미하는가? 모세 오경의 저자는 첫 개의 장에서 등장하는 하나님(God)이 이후에 나타나는 여호와(Jehovah)와 동일한 호칭임을 분명히 밝히고자 했다. 창세기 3장 이후부터 저자는 '엘로힘'이라는 호칭을 더 이상 사용하지 않고 있다. 창 2:4 후반부에서부터 창 3:24까지 이어지는 구절은 야휘스트 문서(J)에 해당된다.[72] 하지만 창 3:1~5에서 우리는 하나님을 가리키는 조합 호칭(여호와 하나님)을 볼 수 없으며 다만 '엘로힘'만 관찰된다. 뱀(serpent)은 '여호와'라는 하나님의 호칭을 사용하지 않는 것처럼 보이며 하나님의 말씀은 구세주(redeemer)의 특성을 나타낸다고 볼 수 있다. 그렇다면 파괴적 비평가들이 이러한 구절들을 처음 2장과 같이 1차 엘로히스트 문서(P)로 간주하지 않는 이유는 무엇일까? 엘로힘은 야휘스트 문서(J)와 1차 엘로히스트 문서(P)를 내용상 서로 일치시키기 위해 제사장직의 저자에 의해 추가된 단어였다. 여기서 우리는 이 저자가 창 3:1~5에서 엘로힘을 사용하지 않은 이유에 대해 의문을 제기할 수 있다. 이것은 창세기 2장에 명시된 여호와가 창세기 1장의 엘로힘과 동일한 호칭임을 인정한다는 존재가 아닐까?

호칭의 변동은 여러 가지로 설명해 볼 수 있다. 일반적으로 하나님의 모든 전우주적 행동은 엘(El)과 엘로힘(Elohim)에서 유래하고 있다. 반면에 신권적(神權的) 계시 및 인도와 연계되는 하나님의 모든 행위는 여호와

---

71) E. A. Brightman, *The Sources of Hexateuch* (육경의 출처), 212.
72) *Ibid.*, 32-33.

(Jehovah)에서 유래하고 있다. 엘로힘은 항상 현상의 세계를 초월하고 계신다. 반면에 여호와는 그 자신을 인류에게 명백히 입증하기 위해 공간과 시간의 제반 현상에 개입하고 계신다. 하지만 구약 성경의 전체 본문에 걸쳐 나타나고 있는 몇 가지 일반적인 표현 방식은 물론, 별도의 구절을 통해 알 수 있는 사실은 구약 성경의 저자들이 하나님을 가리키는 호칭에서 나타나는 명시적인 차이들을 매우 정확하게 인지하고 있었다는 점이다. 예를 들면, 히브리 어 원어 성경의 창세기 1:26 및 그 이후의 구절에서 야벳(Japheth)의 하나님은 주로 '엘로힘'으로만 기록되어 있지만 셈(Shem)의 하나님은 '여호와'로 기록되어 있다. 민수기 16장에서는 하나님의 호칭이 전체 구절에 걸쳐 주로 '여호와'로 기록되어 있음에도 불구하고 22절에서는 אֱלֹהִים(엘로힘)이 모든 육체의 생명의 하나님으로 일컬어지고 있는데, 그 이유는 모든 생명의 근원이자 온 세계를 통치하시는 바로 그 하나님께 죄를 범한 한 사람(고라)으로 인해 수많은 사람을 멸하지 않도록 간구하였기 때문이다. 반면에 민수기 27:16에서 여호와를 모든 육체의 생명의 하나님으로 일컬어지고 있는데 여호와는 그의 왕국을 섬길 그의 백성들에게 성령을 선물로 나누어 주고 계시며 그들의 간구를 들으신 후 그의 백성들을 다스릴 새로운 치리자로 모세를 지명하여 사용하셨기 때문이다.73)

하나님의 호칭 변동은 모세 오경의 문학적 형식을 통해서도 설명해 볼 수 있다. Pain-Smith는 요셉 이야기에서 "엘로힘(Elohim)"이 대화 및 직접적인 담화 속에서 사용되고 있는 반면에 "여호와(Jehovah)"는 설화 속에서 사용되고 있다고 설명한다. O. T. Allis 박사는 이러한 견해를 약간 수정할

---

73) G. F. Oehler, *Old Testament Theology* (구약 성경 신학), 98-99.

필요가 있다고 생각한다. 이것은 그러한 호칭 변동을 문학적으로 설명해 볼 수 있다는 사실을 인정한 것이다.

우리는 일부 구절들이 상투적인 어구가 되었을 가능성이 있다고 주장해 볼 수 있다. 예를 들면, 히브리어에서 1인칭 단수 주어는 אָנֹכִי와 אֲנִי란 2개의 단어가 있다. 파괴적 비평가들은 전자의 주어가 가장 오래된 형태라고 말한다. 후자의 주어인 אֲנִי는 1차 엘로히스트 문서(P)에서 130회에 걸쳐 등장하고 있으며 에스겔서에서는 138회에 걸쳐 나타난다. 뿐만 아니라, 파괴적 비평가들은 전자의 주어인 אָנֹכִי가 1차 엘로히스트 문서(P) 및 에스겔서에서 각각 한 번씩만 나타나고 있다고 주장한다. 결국 후자는 후대에 성립된 주어일 것으로 추정된다. 다만 אֲנִי יהוה라는 문구("나는 여호와니라")가 있는데 이 문구는 1차 및 2차 엘로히스트 문서에서 47번 등장하며 에스겔서에서는 무려 60회에 걸쳐 나타난다. 결국 이러한 문구는 총 268회 중에서 107회에 걸쳐 나타나고 있는 것이다.

이 문구는 신명기 29장 5절에서 한 번만 등장하며 다만 신명기에서는 전자의 주어인 אָנֹכִי는 모세 오경에서 60회에 걸쳐 나타나는 하나님의 호칭 중 55회에 걸쳐 확인되고 있다. 파괴적 비평가들의 주장에 따르면, "그들은 내가 여호와인 줄 알리라."라는 이 구절은 옛 형식에 속하며 야휘스트 문서(J)처럼 가장 오래된 문서에 확인할 수 있다 (J 혹은 E에 기록된 출 7:17은 모두 J의 기록을 사용하고 있다). 이는 파괴적 비평가들이 비교적 축약된 형식의 주어가 후대에 와서 사용되었다고 주장할 권리가 없다는 것을 의미하는데 그 이유는 이러한 주어가 가장 오래된 문서에서 유래하고 있기 때문이다. 따라서 1차 엘로히스트 문서(P)와 에스겔서는 야휘스트 문서(J)에서 이러한 주어를 계승했다고 말하는 것이 무엇보다도 자연스럽다고 생각된다. 그와 같은 상투적 표현의 또 다른 예는 에스겔 2장 4절에서도 관찰되는데 여기서 우리는 엘로힘(Elohim)이 주 하나님(Lord)을 의미한다는 사실을 나타낼 목적으로 전자의 단어를 가리키고 있는 יְהֹוִה אֲדֹנָי를 볼 수 있다. "주 여호와(Lord Jehovah)"라는 이러한 표현은 에스겔서에서 217 차례에 걸쳐 나타나고 있으며 다만 육경(Hexateuch)에서는 5번만 등장하는데 그중 4번은 모세 오경에 기록되어 있다. 에스겔은 이 단어가 솔로몬의 기도에서 등장한 하나님의 호칭이었다는 이유로 이를 사용했다. 또한 에스겔서에서 "주 여호와께서 이같이 말씀하셨느니라."(혹은 말씀하시기를 등등)라는 구절은 60차례에 걸쳐 관찰되고 있으며 "주 여호와의 말씀"이라는 구절은 80차례에 걸쳐 등장하고 "이같이(thus)" 또는 "주 여호와의 말씀이니라." 라는 구절은 120차례에 걸쳐 나타나고 있다. 이러한 각 구절에서 여호와를 대신해 '하나님(엘로힘)'을 사용하지 않은 이유는 그것이 하나님을 가리키는 상투적인 표현이었기 때문이다.[74]

또한 우리는 호칭의 변동이 다양성과 강조를 목적으로 하고 있다고 주장할 수 있다. 예를 들면, 사무엘하 7장에서 우리는 아래에 열거한 바와 같이 하나님을 가리키는 6가지 호칭들을 발견할 수 있다.

1. 여호와 יְהֹוָה는 7번 나타난다(삼하 7:1, 3, 4, 5, 11, 18, 24).

2. 하나님(엘로힘 = אֱלֹהִים)은 2번 나타난다(삼하 7:2, 28).

3. 만군의 여호와(Jehovah of hosts = צְבָאוֹת יְהֹוָה)는 3번 나타난다(삼하 7:8, 26, 27).

---

74) O. T. Allis의 모세 오경 강의를 출처로 함.

4. 주 여호와 יְהֹוִה אֲדֹנָי 는 5번 나타난다(삼하 7:18, 19, 20, 28, 29).

5. 여호와 하나님 אֱלֹהִים יְהֹוָה 은 2번 나타난다(삼하 7:22, 25).

6. 이스라엘의 하나님 혹은 그들의 하나님(단정적 표현)은 2번 나타난다
   (삼하 7:24, 26).

만군의 여호와라는 표현은 구약 성경의 첫 7권(창세기~사사기)에서 아예 나타나지 않으며 역사서에서는 드물게 나타나고 있지만 이사야서에서는 45회, 예레미야서에서는 34회, 스가랴서에서는 50회에 걸쳐 나타나고 있으며 특히 예언서에서 종종 관찰된다. 사무엘하에서 5번 나타나는 이러한 표현 중 3번은 사무엘하 7장에서 관찰된다. 여기서 우리는 서로 엮여 있는 6가지 상이한 표현들을 관찰할 수 있다. 만약 누군가가 이러한 표현이 서로 다른 문서를 출처로 하고 있다고 추정하려는 시도를 했다면 우리는 이를 단편적으로 분석할 지도 모른다. 모세 오경의 저자는 그가 알고 있는 여러 가지 호칭들을 의도적으로 사용하고 있는 것으로 생각되며 따라서 하나님을 가리키는 모든 표현들을 사용하지는 않고 있는데 이러한 표현들은 대부분 이스라엘의 하나님을 가리키는 언약상의 호칭인 테트로그람(Tetrogram)을 포함하고 있다. 우리는 앞서 하나님의 호칭 외에도 여타 인명의 호칭에서 나타나는 변동 및 의도적인 변동을 고찰했다. 성경의 기록 방법을 알고 있는 자라면 이러한 변동이 서로 다른 단어로 인한 의도적인 의미 차이로 인해 발생할 가능성이 있음을 인정하게 마련이다. 결국 우리는 다음과 같은 의문을 제기할 수 있다. '파괴적 비평가들이 의미상의 차이를 근거로 하여 표현의 차이를 설명하려고 시도를 하는 것이 오히려 논리적인 것이 아닐까?' 파괴적 비평가들은 이러한 가정과 반대되는 그러

한 호칭 변동은 오히려 설명을 요구하고 있다.

우리는 그러한 변동이 연속적인 성경의 내러티브(narrative)를 만들어 내는 경향이 있다고 주장할 수도 있겠다. 창세기 7장 16절은 이렇게 기록되어 있다. "들어간 것들은 모든 것의 암수라 하나님이 그에게 명하신 대로 들어가매 여호와께서(the Lord) 그를 들여보내고 문을 닫으시니라." E. S. Brightman의 설명에 따르면 이 구절은 1차 엘로히스트 문서(P)와 야휘스트 문서(J)로 분류할 수 있다. 75) 그러나 의미의 차이가 각 호칭에서 비롯되었거나 혹은 반복적인 표현을 방지하려는 의도를 내포하고 있을 가능성은 과연 없는 것일까? 또한 출애굽기 3장 4절은 이렇게 기록되어 있다. "여호와께서 그가 보려고 돌이켜 오는 것을 보신지라 하나님이 떨기나무 가운데서 그를 불러 이르시되 모세야, 모세야 하시매 그가 이르되 내가 여기 있나이다." E. S. Brightman은 이 구절을 야휘스트 문서(J)와 2차 엘로히스트 문서(E)로 분류하고 있다.76) 그러나 이 구절의 문학적 측면은 야곱 및 이스라엘에 대해 이미 우리가 고찰했던 차이점을 결정할 수 있다. 우리는 오히려 파괴적 비평가들을 통해 이러한 사실을 증명할 수 있다. 창세기 9장 26절 및 27절은 이렇게 기록되어 있다. "또 이르되 셈의 하나님 여호와를 찬송하리로다. 가나안은 셈의 종이 되고 하나님이 야벳을 창대하게 하사 셈의 장막에 거하게 하시고 가나안은 그의 종이 되게 하시기를 원하노라 하였더라." 이와 마찬가지로 창 4:25~26, 창 6:2~3은 각각 야휘스트 문서(J)로만 분류되었는데 창세기 17장 1절은 이렇게 기록되어 있다. "아브람이 구십구 세 때에 여호와께서 아브람에게 나타나서 그에게 이르시되 나는

---

75) E. S. Brightman, *The Sources of Hexateuch* (육경의 출처), 36, 215.
76) *Ibid.*, 80, 148.

전능한 하나님이라 너는 내 앞에서 행하여 완전하라." S. R. Driver는 이 구절을 1차 엘로히스트 문서(P)로 분류했다.[77] 상기의 구절에서 하나님을 가리키는 두 단어인 엘로힘과 여호와는 동일한 인접 문맥에서 동시에 나타나고 있다. 앞서 언급한 각 학자들이 이 구절을 2가지 또는 3가지 문서로 분류한 이유는 무엇일까? 단지 한 문서에서 두 명칭을 동시에 사용되는 것이 불가능한 일이었기 때문이다.

A. Holborn의 목록에 따르면 1차 엘로히스트 문서(P)는 총 50장으로 구성된 창세기에서 32 장에 걸쳐 관찰되고 있다. 그중에서도 3개의 장은 전체 구절이 1차 엘로히스트 문서(P)에 속한다(창 1, 23, 36장). O. T. Allis 박사는 Hupfeld가 전체 엘로히스트 문서 중 3분의 2 가량을 발췌해 이를 1차 엘로히스트 문서(P)로 간주했다고 설명했다. 이러한 수정의 결과, 창세기 20장 이후 구절에서 매우 드물게 등장하는 1차 엘로히스트 문서(P)가 탄생했다. 그와 동시에 이러한 단편들이 합본된 경우에는 연속적인 설명이 아예 존재하지 않고 있다.[78]

A. Holborn의 목록에 따르면[79] 4개의 장(앞서 언급한 내용을 참조할 것)을 제외한 창세기의 나머지 구절들 곧 창 2:1~4a, 창 5:1~28, 30~36, 창 6:9~23, 창 7:6, 11, 13~16a, 18~21a, 창 8:1~2a, 3a~5, 13a, 14~19, 창 9:1~17, 28, 29, 창 10:1~7, 20, 22, 23, 31~32, 창 11:10~27, 창 12:4b~5, 창 13:6, 11b~12a, 창 16:12, 13, 15, 16, 창 19:29, 창 21:1b, 2b~5, 창

---

77) S. R. Driver, *Introduction to the Literature of the Old Testament* (구약 성경 문헌 개론), 21.

78) S. R. Driver, *The Lecture on the Pentateuch* (모세 오경에 관한 강의)

79) A. Holborn, *The Pentateuch in the Light of Today* (현대의 시각에서 본 모세 오경), 103-105.

25:7~11a, 12~17, 19, 20, 26b, 창 26:34, 35, 창 27:46, 창 28:1~8, 창 29:24, 29, 창 33:18a, 창 34:1, 2a, 4, 5, 8~10, 13~18, 20~24, 27~28, 창 35:9~13, 15, 23~39, 창 37:1, 2a, 창 41:46, 창 46:6~27, 창 47:5, 62, 7~11, 27b, 28, 창 48:3~7, 창 49:1a, 28b~35, 창 50:12, 13으로 구성된 1차 엘로히스트 문서(P)가 확인되고 있다. 앞서 열거한 성경 구절 목록에 따르면 창세기에 등장하는 1차 엘로히스트 문서의 분량은 총 1,534구절(3개의 장을 포함할 경우) 중 321.5 구절에 이르는데 이는 창세기의 각 장에서 1차 엘로히스트 문서가 평균 30절 중 5.2절만큼 수록되어 있음을 의미한다.

상기의 목록에서 알 수 있듯이 이러한 구절들은 단편적이거나 분산되어 있으며 창세기 19장과 25장은 5가지 상이한 1차 엘로히스트 문서로 구분되며 창세기 34장 역시 8가지 상이한 1차 엘로히스트 문서들로 구분된다. 따라서 Hupfeld의 수정 이론은 합본된 각 문서가 연속적이면서 관련이 있는 하나의 설명을 구성한다는 이러한 주장을 논파하고 있다.

(2) 평행 구절 또는 중복 설명에 관한 주장

두 번째 주장은 서로 다른 문서들을 출처로 하고 있는 동일한 평행의 개별적인 설명에 해당되는 대응 구절 또는 중복 설명에 관한 주장이다

J. Skinner는 이렇게 말한다.

성경에 등장하는 최초의 주인공이 아브라함 또는 이삭이었는지 여부를 우리는 알 수 없다. 다만 3개의 평행 구절들을 서로 비교해 보면 전설의 몇몇 원시적 특징들이 우리가 보고 있는 해당 구절에서 무엇보다도 충실하게 보존되어 있음을 알 수 있다. 여타 설명에서는 정상을 참작할 수 있는 제반 상황들을 아예 소개하고 있지 않으며 모든 주제는 히브리 민족 설화의 기원을 파헤치고 있는 것처럼 보이는 솔직한 사실주의의 관

점에서 다루어지고 있다는 사실에 주목해야 한다.[80]

S. R. Driver의 설명에 따르면, 창 12:13은 야휘스트 문서(J)에 속하고 창 20:2는 2차 엘로히스트 문서(E)에 속하며 창 26:7은 야휘스트 문서(J)에 속한다.[81]

이 3가지 구절은 각각 죽음을 피하기 위해 아내를 누이라고 속인 한 족장을 공통적으로 설명하고 있다. 그중 2개의 구절에서 아브라함과 사라는 2곳의 서로 다른 장소에서 묘사되고 있는 반면, 세 번째 구절은 이삭과 리브가를 묘사하고 있다. 이러한 속임수를 통해 위기를 모면한 아브라함은 유사한 상황 하에서 그러한 속임수를 한 번 더 썼을 가능성이 매우 높다. 이와 마찬가지로 아브라함의 아들인 이삭도(그 같은 상황에서) 그의 아버지와 똑같은 짓을 저지를 확률이 매우 높다. 따라서 W. H. Green 박사는 이렇게 말하고 있다.

> 그(아브라함)가 우려되는 위기 상황에서 일단 그와 같은 행동을 저질렀다는 것은 유사한 상황 하에서도 똑같은 짓을 저지를 경향이 높다는 사실을 의미할 수 있다. 또한 이삭도 그의 아버지가 처했던 것과 비슷한 상황에서 아버지의 전철을 그대로 답습했다는 사실은 결코 터무니없는 거짓말이라고 볼 수 없다.[82]

여기서 우리는 창 12:13, 26:7의 구절들이 모두 야휘스트 문서(J)에 속하기 때문에 문서설은 이러한 차이를 설명하지 못한다는 사실을 알 수 있다.

---

80) J. Skinner, *The International Critical Commentary on Genesis* (국제 창세기 비평 주해), 247-248.
81) S. R. Driver, *Introduction to the Literature of the Old Testament* (구약 성경 문헌 개론), 13.
82) W. H. Green, *The Higher Criticism of the Pentateuch* (모세 오경에 대한 반론 비평), 109-110.

J. Skinner는 이렇게 말한다.

> 이 두 설화는 그것이 구현하고 있는 주요 모티프(motif)의 고유성 곧 '이
> 스마엘'이라는 이름의 의미(창 16:11, 창 21:17), 이스마엘 후손들의 생
> 활 양식 특성(창 16:12, 21:20), 이스마엘 후손들과 이스라엘의 관계 및
> 하나님의 현현(스스로 모습을 드러냄)을 통해 거룩하게 된 한 우물의 신
> 성함(창 16:7, 14, 21:19)에서 분명히 드러나는 하나의 공통적인 전설적
> 주제에서 변형된 것이다. 각 설화는 이러한 모티프를 총망라한 표현에
> 속하며 그와 함께 내용을 보완하는 일화(anecdote)를 허용하지 않고 있
> 다.[83]

각 장, 특히 창세기 16장은 2가지 문서로 구분할 수 없는데 그 이유는 이
장이 하나의 설화로 이루어져 있기 때문이다. 그러나 A. Holborn은 이 장
을 1차 엘로히스트 문서(P)와 야휘스트 문서(J)로 나누고 있는데 4개의
상이한 단편들은 1차 엘로히스트 문서로 분류했고(창 16:1a, 3, 15, 16) 3
개의 단편들은 야휘스트 문서로 분류했다(창 16:1b, 2, 4~16). 또한 창세
기 21장은 각각 1차 엘로히스트 문서(P), 야휘스트 문서(J), 2차 엘로히스
트 문서(E) 및 5가지 상이한 문서들로 각각 분류되었다.[84] 때문에 이러한
학자들의 주장은 그들의 일관성 없는 분석에 의해 파기되고 있다. 우리는
그들의 설명들에서 시간뿐만 아니라 세부 내용에 있어서도 큰 차이를 발견
할 수 있다. 만약 이것이 애초에 단 한 가지 사건이었다면 완전히 모순된 내
용의 구전을 통해 정리된 것이 틀림없다. 이러한 문서들은 과연(애초부터
되풀이되는) 서로 다른 2가지 사건을 기록했을 가능성이 별로 없는 것일까?

---

83) J. Skinner, *The International Critical Commentary on Genesis* (국제 창세기
비평 주해), 324.

84) A. Holborn, *The Pentateuch in the Light of Today* (현대의 시각에서 본 모세
오경) 104.

Skinner는 서로 약간 유사한 사건들이 단 1번만 발생한 사실을 어떻게 알고 있으며 이처럼 단일한 사건 발생을 무슨 근거로 허용할 수 있단 말인가?

이에 대해 J. Skinner는 창세기 17장이 창세기 15장과 내용상 매우 유사하기 때문에 오늘날과 같이 복합적인 형태로 15장이 하나님의 언약을 수록한 1차 엘로히스트 문서(P)의 구절들을 뒷받침하는 문학적 근거가 되고 있다고 설명한다. 1차 엘로히스트 문서에서만 볼 수 있는 특징들(예 : 할례의 징표, 창 17:17)은 야휘스트 문서(J)와 2차 엘로히스트 문서(E)와는 무관한 별개의 구전이 존재함을 시사하고 있지는 않다.[85] 그렇다면 그는 하나님이 이처럼 아브라함에게 그의 후손들에 관한 언약을 하기 위해 단지 한 번 나타나셨다는 사실을 어떻게 알고 있다는 말인가?

이미 앞서 언급한 바와 같이, 우리는 성경의 저자들이 상이한 사건들을 설명하는 유사한 기록들을 사용했음을 알고 있다. 또한 우리는 성경에서 동일한 대상에 대해 똑같이 반복되거나 혹은 서로 다른 관점의 2가지 설명이 존재한다는 사실을 확인할 수 있다. 따라서 우리는 열왕기와 역대기에 수록된 동일한 내용의 대응 구절들을 확인할 수 있으며, 서로 다른 관점에서 기록되었으면서도 내용상 유사하지만 약간의 차이가 있으며 다만 서로 상반되지는 않은 2가지 창조 내러티브를 목격하고 있다. Brightman은 출애굽기 20장의 십계명을 2차 엘로히스트 문서(E)로 분류하고 있으며 출애굽기 34장의 십계명은 야휘스트 문서(J)로 분류하고 있다. 또한 그는 후자의 문서가 전자의 문서보다 연대가 더 오래된 것이라고 말했다.[86] 그러나 이스라엘은 하나님을 버렸을 뿐만 아니라 그와 같은 죄악을 되풀이

---

85) J. Skinner, *op, cit.*, 290.
86) E. S. Brightman, *The Sources of the Hexateuch* (육경의 출처), 16, 158-159.

했기 때문에 2번에 걸쳐 율법의 내용을 전수하는 것은 지극히 당연한 일이다.

또한 우리는 성경에서 동질적이면서도 서로 연계된 구절들을 포함하고 있지만 파괴적 비평가들이 말하는 것처럼 2가지 이상의 별개의 구절들을 출처로 하고 있는 중복 구절들을 발견할 수 있다. 결국 Brightman의 주장에 따르면 창 37:3~4는 야휘스트 문서(J)에 속하며 창 37:5~11은 형들로부터 미움을 받은 요셉에 대해 설명하고 있는 2차 엘로히스트 문서(E)로 분류된다.[87] 파괴적 비평가들에게 있어서는 몇몇 표현들은 없앨 필요가 있지만, 그러나 요셉의 형들이 그를 미워하게 된 동기를 설명하고 있는 3개의 설명들을 매우 자연스럽다.

창세기 37:28은 이렇게 기록되어 있다. "(Aal) 그때에 미디안 사람 상인들이 지나가고 있는지라. 형들이 요셉을 구덩이에서 끌어올리고(b)(BC) 은(銀) 이십에 그를 이스마엘 사람들에게 팔매(d) : (ce) 그 상인들이 요셉을 데리고 애굽으로 갔더라."(f) Driver의 주장에 따르면 이 구절에서 Aa~b 및 ce~f의 두 구절은 야휘스트 문서(J)에 속하며 BC~D 구절은 2차 엘로히스트 문서(E)에 속한다.[88] Skinner는 이렇게 말한다. "요셉은 그의 형들이 사건 현장을 떠난 후에 이 사건의 내막을 알지 못한 채 길을 지나가고 있던 미디안 사람 상인들에 의해 납치되고 있다."[89] Skinner는 이러한 정보를 언제 입수했던 것일까? 만약 그가 이러한 정보의 내용을 알고

---

87) E. S. Brightman, *The Sources of the Hexateuch* (육경의 출처), 66, 136.

88) S. R. Driver, *Introduction to the Literature of the Old Testament* (구약 성경 문헌 개론), 25.

89) J. Skiner, *International Critical Commentary on Genesis* (국제 창세기 비평 주해), 448.

있다면 이는 야휘스트 문서(J)의 구절과 비교해 분량이 1/4에 불과하며 야휘스트 문서 사이에 위치한 이 전체 분절에 대한 근거를 제시할 수 있어야 한다.

W. H. Green 박사는 이렇게 말한다. "이러한 진술들은 상호 보완적인 성격을 띠고 있으며(요셉에 대해 형들이 느낀) 적대감의 근거를 전반적으로 확인하기 위해서는 반드시 결합되어야 한다."[90]

앞서 언급한 분절들은 불일치를 낳고 있다. 예를 들면, Brightman은 아론이 야휘스트 문서에서 누락되어 있다고 주장하지만 사실은 '아론'이라는 이름이 야휘스트 문서에서 14번이나 등장하고 있다. 그래서 그는 마치 아론의 이름이 편집자에 의해 작성된 것처럼 이 문서를 작은 활자체로 기록하고 있다.[91] Brightman은 그 자신의 증언에 근거하여 아론을 생략했는데 그 이유는 파괴적인 비평가들에 따르면 야휘스트 문서에서 제사장의 직무에 대한 언급이 거의 없으며 사실상 제사장에 관한 모든 언급은 출애굽 이후의 시대를 출처로 하고 있기 때문이다. 만약 파괴적 비평가들이 그들의 편집자들을 배제할 경우, 우리는 공통적인 근거를 바탕으로 그들의 요구를 충족시킬 수 있다. 그들은 과학적인 방법을 완전히 포기하고 있다.

또한 그러한 기록적 분절은 멋진 구절들을 분할하고 있다. 예를 들면, 창 30:23~24와 관련해 Skinner는 이렇게 말한다. "라헬은 그녀가 그토록 오랫동안 바라왔으며 이스라엘의 한 훌륭한 위인의 운명을 갖고 태어난 그녀의 아들인 요셉을 출산하고 있다(23b, 24b). 2차 엘로히스트 문서(E)는 요셉의 이름을 "씻기다, 없애다(take away)"라는 의미의 אָסַף에서 끌어

---

90) W. H. Green, *The Higher Criticism on the Pentateuch* (모세 오경에 대한 반론 비평), 112.

91) E. S. Brightman, *The Sources of the Hexateuch* (육경의 출처), 58.

내는 반면에 야휘스트 문서는 '더하다(add)'라는 의미의 יָסַף에서 더 자연
스럽게 끌어내고 있다 - 야훼(Yahweh)께서는 다른 아들을 내게 더하시기
를 원하노라."[92] 하지만 우리는 요셉 이름의 이중적인 유래에 대해 설명
해볼 수 있으며, 단일한 근거에 바탕을 두고 이중적 출처의 가설이 없이도
엘로힘과 여호와라는 두 호칭의 대체 관계에 대해 설명해 볼 수 있다. C.
F. Keil과 F. Delitzsch는 "라헬이 무엇보다도 과거를 회고했으며 아이를
낳는 데 있어 아무 소용이 없었던 세속적 방법들을 생각하면서 아들을 하
나님의 선물로 간주하고 있다. 그와 동시에 라헬에게 찾아온 행운은 언니
레아의 아들 출산에 대한 그녀의 시기심을 지워 버렸으며(창 30:1) 남편인
야곱으로부터 분명히 들었던 것처럼 야곱에게 그토록 엄청난 언약을 주신
하나님에 대한 믿음을 일깨워 주었다. 그 때문에 아마도 할례를 행하는 장
면에서 아들의 이름을 지을 때 라헬은 요셉을 기억하고 있었으며, 하나님
의 신실하신 언약을 통해 태어난 또 다른 아들을 위해 기도했던 것이다."
라고 주장했다.[93]

(3) 세 번째 주장은 문체, 어법 및 개념의 다양성이다

이 문제와 관련해 파괴적 방법(destructive method)의 그럴듯함과 이러
한 방법을 실제로 적용하는 과정에서 요구되는 명백한 과학적 신중함과
정확성은 완전히 잘못된 것이다. 때문에 W. H. Green 박사는 그의 독자
들에게 다음과 같이 6가지 이유를 제시했다.

---

92) J. Skiner & F. Delitzsch, *International Critical Commentary on Genesis*(국제
　　창세기 비평 주해), 389.
93) C. F. Keil & F. Delitzsch, *The Biblical Commentary on the Pentateuch*(모세
　　오경 주해). 201-290.

① 이 주장은 단순히 순환 논법으로 추론하고 있다.

② 어법의 다양성을 위해 활용한 증거들은 인위적이며 이러한 증거들은 어떤 저자가 기록한 책에 그만큼 효과적으로 적용할 수 있다.

③ 동일한 개념을 전달하기 위해 의미상 같은 표현들을 활용할 경우, 그러한 표현들이 서로 다른 문서를 출처로 하여 발췌되었다는 가정은 정당화될 수 없으며 그러한 표현들이 상이한 저자들의 어법을 개별적으로 나타내고 있다는 가정 역시 정당화될 수 없다.

④ 추정된 기준들은 상충되는 경우가 많으며 하나님을 가리키는 호칭들로부터 파생된 기준들과도 종종 상충된다.

⑤ 비평가는 부정 방정식 문제의 해법을 구하는 데 참여하고 있다. 또한

⑥ 비평가가 다루어야 할 문제가 더욱 복잡한 양상을 띨수록 그의 논거는 더 발전하게 된다.

뿐만 아니라 그는 다음과 같이 다양한 형태의 분할 가설을 설정한 비평가들의 질문에 다시 답변했다.

① 이 가설은 출전(authority)에 의해 결정되는 문제가 아니라 추론과 논거에 의해 결정되는 문제에 속한다.

② 분열적 비평가들의 합의는 이 가설의 진실이 아니라, 그들이 생각해 볼 때 가장 그럴듯하면서도 정당한 것으로 인정되는 형식을 결정하고 있다.

③ 비평가들의 합의는 결코 완벽하지 않다.

④ 많은 저명한 학자들은 모든 세부 내용이 아니더라도 대체로 모세 오경의 중요한 결정적인 분한(分限 : partition)을 수용하고 있다. 따라서 이는 그러한 분한의 내용이 현실적으로 불가능하다는 것을 입증했으며 통일성의 적극적 증거를 제시하는 결과를 낳았을 뿐만 아니라 결국에는 각 단

어 및 문장의 의미와 취지를 비롯해 각 부의 상호 관계를 상세하면서도 철저하게 조사해야 할 필요성 때문에 모세 오경의 내용을 해명하고 더 명확하게 이해하는 결과를 낳았다.[94]

위의 주장들은 일부 예증을 통해 입증할 수 있을지도 모른다. 히브리어 성경의 창세기 1장과 2장에서 우리는 "만들다(to make)"를 의미하는 단어 4개 곧 아사(עשה), 바나(בנה), 야차르(יצר), 라바츠(רבץ)를 발견할 수 있다. 구약 성경에서 עשה는 2,622회에 걸쳐 등장하며 בנה는 373회, יצר는 약 62회 그리고 רבץ는 53회에 걸쳐 나타난다. 다음에 제시한 일련의 성경 구절을 살펴보면 이들 단어가 각각 몇몇 문서에서 나타나고 있음을 확인할 수 있다. 때문에 עשה는 모세 오경을 수록한 1차 엘로히스트 문서(P)에서 123회에 걸쳐 나타나고 있으며(창 1:7, 16, 25, 26, 31; 2:2, 3; 5:1; 6:14, 15, 16, 16; 9:6; 26:30; 출 20:23, 24, 26; 30:1, 1, 3, 4, 4, 5, 18, 25, 32, 35, 37, 37, 38; 31:6, 17; 35~40장(82회에 걸쳐 등장); 레 21:1; 민 8:4; 10:2; 15:3, 3, 38; 16:38) 모세 오경을 수록한 야휘스트 문서(J)에서도 101번 등장하고(창 2:4b, 18; 3:1, 7, 21; 6:6, 7; 7:4; 8:6; 11:4; 12:2; 12:4; 18:6; 19:3; 27:4, 7, 9, 14, 31; 31:49; 43:17; 50:10; 출 5:8, 16; 25~29장(75회에 걸쳐 등장, 출 32:10; 34:17) 모세 오경을 수록한 2차 엘로히스트 문서(E)에서는 17회에 걸쳐 나타나며(창 21:6, 8; 29:22; 35:1, 3; 37:3; 40:20; 출 1:21; 20:4, 11; 32:2, 4, 8; 32:20, 23, 31, 35) 모세 오경을 수록한 예호비스트 문서(JE)에서는 6번 등장하고(민 11:8; 14:12; 21:8, 9; 신 32:6, 15) 모세 오경을 수록한 거룩의

---

94) W. H. Green, *The Higher Criticism on the Pentateuch* (모세 오경에 대한 반론 비평), 113-133.

법 문서(H ; law of holiness)에서는 2번 나타나그 있으며(레 19:4; 22:24) 1
차 신명기계 문서(D1)에서는 18회에 걸쳐 등장하고(신 4:16, 23, 25; 5:8;
9:12, 14, 16, 21; 10:1, 3, 5; 15:1; 16:21; 20:12, 20; 22:8, 12; 26:19), 2차 신
명기계 문서(D2)에서는 1번 나타나며(신 27:15), 파괴적 비평가들의 주장에
따르면 한 특별한 문헌에서 1번 등장하고 있다(창 14:2).[95]

바나(בָּנָה)는 모세 오경에서 35회에 걸쳐 나타나고 있으며 흠정역 성경
(KJV)의 한 구절에서 이 단어는 "만들다(to make)"로 번역되어 있고 나머
지 구절에서는 "짓다(to build)"로 번역되어 있다. 따라서 야휘스트 문서(J)
에서 이 단어는 창 2:22, 창 4:17, 창 8:20, 창 10:11, 창 11:4, 5, 8, 창 12:7,
8, 창 13:18, 창 26:25, 창33:17, 출 1:11에 등장하고 있다. 또한 2차 엘로히
스트 문서(E)에서 이 단어는 창 22:9, 출 17:15, 출 24:4, 출 32:5에 각각 수
록되어 있다. 1차 엘로히스트 문서(P)에서 이 단어는 출 20:25, 민 32:24에
수록되어 있다. 또한 예호비스트 문서(JE)에서 이 단어는 민 23:1, 14, 29,
민 32:16, 34, 37, 38에 각각 수록되어 있다. 1차 신명기계 문서(D1)에서
이 단어는 신 6:10, 신 8:12, 신 20:5, 20, 신 25:9, 신 28:30에 등장하고 있
으며 2차 신명기계 문서에서 이 단어는 신 27:5, 6에 수록되어 있다.

야차르(יָצַר)는 모세 오경에서만 3번 등장하고 있으며(창 2:7, 8, 19) 그
것의 명사형 단어는 2번 나타나고 있는데(창 6:5, 창 8:21) 이러한 단어들
은 모두 야휘스트 문서(J)의 내용으로 분류된다.

마지막으로 리바츠(רָבַץ)는 4개의 단어 중에서도 가장 제약이 많은 단어
로서 하나님이 직접 행하시는 일을 설명하는 용도로만 사용되며 물질을

---

95) E. J. Young, *Young's Concordance* (Young의 성경 용어 색인) ; A. Holborn,
    The Pentateuch in the Light of Today (현대의 시각에서 본 모세 오경), 103-108.

가리키지는 않는데 모세 오경에서는 11번 등장하고 있다. 1차 엘로히스트 문서(P)에서 이 단어는 창 1:1, 21, 27, 27, 27, 창 2:3, 4a, 창 5:1, 2에서 각각 등장하며 야휘스트 문서(J)에서 이 단어는 창 6:7, 신 4:32에 각각 나타나고 있다.[96] 창세기 2:4는 두 부분으로 나눌 수 있는데 그 이유는 בָּרָא가 전반부에 먼저 나타나고 있어 1차 엘로히스트 문서(P)로 먼저 분류되는 반면, 이 구절의 후반부는 여호와(Jehovah)를 수록하고 있어 야휘스트 문서(J)로 분류되기 때문이다. 창세기 5장은 1차 엘로히스트 문서(P)에 속하며 다만 창세기 5:29; 6:7은 בָּרָא를 여호와와 함께 결합한 단어를 명시하고 있는데 이는 애초의 기준과는 상반된다. 따라서 בָּרָא가 1차 엘로히스트 문서(P)의 특징을 나타내지 않거나 혹은 편집자에게서 비롯된 것이라고 말하는 것 외에는 달리 설명할 길이 없다.

결국 전체적인 비평 분석은 단지 시행착오의 과정에 지나지 않는다. 만약 비평가들이 각자의 1차 분류에 적합하지 않은 이 독특한 단어들을 분석 대상으로 포함시킬 경우, 그것은 그들이 제시한 전체 이론을 뒤엎는 강력한 반증이 될 수 있다. 특히 상기의 목록에서 확인한 바와 같이 עָשָׂה와 בָּרָה의 경우들은 모든 유형의 성경 문서에서 발견되고 있다. 비평가들은 모세 오경에 기록된 바와 같이 하나님을 가리키는 상이한 호칭들 때문에 모세 오경을 여러 개의 문서로 나누었다. 그렇다면 모든 문서에서 동일한 단어들을 관찰할 수 있는 이상, 그들이 모세 오경을 하나의 문서로 간주할 수 없었던 이유는 과연 무엇일까?

창세기 1장에 히브리어로 "מִין"(kind = 종류)라는 단어는 9번 등장하며

---

96) E. J. Young, *Young's Concordance* (Young의 성경 용어 색인) ; A. Holborn, *The Pentateuch in the Light of Today* (현대의 시각에서 본 모세 오경), 103-108.

대홍수에 관한 구절에서도 이와 유사한 단어들을 활용하고 있다. 파괴적 비
평가들은 대홍수에 관한 구절을 야훼스트 문서(J)와 1차 엘로히스트 문서
(P)의 조합으로 인식하고 있다. מִין이란 단어는 창 6:20에서 3차례에 걸쳐
나타나고 있으며 창 7:14에서는 4차례 등장하는데 이 두 구절은 모두 1차
엘로히스트 문서(P)로 분류되었다. 또한 이 단어는 레위기 11장에서 9번 나
타나고 있는데 A. Holborn은 이 장을 '거룩의 법(the Law of Holiness)' 문
서로 분류하고 있다. 또한 우리는 신명기 14장에서도 이 단어를 찾을 수
있는데 여기서 이 단어는 4곳의 구절에 걸쳐 나타나고 있으며 A. Holborn
의 견해에 따르면 이들 구절은 1차 신명기계 문서(D1)로 분류되고 있다.
그와 동시에 에스겔 47:10에서도 이와 똑같은 단어가 등장한다.

   히브리어 원어 성경의 창세기에는 창(문)을 뜻하는 2개의 단어가 등장
하는데 그중 하나인 אֲרֻבָּה는 창 7:11, 8:2에서 확인할 수 있으며 1차 엘로
히스트 문서(P)로 분류된다. 그리고 다른 하나인 חַלּוֹן은 창 8:6에서 관찰
되며 야훼스트 문서(J)로 분류되는데 Brightman은 모세 이후 후대의 편집
자에 의해 추가된 구절이라는 이유로 이 구절을 작은 인쇄체 활자로 나타
냈다.[97] 그 이유는 모세가 태어나기 이전의 고대 사회에서 창(window)을
가리키는 단어가 이처럼 2가지로 존재하지는 않았기 때문이다. 하지만 O.
T. Allis 박사는 라샴라(Ras Shamra) 서판에 수록된 이 2개의 단어를 확인
했는데 이 서판은 기원전 1,400~1,350년에 작성된 것으로 추정되는 자료
로서 최근에 발견되었다. 그렇다면 그들(파괴적 비평가들)은 과연 어떤
답변을 내놓을 것인가? 결국 그들이 제시한 이론들은 근거가 없기 때문에

---

97) E. S. Brightman, *The Sources of the Hexateuch* (육경의 출처), 37, 216.

유효할 수 없다. 그러나 모세 오경을 구성하는 전반적인 내용의 통일성은 확고하게 성립되는데 그 이유는 모세 오경이 성령의 계시는 물론, 모세가 그의 선조로부터 대대로 물려받은 구전(tradition)의 기초를 형성하고 있기 때문이다.

3. 발전 가설(development hypothesis)의 주장

이 가설은(모세 오경의) 문학적 증거가 아니라 제도(institution)에 중점을 두어야 한다고 주장한다. 이는 3가지 법전 곧 ① 십계명과 언약책, ② 신명기 법전 ③ 제사장 법전에 각각 기초를 두고 있다.

이러한 가설을 거론하면서 우리는 모세 오경이 분명히 율법의 3가지 고유한 요소들을 포함하고 있다는 사실을 기억해야 한다.

첫째, 우리는 무엇보다도 출 20~23장에서 볼 수 있는 원문을 언급할 수 있다. 이 구절은 모세가 시내 산에서 이스라엘 백성들에게 낭독한 하나님의 말씀으로서 하나님으로부터 받은 언약의 근거가 되고 있다.

둘째, 이스라엘 백성들이 하나님께 드리는 제사의 규례를 상술해 볼 수 있는데 규례의 내용은 출 25장~40장, 레위기 및 민수기의 일부 장에서 확인할 수 있으며 모세는 이 규례를 이스라엘 백성들을 대신해 하나님으로부터 받은 후에 백성들에게 선포했다.

마지막으로 우리는 신명기의 율법을 언급해 볼 수 있는데 모세는 임종 전에 모압 평지에 모인 이스라엘 백성들에게 이 율법을 계시한 것으로 전해지고 있다.

그러나 이러한 발전 가설에 따르면 이 3가지 법전은 각기 다른 시대를 출처로 하고 있다. Brightman은 자신의 책에서 다음과 같이 기록하고 있다. "야휘스트 문서 J (야휘스트 또는 유대 내러티브)는 기원전 850년경을 기원으로 함. 엘로히스트 문서 E(엘로히스트 또는 에브라임 지파 내러티브)는 기원전 750년경을 기원으로 함 ; 신명기계 문서 D(원본 형식의 신명기)는 기원전 650년경을 기원으로 하고 있으며 기원전 621년경에 발표됨. 제사장 문서 P(제사장 법전)는 기원전 500년경을 기원으로 함. 야휘스트 문서(J)와 엘로히스트 문서(E)는 RJE(편집자, 교정자 또는 감수자)에 의해 기원전 약 650년경에 합본(최종 완성본을 일컬어 JE라 한다)되었고, 문서 JE와 D는 기원전 약 600~550년경에 ED에 의해 합본되었는데 이 ED는 문서 D에 별도의 구절을 추가로 기록했다(최종 완성본을 일컬어 JED라 한다). 또한 모세 오경은 기원전 약 400년경에 문서 JED를 P와 합본한 RP에 의해 오늘날과 같은 형태로 완성되기에 이른다. 기원전 400년경 이후로는 단 하나의 중요한 구절 곧 창세기 14장만 추가되었는데 그 시기는 아마도 기원전 약 300년경 내지는 그보다 훨씬 이후의 시대일 것으로 추정된다."[98]

위의 설명에 따르면 3개의 법전은 다음과 같이 발전했음을 알 수 있다. 즉, 야휘스트 문서(J)의 십계명(출 34장)은 선지자들이 출현한 기원전 8세기로부터 50년 전을 기원으로 하고 있으며 엘로히스트 문서(E)의 십계명(출 20장)과 언약책(출 21~23장) 역시 대선지자들이 출현하기 전의 시대를 기원으로 하는데 이 E 문서와 언약책은 사마리아가 함락된 후 약 75년이 지났을 때 합본되었다. 신명기계 문서(D)의 법전은 요시야 왕에 의해 발견되었는데 이 책은 오늘날 우리가 읽고 있는 신명기 5~26장의 주요 본문을 수록

---

98) E. S. Brightman, *The Sources of the Hexateuch* (육경의 출처), 3-10.

하고 있었다. 제사장 문서(P)의 법전은 하나님의 율법을 기록한 법전 중 가장 후대에 완성되었으며 가장 많은 분량의 내용을 수록하고 있다. 이 법전은 바빌론 포로 기간 또는 그 이후를 기원으로 하고 있다. 후대의 제사장들은 단지 장막(tabernacle)을 마음속에 그리고 있었으며 어떤 이들은 에스라(Ezra)가 이 문서를 이스라엘 백성들에게 가져왔다고 말한다.

1) 십계명과 언약책

(1) 야휘스트 문서(J)의 십계명(출 34:1-28)

Brightman은 이렇게 말한다. "오늘날의 성경에 기록된 출애굽기 34:28은 이전 문맥인 출애굽기 20:1~27에서 십계명의 내용을 찾을 것을 시사하고 있다. 그래서 대다수의 비평가들은 야휘스트 문서(J)의 십계명이 엘로히스트 문서(E)에 수록된 출애굽기 20장의 십계명보다 연대가 오래된 것으로 보고 있다. 그러나 오늘날 구약 성경에 기록된 하나님의 율법은 10개가 넘는 데다 비평가들은 십계명의 원본이 무엇인지를 놓고서 서로 엇갈린 의견을 제시하고 있다."[99]

성경은 율법을 기록한 두 번째 돌판이 왜 만들어졌는지 그 이유를 우리에게 알려 주고 있다. 출애굽기 32:19에서 모세는 이스라엘 백성들이 금송아지를 그들의 신으로 만든 이유 때문에 노하여 첫 번째 돌판을 산 아래로 던져 깨뜨렸다. 상기의 구절에서 출애굽기 34:13까지 기록된 구절을 읽어보면 두 번째 돌판을 만든 이유가 매우 분명하게 드러나 있다. 그것은 바로 이스라엘 백성들의 마음 상태, 모세의 기도 그리고 출애굽기 34:14~26에 기록된 하나님의 응답 때문이었다. 그리고 일부 비평가들이 설명한 바

---

99) E. S. Brightman, *The Sources of the Hexateuch* (육경의 출처), 96.

와 같이, 하나님의 율법은 10개가 넘기 때문에 이 구절은 그 자체가 이 돌판이 하나님의 율법을 기록한 두 번째 돌판이라는 사실을 입증하고 있다. 또한 출 34:27~37에서 모세는 종전과 마찬가지로 이러한 하나님의 율법에 관한 말씀을 직접 기록했다(출 24:4와 비교). 따라서 모세는 하나님과 새로운 언약을 맺을 필요는 없었으며 언약의 기본적인 요건들을 기록하는 작업은 단지 의도적인 것일 뿐이었는데, 이는 언약에 관한 기록을 복원했음을 입증하는 대표적인 증거에 속한다. 때문에 Robertson은 이렇게 말하고 있다. "비평적인 역사가들이 이스라엘의 역사에서 후대의 여러 시점에 걸쳐 나타난 율법 복원 계획(legislative programme)의 발표를 당연한 것으로 가정하고 있으면서도 모세 시대에도 그와 같은 계획이 있었다는 사실을 인정하고 싶어 하지 않는 것은 실로 이상한 일이다."[100]

또한 James Orr 박사는 그의 책에서 이렇게 밝히고 있다. "만약 모세가 기록한 것으로 확실시되는 것이 있다면 그것은 이스라엘이 여호와 하나님과 맺은 모든 언약 관계의 기초에 존재하는 십계명임에 틀림없다."[101]

(2) 엘로히스트 문서(E)의 십계명과 언약책

상기의 논의에서 우리는 십계명의 원본 자료는 물론 언약책(출 21~24장)이 함께 존재하고 있음을 알 수 있다. 여기서 우리는 ① 윤리적 일신론에 대해 알 수 있을 뿐만 아니라, ② 우상 숭배는 금지되었다는 사실도 확인할 수 있다.

첫째, 윤리적 일신론부터 먼저 살펴보기로 하겠다. Budde는 이렇게 말

---

100) Robertson, *Early Religion of Israel* (이스라엘의 초창기 종교), 337.
101) James Orr, *The Problem of the Old Testament* (구약 성경의 문제), 152.

하고 있다. "구전에 따르면 이처럼 놀라운 이적을 행한 이는 이스라엘의 하나님이 아니라 오히려 당대에 이스라엘 백성들이 아예 모르고 있었던 어떤 신(a god)이었으며 그때에야 이스라엘 백성들은 이 신의 이름을 알게 되었다고 전해진다." 그는 다른 신이 하나님 자신에게 흡수됨으로써 하나님(엘로힘)이 후대에 와서 어떻게 야훼(Yahveh)로 불리게 되었는지를 설명했다. 야훼는 그러한 신들(가나안 땅의 이방신들)을 쫓아내거나 괴멸시키지 않았으며 다만 이방신들을 자신의 발 아래로 복종시켰다. 야훼는 이러한 이방신들을 그 자신의 위격(person)에 흡수함으로서 이방신들로부터 인격을 빼앗았던 것이다. 그리고 십계명의 기록에 따르면 하나님의 계획은 그토록 장엄한 것이었기 때문에 예언자들이 수행할 일이 거의 남아 있지 않을 정도였던 것으로 생각된다. 이는 십계명의 기원이 모세일 가능성이 전혀 없음을 충분히 입증할 것으로 보인다. 따라서 야훼는 시내 산에서 자신의 신격에 대한 배타적 숭배를 이스라엘 백성들에게 요구했을 가능성은 매우 희박하다고 볼 수 있다. 이는 참으로 구약 성경 구전의 변치 않는 증거에 해당된다. 이는 오늘날까지 널리 인정을 받고 있을 뿐만 아니라 수준 높은 전문가들조차도 받아들이고 있는 견해이기는 하지만 학계의 지지를 얻기는 어려울 것 같다.[102]

우리는 성경의 첫 번째 책인 창세기가 일신론적인 내용을 수록하고 있음을 알고 있다. 하나님은 영적 존재로서 하늘과 땅을 지으셨고 각종 식물과 동물을 창조하셨으며 마지막으로 하나님의 형상을 따라 인간을 지으셨다(창 1:26). 그는 노아와 그의 가족을 제외한 모든 인류를 홍수로 멸망시켰다. 마찬가지로 하나님은 아브라함에게 그 자신을 전능자로 계시하셨다. 그

---

102) James Orr, *op, cit.*, 120.

는 아브라함과 언약을 맺으셨다. 아브라함처럼 멜기세덱(Melchizedek)은 바로 그 하나님을 "가장 높으신 하나님(엘 엘리온, God Most High)"으로 칭하며 예배를 드렸다. 그때부터 그 하나님은 자신을 이삭, 야곱 및 요셉에게 직간접적으로 계시하셨다. 그 이후로 하나님은 이스라엘 자손들의 조상인 아브라함과 맺은 언약대로 이집트 땅에 거주한 이스라엘 자손들에게 복을 내리셨다. 마지막으로 모세는 선조들의 구전을 통해 하나님을 알게 된 그의 어머니로부터 바로 그 하나님에 대해 듣고 알게 되었으며 미디안(Midian)의 제사장 이드로의 양 떼를 칠 때 불에 타지 않는 덤불(떨기나무) 가운데로부터 불꽃이 나타나면서 하나님과 직접 대면한 후 하나님의 명령에 따라 바로의 궁에 되돌아갔다. 여기서 하나님은 모세에게 이렇게 말씀하셨다. "나는 네 조상의 하나님이니 아브라함의 하나님, 이삭의 하나님, 야곱의 하나님이니라"(출 3:6). 이 구절은 그 이후에 이어지는 역사적 사실을 입증할 뿐만 아니라, 모세가 이스라엘 자손들을 이집트에서 광야로 인도했으며 선조들이 믿었던 바로 그 하나님의 권능으로 40년 동안 이스라엘 백성들을 이끌었다는 사실을 입증하고 있다. 이스라엘 백성들뿐만 아니라 아비멜렉과 바로조차도 "하나님"을 대체로 쉽게 언급하고 있다(창 21:22 이후 구절, 창 41:39).

이제 모세가 구전을 통한 간접적 정보뿐만 아니라 하나님의 직접적인 계시를 통해 알게 된 이 일신론적 사실을 기록할 수 있었다는 사실은 매우 쉽게 이해할 수 있다. 다만 앞서 살펴본 바와 같이, 비평가들은 확실한 역사적 사실을 부인하고 있으며 오히려 그들의 진화적 이론을 근거로 하여 모세 오경을 야휘스트 문서(J), 엘로히스트 문서(E), 예호비스트 문서(JE) 및 신명기계 문서(P)로 구분하고 있다. 상기 내용에서 각 문서의 연대를 참조). 여기서 우리는 하나님과 이방신을 뚜렷이 구분할 수 있다. 이스라엘 백성들이 이후에 논의하게 될 "다른 신"들을 예배하는 행위는 엄격히 금지되고 있다. 실제로 출애굽기 20:3은 "너는 나 외에는 다른 신들을 네게 두지 말라."라고 기록되어 있는데 이것이 바로 제 1계명이다. 그래서 비평가인 Kuenen은 J. Orr를 인용하여 "야훼 이스라엘의 하나님과 이스라엘 야훼의 백성들"이라고 말한다.[103]

우리는 James Orr가 말한 것처럼 이것이 적어도 여호와가 이스라엘 민족에게 있어 단지 한 부족 또는 민족의 신이었다는 사실을 내포하지는 않는다는 사실을 기억해야 한다. 여호와는 이스라엘 조상들의 하나님(하늘과 땅의 하나님)이었으며 궁극적으로는 온 인류에게 더 큰 축복을 내리기 위해 은혜가 가득한 그의 사랑 속에서 이스라엘 백성들을 그의 나라를 위한 백성으로 선택했다. 또한 출애굽기 24:5~8을 살펴보면 파괴적 비평가들이 설명한 것과 같은 개념의 우상 숭배는 존재하지 않는다는 사실을 분명히 알 수 있다. 때문에 James Orr 박사는 이렇게 말한다.

> 이스라엘 민족의 신앙에 대해 알 수 있는 모세 오경의 최초 구전에서 우리는 하나님의 개념에 대한 흔적을 찾을 수는 없지만 본질적으로 그는 일신론적인 존재임을 확인할 수 있다.[104]

둘째, 이스라엘 백성들의 우상 숭배는 금지되었다. 앞서 언급한 내용에서 확인한 바와 같이, 파괴적 비평가들은 James Orr 박사가 지적한 것처럼 적어도 다음의 3가지 근거들을 바탕으로 모세 오경의 일신론적 개념을 부인하고 있다. 즉, ① 구약 성경에서 이스라엘 민족의 조상들과 모세에게

---

103) James Orr, *The Problem of the Old Testament* (구약 성경의 문제), 125.
104) *Ibid.*, 123.

귀속시키고 있는 하나님의 개념은 그러한 역사의 단계에서 결코 착상할 수 없는 것이었다는 연역적 논거, ② 모세는 연기가 나는 시내 산의 불의 신(fire-god)이었던 이드로(Jethro)의 하나님을 경배했다는 내용의 겐족(Kennite) 이론 그리고 ③ 여호와는 "부족" 또는 민족의 신에 불과하다는 내용의 세 번째 이론이 바로 그것이다. 만약 이러한 근거들이 모두 사실이라고 가정할 경우, 일신론은 후대에 이르기까지 창시되었을 리가 없었을 것이다. 또한 모세의 시대에는 실제로 물신 숭배, 애니미즘, 조상 숭배, 토템 신앙 및 우상 숭배가 존재했다.[105]

파괴적 비평가들이 제시하는 증거 본문(procf text)으로는 사사기 11:24에 기록된 입다(Jephthah)의 발언과 삼상 26:19에 기록된 다윗의 발언을 들 수 있다. 사사기 11:24에서 입다는 "네 신 그모스가 네게 주어 차지하게 한 것을 네가 차지하지 아니하겠느냐? 우리 하나님 여호와께서 우리 앞에서 어떤 사람이든지 쫓아내시면 그것을 우리가 차지하리라."라고 말한다. James Orr 박사는 입다의 발언이 '하나님'이라는 충분히 높은 수준의 개념이 함축되어 있음을 확인할 수 있는 민수기 21:22 이후의 구절을 근거로 한 것으로 보인다고 말한다. 여호와는 어떤 경우든 간에 암몬 족속이 생각하는 그모스 신보다도 훨씬 더 위대한 이스라엘의 신임에 틀림없으며 심지어는 사사기 11:27에 기록된 바와 같이 이스라엘 자손과 암몬 자손 사이에서 판결을 내리시는 심판자로도 일컬어지고 있다.[106] A. B. Davidson 박사는 J. Orr를 인용하여 이렇게 설명한다.

사실 그모스와 그 밖의 이방신에 대한 그러한 인용들은 아무것도 입증

---

105) James Orr, *The Problem of the Old Testament* (구약 성경의 문제), 132.
106) *Ibid.*

하지 못하고 있는데, 그 이유는 그러한 인용들이 예언자 예레미야조차 그모스를 실존하는 신으로 간주했음을 입증할 소지가 있기 때문이다(렘 48:7).[107]

우리는 나름대로 이방신에 대해 설명하는 방식을 비교해 볼 수 있다. 다 윗은 이렇게 말하고 있다. "이는 그들이 이르기를 너는 가서 다른 신들을 섬기라 하고 오늘 나를 쫓아내어 여호와의 기업에 참여하지 못하게 함이 니이다." 이 구절은 다윗이 자신의 생각으로 말한 것이 아니라 다른 이가 말한 내용을 나타내고 있다. 다윗은 하나님의 곁에서 쫓겨나 다른 신들을 숭배하는 땅으로 추방을 당한다는 말 속에 내포된 그의 박탈감을 강조하 기 위해 다른 이들이 말한 내용을 인용했다.

이러한 주장의 근거는 왕상 12:25~35에 기록된 바와 같이 여로보암이 만든 2개의 금 송아지에서 찾을 수 있다. 그 다음 장인 열왕기상 13장 34 절은 이렇게 기록되어 있다. "이 일이 여로보암 집에 죄가 되어 그 집이 땅 위에서 끊어져 멸망하게 되니라." 그리고 그 다음 장인 열왕기상 14장에서 우리는 여로보암에 대한 앞 장의 예언이 일부분 성취된 것을 확인할 수 있 다. 여로보암은 하나님이 아닌 다른 신들의 형상과 부어 만든 우상을 만들 었기 때문에 하나님께서 예언자 아비야를 통해 여로보암의 아내에게 말씀 하신 대로 그의 아들은 결국 죽고 말았다. 그리고 이 예언은 왕상 15:29에서 바아사(Baasha)에 의해 완전히 성취되었다. 우상을 사용하는 것은 다른 신 들에게 경배하는 것과 마찬가지였다. 이러한 인용 구절들은 모두 우상 숭배 를 정죄하고 있으며 그와 같은 정죄는 열왕기의 전체 내용에 걸쳐 확인할 수 있다. 왕하 17:16은 이렇게 기록되어 있다. "그들의 하나님 여호와의 모

---

107) James Orr, *The Problem of the Old Testament* (구약 성경의 문제), 132.

든 명령을 버리고 자기들을 위하여 두 송아지 형상을 부어 만들고 또 아세라 목상을 만들고 하늘의 일월성신을 경배하며 또 바알을 섬기고." 그러나 파괴적 비평가들은 이처럼 우상 숭배에 대한 규탄을 후대의 관점으로 간주하고 있다. 여기서 역사는 완전히 무시되고 있으며 오히려 새로운 역사가 삽입되고 있다. 파괴적 비평가들은 요시야 왕대에 있었던 종교 개혁을 통해 열왕기, 사무엘서 및 사사기가 기존의 오경에 삽입된 신명기계 문서에 종속되었다고 말한다. S. R. Driver는 열왕기에 대해 이렇게 말하고 있다.

> 신명기계 문서의 영향은 열왕기의 전체 구절 중 상당수에서 직접 추적할 수 있다. 나머지 구절들은 실제로 신명기계 문서에 등장하지는 않지만 그 사상은 신명기계 문서의 정신을 분명히 따르고 있는 경우가 많다.[108]

파괴적 비평가들은 신명기에 대해 언급할 때 모세를 말하지는 않지만 요시야 왕대 직전(기원전 622년)에 이 책이 제작되었다고 설명한다. G. B. Grays는 여로보암이(지성소가 아닌) 다른 성소를 지었지만 정작 하나님께 경배를 드렸다고 말하지 않았다는 사실이야말로 여로보암의 큰 죄였다고 주장한다.[109] 결국 파괴적 비평가들은 이스라엘의 역사에서 그들의 발전 이론에 맞지 않는 부분을 제거하고 있다. 따라서 열왕기 전반에 걸쳐 나타나는 우상 숭배에 대한 정죄는 비평가들의 입장에서 옳지 않을 뿐만 아니라 역사의 정의에 대한 그들의 생각과 상반되고 있다. 3개의 법전은 역사와 일치하기 때문에 그 연대를 추정할 수 있는 것으로 알려져 있다. 그러나(이스라엘의) 역사는 그러한 법전들의 자체적인 재구성을 의미한

---

108) S. R. Driver, *The Introduction to the Literature of the Old Testament*
(구약 성경 문헌 개론), 190.
109) G. B. Grays, *The Critical Introduction to the Old Testament* (구약 성경
비평 개론), 81.

다. 만약 이스라엘의 종교가 다른 민족의 그것과 같이 발전했다고 가정할 경우, 이후에 발생한 모든 사건들의 상호 관계는 폐기해야 한다.

파괴적 비평가들은 엘리야가 벧엘과 단에서 2개의 금 송아지에 대한 하나님의 징계를 예언하지 않았기 때문에(왕상 12:25~33) 엘리야에 대해 악평을 하고 있다. 그러나 우리는 엘리야가 이세벨(Jezebel)이 도입한 모든 바알 제단을 파괴해야 할 의무를 하나님으로부터 부여 받았다는 사실에 주목해야 한다. 이러한 엘리야의 사명이 바알 신을 규탄하는 데 국한되었다는 사실은 엘리야가 오히려 우상 숭배(image worship)를 선호했음을 입증하는 근거가 되지 않는다. 하나님께서는 아마도 이러한 2개의 금 송아지 형상이 북이스라엘 왕국의 열왕들에게 대대로 시험거리가 되도록 허용할 의도를 갖고 계셨던 것 같다.

파괴적 비평가들이 스스로 빠진 함정의 한 예는 야휘스트 문서의 출 34:17, "너는 신상들을 부어 만들지 말지니라."에서 십계명을 찾으려고 했던 시도에서 확인할 수 있는데 이 구절에서 우리는 מַסֵּכָה라 는 단어(~를 붓다)를 볼 수 있으며 엘로히스트 문서(E)의 십계명에 속하는 출 20:4는 "너를 위하여 새긴 우상을 만들지 말고 …"라고 기록되어 있는데 여기서 우리는 פֶּסֶל이라는 단어(조각하다)를 볼 수 있다. O. T. Allis 박사는 그의 모세 오경에 관한 강의에서 야휘스트 문서(J)가 나무, 돌 또는 흙으로 가치가 높은 우상을 만드는 행위를 금지하는 구절을 수록했다는 Barton의 주장을 인용하고 있다. 그러나 우상 숭배가 처음에는 가치 없는 신에서 출발해 이후 좀 더 가치가 높은 신을 만드는 형태로 발전하다가 결국 후대에 와서 일신론이 출현했을 것인지 여부에 대해서는 의구심이 든다. 이러한 두 히브리어는 다른 성경 구절에서 매우 쉽게 등장하고 있음을 알 수 있다

(출 20:4; 레 26:1; 신 4:16, 25; 5:8; 27:15; 삿 17:3; 18:14, 17; 17:3; 18:14, 17, 20, 30, 31과 출 32:4, 8; 34:17; 레 19:4; 민 33:52; 신 9:12, 16; 27:17을 서로 비교). 그러나 James Orr 박사는 이렇게 말한다. "예루살렘 성전에서 여호와의 형상이 없었다는 사실은 인정한다." 때문에 Dillman은 이렇게 말한다. "아브라함의 집에서는 우상 없이 하나님께 예배를 드렸다." 그러나 W. R. Smith나 Kuenen 같은 일부 비평가들은 당대에 이스라엘 사람들이 널리 사용했던 그 밖의 가시적인 상징물들이 존재했다고 주장한다. James Orr 박사는 그의 책에서 이러한 관점에 대한 전체 논거를 제시하고 있다. 그래서 우리는 호세아 3:4에 기록된 바와 같이 "이스라엘 자손들이 많은 날 동안 왕도 없고 지도자도 없고 제사도 없고 주상도 없고 에봇도 없고 드라빔도 없이 지내다가"라는 구절을 선택허 이를 거론해 볼 수 있다. 그 이유는 이스라엘에서 우상 숭배를 허용했음을 명시하기 위해 파괴적 비평가들이 바로 이 구절을 인용하고 있기 때문이다. 이스라엘 자손들이 이러한 것들(왕, 지도자, 제사, 주상, 에봇, 드라빔)을 빼앗기게 된 이유는 하나님의 징계에 있었다. 여기서 "드라빔"을 제외한 모든 것들은 좋은 측면과 나쁜 측면을 모두 지니고 있었으며 마찬가지로 왕과 왕자들 역시 선한 측면과 악한 측면들을 모두 갖고 있었다. J. J. Given 박사는 이스라엘 자손들이 오랜 세월 동안 국가적인 정책도 없이 살아야 될 운명에 처해 있었으며 특히 그들은 국왕의 통치, 군주의 권력, 군주의 직분 또는 예언자의 지시도 없는 상황에서 살아야 할 처지에 놓여 있었는데 이는 선지자 호세아의 아내 고멜(Gomer)의 상태와 같았다고 지적한다.

선지자 호세아가 활동하던 당시 북이스라엘 왕국에서 산 제물은 하나님과 우상에게 동시에 드려야 했다. 우리는 하나님께서 예배를 위한 산 제물을 바치는 것을 허락했으며 이는 하나님께 드리는 이스라엘의 예배에서 중요한 부분을 차지하고 있음을 알 수 있다. 주상(柱像 = pillar)은 합법적인 측면을 지니고 있다. 야곱은 "(아침에 일찍이 일어나) 베개로 삼았던 돌을 가져다가 기둥으로 세웠다"(창 28:18). 모세는 "(이른 아침에 일어나) 산 아래에 제단을 쌓고(이스라엘 열두 지파대로) 열두 기둥을 세웠다(출 24:4)." 그리고 솔로몬은 그의 성전에서 2개의 기둥을 만들었다(왕상 7:18). 이러한 기둥들은 결코 하나님의 형상을 의미하지 않는데 그 이유는 그러한 기둥들이 우상 숭배와 아무런 관계도 없으며 다만 기념물의 역할을 할 뿐이기 때문이다. 출 23:24는 "너는 … 그들의 주상을 부수고"라고 기록되어 있는데 이 구절은 그들의 주상이 우상 숭배와 관계가 있었음을 입증하고 있다. 그러기 때문에 "왕은 석상들(pillars)을 모두 깨뜨렸다"(왕하 23:14). 출애굽기에서 에봇은 대제사장의 예복을 가리키며 이 에봇 위에는 흉패(breast plate)가 부착되었다. 삼상 2:18에서 사무엘은 에봇을 입고 있었으며 삼하 6:14에서 다윗 역시 세마포 에봇(linen ephod)을 입은 것으로 기록되어 있다. 한편 기드온의 에봇은 우상 숭배의 대상이 되었다(삿 8:27). 좋은 의미에서 볼 때, 에봇은 대제사장의 의복을 가리킨다. 이는 하나님의 백성들이 하나님께 가까이 나아가는 것을 상징했다. 드라빔은 구약 성경에서 그다지 자주 인용되지는 않는다. 야곱의 아내인 라헬은 이 드라빔을 그녀의 아버지인 라반에게서 탈취했다(창 31:19, 34, 35). 미갈은 드라빔을 훔쳐 이를 침상에 뉘었는데(삼상 19:13) 이들 드라빔은 아마도 조상들이 사용했을 것으로 추정된다. 그러나 우리는 선지자 호세아가 이를 좋은 의미에서 이스라엘 백성들에게 적용했음을 알 수 있다(드라빔도 없이 지내다가 …). 따라서 이스라엘은 드라빔에 반드시 나쁜 의미만을 부여하지는 않았을 것으로 생각된다. 앞서 열거한 주상(기둥), 에봇 및 드라빔은 모두 좋은 의미와 나쁜 의미를 모두 지니고 있기 때문에 2가지 의미로 해석할 수 있다. 설사 호세아가 이를 나쁜 의미로 인용했다고 하더라도 이스라엘이 드라빔을 이방신으로 숭배했다는 사실을 입증할 수는 없는데 그 이유는 성경에서 이러한 사실을 찾을 수 없기 때문이다.

2) 신명기 법전(Deuteronomic Code)

앞서 언급한 바와 같이, 기원전 622년 요시야 왕 18년째 되는 해에 발견된 새로운 신명기 법전은 하나의 장소를 거점으로 한 중앙 집중식 예배(central worship)를 도입하고 있다. 앞서 설명한 바와 같이, 이스라엘 민족들에게 우상 숭배는 금지되었으며 이스라엘의 종교적 관념은 일신론을 바탕으로 하고 있다는 사실을 믿는다면 성경 전체의 의미를 이해하기는 쉽다. 그러나 파괴적 비평가들은 이를 부인하그 있다. G. B. Gray는 "신명기 법전에서 요시야 왕의 임무를 명한 '율법책'을 볼 수 있는데 예를 들면, 율법은 산당을 파괴할 것을 명하고 있으며 요시야 왕은 실제로 이러한 산당들을 파괴했다. 율법은 모든 산 제물을 한 잣소에서만 드려야 한다고 규정하고 있기 때문에 요시야 왕은 예루살렘 외곽에 있는 모든 제단들을 파괴함으로써 최선을 다해 율법을 지켰다."라고 말한다.110)

W. H. Green이 설명한 바와 같이, 단일한 제단은 태초부터 내려져 온 이스라엘의 생명의 율법이었다. 심지어는 이스라엘의 조상들인 아브라함, 이삭 및 야곱의 시대에도 여호와 하나님께 제사를 드리기 위해 여러 지점에 걸쳐 분포하는 별도의 성소 같은 것을 알지 못했다. 아브라함, 이삭, 야

---

110) G. B. Gray, *Critical Introduction to the Old Testament* (구약 성경 비평 개론), 31.

곱은 그들이 장막을 친 곳마다 제단을 쌓기는 했지만 동시에 한 개 이상의 지점에 걸쳐 제단을 쌓지는 않았다.[111] 출애굽기 20:24에서 우리는 "내(하나님)가 내 이름을 기념하게 하는 모든 곳에서"라는 구절을 볼 수 있다. 이에 대해 G. B. Gray는 요시야 왕대 이전에는 많은 제단들이 도처에 있었다고 설명한다.[112] 그러한 해석은 어떤 경우든 간에 근거가 없다. 만약 "모든 곳에서"라는 문구가 가나안 땅의 전역을 의미할 경우, 우리는 히브리 어로 בְּכָל-הַמָּקוֹם이라는 단어가 원문에 쓰였을 것으로 추정하기가 어렵게 된다. 히브리 어로 기록된 이 구절은 우리말로 "모든 곳에서(in every place)"라는 문구로 번역할 수 있으며 이 경우에는 올바른 해석이라 할 수 있는데 그 이유는 그러한 해석이 이스라엘의 역사에 부합하기 때문이다. 사실 "모든 곳에서"라는 문구는 하나님께서 대대에 걸쳐 직접 자신의 모습을 나타낸 일련의 장소들을 의미하기 때문이다. 예를 들면, 하나의 제단을 세울 수는 있지만 이는 결코 영속적인 것은 아니었다. 이스라엘 백성들이 광야에서 성막을 짓고 하나님의 존재를 나타내는 영원한 상징물로서 성막 안에 법궤를 안치했을 때 이곳은 하나님께서 자신의 이름을 기록한 장소가 되었을 뿐만 아니라 하나님께 모든 제물을 드린 장소가 되었음을 알 수 있다(레 17:5). 그래서 성막 또는 법궤가 잠시 머문 장소마다 제단을 적절하게 설치하고 제물을 하나님께 드릴 수 있었던 것이다.

Bleek[113]는 신명기 12:5~14의 본문이 중앙의 제단에 제물을 드릴 것을 규정하고 있으며 이러한 율법은 선지자 사무엘 및 엘리야의 시대에 그 효

---

111) W. H. Green, *The Higher Criticism on the Pentateuch* (모세 오경에 대한 반론 비평), 147.
112) G. B. Gray, *op, cit,*, 32.
113) Bleek, *Introduction to the Old Testament* (구약 성경 개론), Vol. 1, 236ff.

력을 계속 유지했을 리가 없다고 주장한다. 만약 사무엘은 이러한 율법의 존재를 몰랐다면 이는 신명기의 존재를 반박하는 강력한 반론인 셈이다. 하나님께서는 그러한 율법책이 없어도 율법 그 자체였음이 틀림없으며(삼상 16:2) 이 경우, 사무엘이 만약 하나님의 특별한 명령에 따라 행동했다면 다른 경우에서도 그와 같은 행동을 계속 준행했을 것으로 짐작된다. 신명기의 율법을 몰랐던 엘리야와 관련해 아합 왕은(우상에게 무릎을 꿇지 않고) 하나님께 경배를 드린 자들을 박해했으며 그러한 자들은 아마도 예루살렘 성전으로 들어갈 수 없었을 것으로 추정된다. 이러한 상황에서 하나님은 그들이 살고 있는 지역에서 하나님을 향한 제단을 만들도록 허락했을 것으로 생각된다. 하나님께서는 갈멜 산에서 엘리야의 제물을 받았음을 공식적으로 입증했을 가능성이 높다(왕상 18장). 따라서 여호와 하나님이 신 12:5~14에서 이러한 율법을 어기는 행위를 어떤 상황에서도 허락하지 않으셨음을 입증할 수 없는 한, 사무엘과 엘리야가 드린 제물은 신명기계 문서가 당대에 존재하지 않았음을 입증하지는 않는다는 사실을 분명히 알 수 있다.

또한 Bleek는 만약 신명기 17:14~20에 기록된 율법이 모세의 율법에서 다루고 있는 범위 내에 있다면 사무엘은 이스라엘을 다스릴 왕을 허락해 달라는 이스라엘 백성들의 열망을 그토록 오랫동안 쉽사리 거스르지는 못했을 것이라고 주장한다. 우리는 선지자 사무엘도 한 명의 인간이었기 때문에 이스라엘 백성들의 마음을 뒤흔든 동기(이스라엘의 왕을 세우라는)를 감지했을 때 그들의 열망을 거슬러야 했다는 사실은 결코 놀랄 만한 일이 아니라는 점을 기억해야 한다. 그리고 사무엘서에서는 신명기 17:14~20에 대한 인용 구절이 전혀 없으며 다만 성경의 해설은 사무엘이 이 율례를 알지 못했음을 보여 주고 있다. 삼상 10:25는 "사무엘이 나라의 제도를 백성에게 말하고 책에 기록하여 여호와 앞에 두고"라고 기록되어 있다(삼상 8:11과 비교). 이 구절은 신명기 17:18에 기록된 여호와 하나님의 명령을 대번에 시사한다. 따라서 우리는 여기서 모세의 율법이 이스라엘의 법제로 채택되었을 가능성이 높음을 알 수 있다. James Orr 박사는 이렇게 말한다.

> 이러한 사실을 입증하고 있는 율법은 솔로몬의 궁궐에서 차용된 용어로 묘사되고 있다. 오히려 여기서 추론할 수 있는 사실은, 열왕기에 기록된 솔로몬의 궁전에 대한 묘사(왕상 10:26~29, 왕상 11:1~4)가 이러한 율법에서 일부분 차용된 용어들로 표현되어 있다는 점이다. 열왕기의 저자는 의심의 여지없이 신명기계 문헌을 익히 알고 있었음이 분명하며 그는 솔로몬 왕의 호화로운 생활과 영예 특히 수많은 처첩들에 관한 설명을 그의 마음속 깊이 각인된 이러한 율법에 위배되는 것을 의미하는 용어들로 표현하고 있다.[114]

지금 연구 중인 일련의 율법에서 우리는 경계표(landmark)를 옮기지 말라는 여호와 하나님의 명령을 발견할 수 있다(신 19:14). "네 하나님 여호와께서 네게 주어 차지하게 하시는 땅 곧 네 소유가 된 기업의 땅에서 조상이 정한 네 이웃의 경계표를 옮기지 말지니라." 이 구절은 미래에 이스라엘 자손들이 이 땅을 확실하게 소유하게 될 것임을 가정하고 있다. 히브리어로 רִאשֹׁנִים이란 단어는 관사나 대명사가 없으며 그 밖의 한정사도 없는 것이 특징이다. E. C. Bessell은 이렇게 설명한다.

> 이 단어는 단순히 전임자나 선배(predecessor)를 의미하며 하나님으로부

---

114) James Orr, *The Problem of the Old Testament* (구약 성경의 문제), 515.

터 언약을 받은 이스라엘 백성들의 미래에 대해 율법을 제정하지 않은 자가 그러한 관계 속에서 이 단어를 활용했을 것으로 추정된다. 이 단어는 바로 이러한 의미에서 사용되었으며 이미 죽음을 맞이한 "선조들(forefather)"을 가리키는 의미에서 사용되지 않았다는 사실을 확실히 입증하는 증거는 그것의 문맥에서 찾을 수 있다. 이 구절에서 언급된 경계(boundaries)는 여호와 하나님께서 그러한 경계를 구분하는 지점에 계실 때 이 지점에 해당되는 땅의 경계를 가리키며 히브리어 성경 원문에 등장하는 분사 נֹתֵן은 율법책에 기록된 가나안 땅을 가리키는 모든 인용 구절의 독특한 특징에 속한다.115)

사실 마지막 절인 "네 하나님 여호와께서 네게 주신(giveth : 분사 형태)"이라는 문구는 이스라엘의 미래를 언급하고 있음이 틀림없다. 이스라엘이라는 국가의 기본법(헌법)을 기록한 성경의 모든 구절들이 이와 같은 분사 형태의 단어를 포함하고 있다.

3) 오경 중의 구절들을 포함하고 있는 제사법전(the priestly Code)

출애굽기의 일부 구절, 레위기의 거의 모든 구절 및 민수기의 일부 구절을 포함하고 있는 제사법전을 살펴보자.

파괴적 비평가들(De Wette, A Kaenen, Graf, J. Wellhausen 및 W. R. Smith)은 대체로 신명기계 법전이 기원전 약 622년경에 기록되었으며 모세 오경의 중간 부분에 위치하는 책들은 바빌론 포로기 이후에 기록되었다고 주장한다. W. R. Smith 박사는 이렇게 설경한다.

레위기 율법은 제사장과 레위인들의 단계적인 서열을 제시하고 있다. 신명기에서는 모든 레위인들을 최소한 하나님께 드리는 예배에 참여할

---

115) E. C. Bessell, *The Pentateuch, Its Origin and Structure* (모세 오경의 기원과 구성), 146-147.

수 있는 제사장으로 간주하고 있다.[116]

또한 이를 입증하는 증거 구절은 신명기 10:8에서 확인할 수 있는데 이 구절은 이렇게 기록되어 있다. "그때에 여호와께서 레위 지파를 구별하여 여호와의 언약궤를 메게 하며 여호와 앞에 서서 그를 섬기며 또 여호와의 이름으로 축복하게 하셨으니 그 일은 오늘까지 이르느니라."

이 구절에 따르면 대제사장인 아론뿐만 아니라 레위 지파의 모든 사람들이 욧바다(Jotbath)에서 처음으로 제사장의 직무를 맡은 자들로 구별되었음을 알 수 있는데, 이는 앞서 인용한 구절에서 "여호와의 언약궤를 메게 하며 여호와 앞에 서서 그를 섬기며 또 여호와의 이름으로 축복하게 하셨으니"라고 언급되어 있다. "언약궤에서(At the ark)"라는 문구는 이스라엘 자손들이 욧바다에 도착했던 시점을 가리키지는 않는다. W. L. Alexander는 이렇게 설명한다. "이는 대제사장 아론이 죽었을 때가 아니라 시내 산에서 언약궤를 되찾았을 때를 가리킨다."라고 했다.[117]

언약궤는 호렙에서 욧바다로 옮겨졌다. 간단히 말해, 언약궤를 짊어지는 레위 지파는 그들이 욧바다에 도착하기 전에 따로 구별되었던 것이다.

"언약궤를 메는 것(to bear of the ark)"은 제사장이 아닌 레위 지파만의 특별한 의무였다. 이러한 의미는 역대기(Chronicles)에 기록된 바와 같이 "레위 사람 외에는 하나님의 궤를 멜 수 없나니 이는 여호와께서 그들을 택하사 여호와의 궤를 메고 영원히 그를 섬기게 하셨음이라 하고"(대상 15:2)라는 구절을 통해 설명된다. 다윗은 바빌론 포로 시기보다 훨씬 이전

---

116) 브리태니카 백과사전(*Encyclopedia Britannica*)의 "성경(Bible)" 항목을 참조.

117) W. L. Alexander, *The Pulpit Commentary on Deuteronomy* (신명기 설교 주해), 179.

에 "하나님의 궤를 둘 곳을 마련"했다고 달했다.

"여호와 앞에 서서 그를 섬기며"라는 그절은 제사장만이 담당하는 특별한 임무는 아니었다. C. Elliot은 이렇게 말한다. "선지자 사무엘은 여호와 하나님을 섬기는 임무를 수행했지만(삼상 2:11; 3:15와 비교) 제사장은 아니었다. 아달랴 왕이 유다를 다스리는 동안 제사장 여호야다(Jehoiada)는 회중에게 "제사장들과 수종 드는 레위 사람들은 거룩한즉 여호와의 전에 들어오려니와 그 외의 다른 사람은 들어오지 못할 것이니"(대하 23:6) 또한 히스기야 왕은 "제사장들과 레위 사람들을 모아 그들에게 레위 사람들아 내 말을 들으라."라고 말했다(대하 29:4, 5, 11, 12, 16)."[118]

물론 Curtiss가 주장한 바와 같이, 이 구절에 대해 시도할 수 있는 유일한 합리적 해석은 신 10:8, 9에 적용할 수 있는 해석과 같다. 즉, 히스기야 왕은 그의 연설에서 제사장과 레위 지파를 모두 함께 레위 사람들로 일컫고 있는 것이다. 또한 이러한 불명확성은 그들이 각자 맡은 임무와 관련해 여하한 의심을 불러일으키지는 않은 것으로 보이는데 그 이유는 제사장들이 여호와의 전에서 더러운 것을 없앴던(끌어냈던) 반면에 레위 사람들은 이 더러운 것을 기드론 시내(brook Kidron)로 가져갔다고 기록되어 있기 때문이다. 신명기 문서의 저자들은 레위 지파를 여호와 앞에 서서 그를 섬기는 사람들로 언급하고 있는 것이 틀림없다. 또한 그들은 제사장의 직분을 특별히 강조하면서 이를 적용했지만 레위 사람들을 배제하지는 않았으며, 레위 사람들과 제사장의 차이점에 대해서도 알고 있었으며, 이러한 차이를 없앨 의향도 없었던 것으로 추정해 볼 수 있다. 역대기의 인용 구절

---

118) C. Elliot, *The Mosaic Authorship of the Pentateuch* (모세 오경을 기록한 저자로서의 모세), 177.

들은 바로 이 구절에 대한 최고의 해설을 제시하고 있다.[119]

"또 여호와의 이름으로 축복하게 하셨으니"라는 구절은 여호와의 이름을 부르는 데 그 의도를 두고 있지 않으며 오히려 여호와 하나님의 이름으로 감사 기도를 드리거나 혹은 그의 이름으로 백성들에게 축복을 비는 데 그 의도가 있다. 이는 제사장만이 담당하는 특별한 임무였다. 따라서 레위 지파는 하나의 지파로서 하나님이 지정한 특별한 직무를 맡을 수 있도록 구분되었음이 틀림없다. 다만 레위 지파에 속한 모든 사람들이 제사장의 직무를 담당해야 했던 것은 아니다.

신명기 18:1에서 우리는 "레위 사람 제사장과 레위의 온 지파는"이라는 구절을 확인할 수 있다. 여기서 "제사장(priest)"이라는 단어는 "레위 사람"과 대비되고 있으며 "레위 사람 제사장"은 "레위의 온 지파"라는 표현과 대비되고 있음을 확인할 수 있다. C. F. Keil과 F. Delitzsch는 이렇게 말한다.

> "레위의 온 지파"라는 구절 속에 아무런 의미도 내포되어 있지 않은 1절에서는 제사장과 레위 사람이 명확하게 구분되고 있지만 레위 사람들이 제사장과 같은 역할을 수행한 경우에 그러한 차이는 그들이 성소에 들어가 거기서 하나님께 예배를 드릴 때 도살된 번제물의 일부를 제단의 예물을 먹는 데 사용하도록 허락된 이후의 구절에서 가능한 한 명확하게 인식 및 언급되고 있다.[120]

신명기 21:5은 이렇게 기록되어 있다. "레위 자손 제사장들도 그리로 갈지니 그들은 네 하나님 여호와께서 택하사 자기를 섬기게 하시며 또 여호와의 이름으로 축복하게 하신 자라 모든 소송과 모든 투쟁이 그들의 말대

---

119) Curtiss, *Levitical Priests*(레위 제사장들), 17-18.
120) C. F. Keil & F. Delitzsch, *The Biblical Commentary on the Pentateuch*(모세 오경 주해), 388.

로 판결될 것이니라." 이 구절을 살펴보면 제사장들이 "레위의 자손"이었음을 분명히 확인할 수 있으며 다만 "제사장"이라는 단어는 레위의 온 지파를 포괄하고 있는 개념이라는 언급은 없다.

　C. F. Keil과 F. Delitzsch는 이렇게 말한다.

　　결국 제사장들은 이러한 분쟁 처리를 중재하는 역할을 맡게 되었다. 즉, 가장 가까운 레위 지파의 마을에서 온 일부 제사장들은 업무를 수행하기 위한 목적이 아니라 오히려 여호와 하나님을 섬기고 그의 이름으로 백성들을 축복하기 위해 여호와 하나님이 선택하신 자들로서 분쟁의 현장에 출두했던 것이다(신 18:5와 비교). 또한 그들의 말대로 모든 소송과 모든 투쟁이 판결되었다(신 17:8와 비교). 즉, 제사장들은 단지 각 성읍의 장로들이 제시하는 진술과 그들의 탄원을 수렴하고 행위의 적법성을 인정하는데 필요한 권한을 여호와 하나님으로부터 받은 동시에 하나님으로부터 받은 권리(divine right)을 대행하는 대리자로서 분쟁을 중재했던 것이다.[121]

　출애굽기 24장 5절은 "(모세가) 이스라엘 자손의 청년들을 보내어 여호와께 소로 번제와 화목제를 드리게 하고"라고 기록되어 있다. 이 구절은 레위 지파가 아직 제사장의 직무를 담당하지 않았던 시절에 번제와 화목제를 드린 자들(이스라엘 자손의 청년들)을 언급하고 있다. 각 가문에서 하나님을 섬기는 직무를 맡기기 위해 선택된 청년들은 아론과 그의 아들이 이스라엘 민족의 제사장으로 임명될 때까지 하나님을 섬겼다.

　출애굽기 19장 6절은 "너희가 내게 더하여 제사장 나라가 되며 거룩한 백성이 되리라."라고 기록되어 있다. 여기서 히브리어 성경 원문에 등장하는

---

121) C. F. Keil & F. Delitzsch, *op, cit.*, 405.

"나라(kingdom)"라는 단어는 왕족 혹은 왕국을 뜻하는 영어의 "royalty"로 번역할 수 있다. 이는 모든 사람이 제사장이 되어야 한다는 것을 의미하지는 않으며 다만 특별한 의미에서 볼 때 모든 이스라엘 자손들이 하나님께 가까이 있었으며 그의 왕국의 백성들이었다는 사실을 의미한다. 또한 출애굽기 19장 22절은 제사장들에 대해 언급하고 있다. 그들은 과연 누구였는가? 물론 그때까지 이스라엘 자손들은 제사장직을 임명하지 않았으며 다만 고대의 모든 민족이 하나의 계율 또는 또 다른 계율에 근거해 임명된 제사장들을 두고 있었다는 주장은 반론의 대상이 되어 왔다. 따라서 우리는 바빌론 포로 시대를 기준으로 할 때 그보다 훨씬 이전의 시기를 기원으로 하는 라샴라(Ras shamra) 점토판[122]에서 대제사장들을 발견할 수 있다. 이러한 제사장들은 출애굽기 24장 5절에 기록된 청년들일지도 모른다. 아마도 아브라함과 같은 족장은 제사장의 직무를 수행했을 것으로 추정된다. 이러한 제사장들은 십중팔구 각종 지파의 수령 역할을 담당했기 때문이다. 그렇다면 모세는 이스라엘 자손의 청년들에게 하나님을 섬기는 중대한 책무를 맡겼을 것으로 짐작된다.

파괴적 비평가들은 예호비스트 문서(JE)의 율법에서 제사장직에 대한 명확한 설명이 없다고 주장한다. "제사장"이라는 단어는 구약 성경에서 731회에 걸쳐 언급되고 있으며 그중 모세 오경에서 281회에 걸쳐 나타나고 있다(창세기에서 7번, 출애굽기에서 21번, 레위기에서 174번, 민수기에서 65번 그리고 신명기에서 14번 언급). 예호비스트 문서(JE)에서는 제사장이라는 단어가 11번 언급되고 있다(창 41:45, 50; 47:22, 22, 26; 출 2:16; 3:1; 18:1; 민 32:2)는 사실에 주목하기 바란다.[123]

---

122) C. Marston, *The New Bible Evidence* (성경의 새로운 증거), 189.

사사기 17:5~13에서는 미가(Micah)가 그의 저사장(레위인)을 거룩하게 구별했다고 기록되어 있다. 여기서 우리는 사사기의 시대 전반에 걸쳐 엄청난 배교 행위가 존재했음을 기억해야 한다. 또한 우리는 미가의 죄를 주목해야 한다. 미가가 레위인을 그의 개인적인 제사장으로 선택한 행위는 적절한 행동이었음을 시사하는 증거가 아님에 틀림없다. 삿 17:6에서 "사람마다 자기 소견에 옳은 대로 행하였더라."라고 기록된 구절에 유의하기 바란다.

예호비스트 문서의 여호수아서에서 "제사장"이라는 단어는 수 3:9, 13, 15, 19, 수 4:11, 18, 수 6:4, 6, 6, 8, 9, 12, 16에 각각 언급되어 있음을 확인할 수 있으며 제사장 문서(P)의 여호수아서에서 이 단어는 수 4:17, 수 14:1, 4, 수 19:15, 수 21:1, 4, 13, 19, 수 22:13, 30, 31, 32에 각각 언급되어 있음을 확인할 수 있다.[124] Driver는 여호수아 3장 3절, 여호수아 3장 6절, 8절 그리고 여호수아 8장 33절을 각각 2차 신명기계 문서(D2)로 분류하고 있다.[125] 누군가는 수 3:3 이후의 여러 구절(D2)에서 동일한 유형의 제사장들이 언급되어 있다고 추론할지도 모르겠다. 이제 이러한 신명기계 문서(D)의 구절들을 생략하고 나머지 구절을 예호비스트 문서(JE)로 대치할 경우, 여호수아서는 이스라엘의 초창기에 제사장의 직분이 레위인에 국한되지 않았으며 누구나 제사장이 될 수 있었다는 파괴적 비평가들의 이론에 부합하게 된다. 이미 앞서 언급한 바와 같이 레위인들은 신명기에서 제사장과 구분되었는데 이러한 직분의 구별은 제사장 법전에 기인하고 있다. 따라서

---

123) *Young's Concordance*(Young의 성경 용어 색인) 및 *The Pentateuch in the Light of Today*(현대의 시각에서 본 모세 오경)의 목록, 103-108.

124) Brightman, *Sources of the Hexateuch*(육경의 출처), 색인 참조.

125) Driver, *Introduction to the Literature of the Old Testament on Joshua* (구약 성경의 여호수아서 문헌 개론).

그들의 이론은 일관성이 없는 주장으로 인해 설득력을 상실하고 있다.

1) 성소의 통일

파괴적 비평가들의 주장에 따르면 신명기 12장에서 중앙의 성소에 관한 율법을 볼 수 있는데 여기서는 중앙 성소에만 제물을 하나님께 드리게 되어 있다. 초창기 이스라엘의 역사에서 중앙 성소(central sanctuary)라는 개념은 없었다. 따라서 비평가들은 사마리아가 함락된 후 100년이 지났을 때 그리고 바빌론 포로 때로부터 약 50년 전에 비로소 단일한 성소가 도입되었다고 주장한다.

이러한 문제를 논의하면서 우리는 이와 같은 가설의 선구자들 중 한 명이었던 J. Wellhausen의 주장부터 먼저 살펴보아야 한다. 그는 이렇게 말한다.

> 이 책(신명기)에서는 예배 양식(J cultus)의 통일을 명하고 있다. 이는 제사장 법전에서 명하고 있을 뿐만 아니라 전제로서 가정하고 있다. 한편으로 볼 때, 우리는 이른바 율법을 만든 자의 마음속에 있는 계획만 알고 있으며 다만 그러한 계획이 이보다 훨씬 후대의 시기에 이를 때까지 실현될 것이라는 주장은 할 수 없다. 다른 한편으로 볼 때, 모세의 의도는 모세 율법의 구현이라는 결과를 얻게 되었는데 이러한 구현을 통해 모세의 율법은 애초부터 탄생했던 것이다.[126]

만약 광야에서 제물을 하나님께 드리는 예배의 한 양식이 있었다면 그것은 성소를 중심으로 한 제사 제도였을 것으로 추정된다. 실제로 출 20:24은 이렇게 기록되어 있다. "내게 토단을 쌓고 그 위에 네 양과 소로

---

126) James Orr, *The Problem of the Old Testament* (구약 성경의 문제), 174.

네 번제와 화목제를 드리라 내가 내 이름을 기념하게 하는 모든 곳에서 네게 임하여 복을 주리라." 이는 형식면에서 일반적인 기본법에 해당된다. 둘째로 비평가들이 너무나 쉽게 무시하고 있는 사실 곧 이스라엘의 초창기 시절에도 이스라엘의 율례와 이상은 율법에 부합하는 예배의 장소로서 존재하는 중앙 성소의 그것을 의미한다는 사실에 유의해야 한다. 또한 앞서 Wellhausen이 언급한 바와 같이 우리는 예배 양식의 통일이 훨씬 후대의 시기에 이를 때까지 실현된 것으로 볼 수는 없는 율법 제정자의 "의도(idea)"에 속한다는 또 다른 사실을 발견할 수 있다. James Orr 박사는 이렇게 설명한다. "다시 말해, 신명기 12장에 기록된 율법은 처음부터 완전하게 실시할 목적으로 고안된 율법으로 제시되지는 않고 있다. 단지 하나님께 대한 예배를 중앙의 단일한 처소에서 드린다는 원칙은 처음부터 모세의 율법 제도 속에 포함되어 있었으며 다만 모세의 계획은 그것의 성격상 점진적으로 실현되었다는 점을 알 수 있다."127)

물론 우리는 성소에 관한 예외 구절을 신 30:1에서 찾을 수 있는데 이 구절에서 여호와 하나님은 북쪽 왕국(북이스라엘)에서 내려온 자들을 위해 특별히 예외적인 경우를 허락하셨다. 레 5:11과 함께 레 17:11에서 우리는 가난한 자(손이 미치지 못하는 자)들을 고려해 제물을 드리는 방식에 있어서 예외적인 조건들이 규정되어 있음을 확인할 수 있다. 다만 역대하 30장에서는 레위기 율법을 정확하게 준수하는 대신에 하나님께 예배를 드리려는 선한 의도가 받아들여졌음을 알 수 있다.

왕상 19:10에서 선지자 엘리야는 이렇게 말한다. "… 이는 이스라엘 자손이 주의 언약을 버리고 주의 제단(altars)을 헐며 …" 이 구절에서 우리는

---

127) James Orr, *The Problem of the Old Testament* (구약 성경의 문제), 173-180.

제단을 가리키는 단어가 복수임을 확인할 수 있다. 여호와 하나님께서 북이스라엘 왕국에 있는 몇몇 유적지를 예배의 장소로 사용하도록 허락했을 가능성은 과연 없는 것일까? 이는 율법의 제반 요건에 대해 타당한 예외 조건 중 하나였다.

우리는 신명기에 있는 중앙 성소에 대한 설명이 다른 책들과 다른 것을 발견할 수 있다. 그러나 이러한 기본적인 차이는 예배를 드리는 것(centralization)에 대한 강조에 있다.

요시야 왕의 개혁은 주로 우상 숭배를 없애는 데 일차적인 목적을 두었고(왕하 21:21; 22:4-7; 22:17), 단일한 예배 장소는 부차적인 개혁의 과제였다(왕하 22:9). 또한 요시야 왕대에 활동했던 대예언자인 예레미야는 그가 언급한 하나님의 언약을 비롯해 렘 11:10, 12, 13의 말씀 그리고 "내 이름으로 일컬음을 받는 집"(렘 7:11, 12, 14, 30)이라는 구절을 살펴볼 때 이처럼 한 곳에서 예배를 드리는 것에 대해 전혀 아는 바가 없었고, "너희 하나님 여호와께서 선택하신"이라는 표현도 결코 사용하지 않았다. 우리는 예언자 예레미야가 예루살렘의 선택에 대해 분명히 언급하는 것을 기대할 수 있었다고 추정할 수 있다. 그러나 그는 하나님께서 맨 처음 자신의 이름을 둔 곳인 실로(Shiloh)에 대해 알고 있으며(렘 7:12~14; 26:6, 9) 다만 이는 예루살렘에는 단일한 중앙 성소가 없었음을 보여 준다고 말한다.

히스기야 왕의 개혁은 단일한 성소에서 예배를 드리는 데 그 목적이 있었다. 왕하 18:22을 살펴보면 "예루살렘 이 제단 앞에서만 예배하라(ye shall worship before this altar in Jerusalem)."라는 구절이 등장하는데 그 내용은 대하 32:12을 통해서도 확인할 수 있다. 즉, 이 구절은 단일한 성소에서 예배를 드리는 것에 관한 명시적인 진술에 속한다.

솔로몬의 기도문 중 한 대목이 등장하는 왕상 8:27은 "하나님이 참으로 땅에 거하시리이까? 하늘과 하늘들의 하늘이라도 주를 용납하지 못하겠거든 하물며 내가 건축한 이 성전이오리이까?"라고 기록되어 있다. 이 구절은 하나님의 전 우주적 통치를 강조하고 있다. 이 기도문에서 솔로몬은 무엇보다도 성전을 중요시하고 있는데 그 이유는 이 기도문이 신명기계 문헌을 출처로 한 것으로 알려져 있기 때문이다.

여호수아 22:9~29에서 르우벤 지파의 자손과 갓 자손과 므낫세 반 지파는 여호와 하나님께서 모세에게 명령한 대로 요단 강 동편에 정착했다고 기록되어 있다. 그리고 그들은 요단 강의 강가에 제단을 쌓았다. 이스라엘 자손들 중 9지파와 반 지파는 2지파와 반(半) 지파가 따로 제단을 세웠다는 소식을 듣고는 그들이 하나님께 죄를 범했다고 생각했다. 그렇다면 2지파와 반 지파는 그들의 반응에 대해 어떻게 대답하고 있을까? "우리 조상이 지은 여호와의 제단 모형을 보라. 이는 번제를 위한 것도 아니요 다른 제사를 위한 것도 아니라 오직 우리와 너희 사이에 증거만 되게 할 뿐이라(수 22:28)." 또한 그들은 다음과 같이 덧붙여 말하고 있다. "우리가 번제나 소제나 다른 제사를 위하여 우리 하나님 여호와의 성막 앞에 있는 제단 외에 제단을 쌓음으로 여호와를 거역하고 오늘 여호와를 따르는 데에서 돌아서려는 것은 결단코 아니라 하리라"(수 22:29). 그렇다면 파괴적 비평가들은 이러한 문제에 대해 어떻게 대답하고 있을까? 그들은 이 구절이 제사장 문서(P)에 속한다고 설명했다.

그렇다면 예호비스트 문서(JE)의 출애굽기 23:14~19에 기록된 바와 같이 이스라엘 자손의 남성들이 매년 3번에 걸쳐 하나님의 성소 앞에 나아가야 할 이유가 있을까? 따라서 이처럼 단일한 곳에서 하나님께 예배를 드리는 것과 관련해 James Orr 박사가 설명한 바와 같이 우리가 역사 그 자체에 내포된 전제들을 받아들이면서 기독교와 성격이 다른 종교 발전 이론을 고집스럽게 따르지 않는 한, 역사 그 자체는 일관성이 있다는 결론을 도출할 수 있다.[128]

결론적으로 W. H. Green은 이렇게 말하고 있다.

이는 또한 내용면에서 서로 일치하지 않는 3개의 문헌들 - 첫 번째 문헌은 2번째 문헌으로 대체되었으며 2번째 문헌은 3번째 문헌으로 다시 대체되었다. 이 이후에는 완벽한 조화를 이루고 있는 문헌들로 간주되었을 뿐만 아니라, 처음부터 통일되어 있었으며 한결같이 의무적인 조항들을 수록(收錄)하고 있는 율법의 한 부분으로 간주되었다고 추정함으로써 그에 따른 부조화(incongruity)를 내포하고 있다.[129]

---

128) James Orr, *The Problem of the Old Testament* (구약 성경의 문제), 180.

129) W. H. Green, *The Higher Criticism on the Pentateuch* (모세 오경에 대한 반론 비평), 156.

제3장

오경을 기록한 저자로서의 모세와 바빌론 신화

성경의 말씀을 믿는 우리들은 창세기 1~11장이 모세 오경의 다른 부분과 마찬가지로 모세에 의해 기록된 것으로 알고 있을 뿐만 아니라, 모세가 선조들의 구전과 성령의 직접적인 계시를 통하 창세기의 이 대목에 관한 내용을 알게 되었다고 믿고 있으며 바로 이러한 것들이 역사적 사실에 속한다고 생각한다.

하지만 파괴적 비평가인 John Skinner는 이렇게 말한다. "외국 신화가 성경 문헌에 미친 영향은 상고 시대의 모습을 묘사한 창 1:11의 구전 속에서 무엇보다도 극명하게 드러나고 있다. 바빌른의 창조 및 대홍수에 관한 구전이 발견되자 이러한 구전들이 창세기에 등장하는 여러 구절의 출처가 되고 있다는 가정은 의문의 여지가 없는 사실로 판명되고 말았다. 노아의 홍수 이전에 살았던 아담 후손들의 계보(창 5장)는 대홍수 사건 이전에 존재했던 10명의 바빌론 왕들을 열거한 Berossus의 목록과 유사한 관계가 성립된다. 낙원(에덴 동산)에 관한 이야기는 무엇보다도 이란의 고대 신화와 가장 유사한 면을 보이고 있다. 그러나 바빌른 신화가 창세기에 미친 영향은 미미하며 이러한 사실은 바빌른 신화가 동방 세계의 공통적인 신화적 유산에 속했음을 시사한다. 앞서 언급한 내용 외에도 창세기 4장을 보면 페니키아 구전(Phoenician tradition)과 일부 산발적으로 일치하는 구절들이 등장하는데 이는 그러한 신화가 이스라엘 사람들에게 알려지게 된 과정에서 매개체가 되었던 가나안 땅의 문명을 입증하는 증거가 될 수 있다.

이 모든 신화들은 원래 이방신들을 내용으로 다룬 여러 가지 신화 속의 이야기에 불과했다. 만약 그러한 신들이 그들에게 주어진 호칭으로 일컬을 만한 가치를 상실할 경우, 그 이유는 히브리 민족의 일신론에 담긴 정신이 신(deity)의 다신론적 개념들을 몰아냈으며 그것과는 별개로 진정한 신화는 그 명맥이 끊어지게 마련이기 때문이다. 고대에 이방인이 생각한 신(godhead)의 개념이 여전히 나타나고 있는 몇몇 구절들(창 1:26; 3:22, 24; 6:1 이후 구절; 11:1 이후 구절)은 이스라엘의 종교적 신앙이 이교도의 신학에서 붙들고 있는 조악한 공론들을 어떻게 완벽하게 변혁하고 정화시켰으며 이를 어떻게 윤리적, 일신론적 믿음의 개념으로 변화시켰는지를 입증하는 데 도움이 될 뿐이다. 이스라엘에서 바빌론 신화의 이입(移入) 과정은 다양한 경로에 걸쳐 생각해 볼 수 있다. 이는 아마도 실질적인 해답을 제시할 가능성보다는 비평의 2가지 대항적 경향들을 설명하는 예증 차원에서 보다 흥미로운 문제에 속한다고 볼 수 있다. 문예학파 비평가들은 모세 오경 원본이 기록된 연대에 따라 바빌론 신화의 이입 과정을 설명하려는 경향을 보여 왔다. 한 가지 다른 견해 곧 이집트의 텔 엘 아마르나(Tell el Amarna)시대 이전에 바빌론 문명이 지역의 패권을 쥐게 된 결과(직접적인 결과이든 간접적인 결과이든 간에), 이방 신화는 먼저 가나안 땅의 구전으로 변화되었다가 구전 과정에서 이스라엘의 종교적 개념에 점진적으로 동화되었다는 견해는 주로 H. Gunkel의 영향을 통해 상당한 설득력을 얻게 되었다."130)

---

130) H. Gunkel, *International Critical Commentary on Genesis*(국제 창세기 비

「오경을 기록한 저자로서의 모세와 바빌론 신화」라는 주제를 거론하면서 우리는 이 주제를 크게 4개의 부분 곧 ① 바빌론 창조 신화 ② 타락 ③ 노아의 홍수 이전 시대 ④ 노아의 대홍수 등으로 각각 나누어 보고자 한다.

1. 바빌론 창조 신화

창조 설화를 포함하고 있는 바빌론 신화에 속하며 서사체로 기록된 점토판(tablet)은 7개가 존재한다. 이들 점토판은 모두 957개의 구절을 수록하고 있다. 각 점토판에서 본 논의를 위해 무엇보다도 중요한 일부 구절들을 발췌해 정리하면 아래에 열거한 바와 같다. 그 내용을 보면 창세기 1장의 그것과 얼마나 차이가 있는지를 알 수 있다.

1) 첫째 점토판의 내용 [131]

1. 그때에 하늘은 이름이 없었고

2. 하늘 아래 땅도 이름이 없었다.

3. 그때 태고의 심연 속에서 하늘과 땅이 생겼다.

4. 울부짖는 바다는 하늘과 땅을 떠받치고 있었고

5. 그 물은 함께 뒤섞였다.

6. 땅은 형성되지 않았으며 습지도 볼 수 없었다.

7. 숭배의 대상인 신이 없었던 시절에는

8. 이름도 짓지 않았고 운명도 정해지지 않았으며

9. 신들은 그들 가운데에서 창조되었다.

평 주해), 9-10.

131) G. A. Barton, *A translation of original tablets from Archaeology and the Bible* (고고학 및 성경의 문헌을 토대로 한 서자판 원본의 번역), 251-267.

10. 라크무와 라카무, 그들의 동료들에 대한 이름을 부르게 되었다.

11. 그들은 함께 위대해졌으며 키가 자랐다.

12. 안샤르와 키샤르가 태어났다. 그들은 라크무와 라카무보다 더 위대했다.

13. 수명이 길어졌고 여러 해가 지나갔다.

14. 안샤르와 키샤르의 아들인 아누는 그의 조상의 원수였다.

15. 안샤르는 그의 첫아들인 아누를 자기 자신처럼 여겼다.

16. 그리고 아누는 그와 닮은 자식인 누딤뭇을 낳았다.

17. 그의 선조들의 누딤뭇은 통치자가 되었으며 심지어 아누의 자손 누딤
    뭇도 마찬가지였다.

18. 그는 영리하고 현명하며 쾌활했으며 깊은 것들을 통찰했다.

19. 그는 할아버지인 안샤르보다 훨씬 더 강했다.

20. 누딤뭇은 그의 선조였던 여러 신들과 적수가 되지 않은 최고의 신이
    었다.

21. 그들은 일어섰고 신들은 한자리에 모였다.

22. 그들은 각자 자신을 보호하기 위해 티아맛을 괴롭혔으며 (그녀를) 공
    격했다.

23. 그들은 티아맛의 몸에 고통을 가했다.

24. 흥분한 나머지 그는 위인들의 반열에 올랐다.

25. 압수는 그들이 외치는 소리를 잠잠케 할 수 없었다.

26. 티아맛은 그들의 … 에서 소리를 질렀다.

27. 그녀는 때렸고 그들의 소행은 ….

28. 그들의 길은 선하지 않았다. 그들은 스스로 번영했다.

29. 그때 위대한 신들을 낳은 자인 압수는

30. 그의 대리인인 뭄무(Mummu)를 향해 외치면서 가라사대

31. "내 마음을 기쁘게 한 나의 대리인 둠무여,

32. 티아맛에게 가라(함께 가자)."

33. 그들은 티아맛 앞으로 갔으며

34. 신들(그들의 후손)에게 맞서 꾸몄던 계획을 포기했다.

35. (압수는) 입을 열었다(그녀에게 말했다).

36. 그는 명석한 자인 티아맛에게 가라사대

37. "그들의 발전은 (용납할 수 없다).

38. 나는 낮에는 쉼이 없고 밤에는 평화가 없다.

39. 하지만 나는 그들의 길을 파괴할 것이며 끝장을 내리라.

40. 그곳에 우는 자의 소리가 있을지어다. 그리하면 우리가 안온할지니"

41. 이 말을 듣던 티아맛은

42. 화가 나서 그들에 대해 저주의 말을 쏟아냈다.

43. (그녀는) 괴로워했으며(고통을 느꼈으며) 격노했다. ….

44. 그녀는 (자신이 말한 압수)를 상대로 저주의 한 마디 말을 쏟아냈다.

45. "(멸망하리라고 한) 우리는 무엇이냐?

46. 그들의 길이 곤경에 처할지어다."

47. 뭄무는 대답했고 압수는 (조언했다).

48. … 포효하는 자의 충고는 좋은 것이 아니었다.

49. "그들의 길은 강하다. 하지만 너는 (그것을) 꺾으리라.

50. 너는 낮에 평온히 있다가 밤이 되면 쓰러지게 되리라."

51. 압수는 이 말을 듣고 낯빛이 밝아졌다.

52. (왜냐하면) 그는 그의 아들 신들에 갖서 악한 일을 계획했기 때문이다.

53. 뭄무는(그의 목을) 꼭 껴안았다.

54. 뭄무는 압수를 그의 무릎에 앉히고 입을 맞췄다.

55. 모든 것 속에서 그들은 모든 것을 계획했다.

56. 장자의 신들에 맞서 그들은 힘을 과시했다.

57. 그들은 신들을 저주했고 비방했다.

58. 그들은 침묵에 사로잡혔다.

59. 현명한 자, 교훈을 받은 자 그리고 찬미를 받는 자.

60. 모든 것을 알고 있는 에아는 그들의 계획을 보고 있었다.

61. 그는 이러한 계획을 간파하고 모든 내용을 알게 된 후, 자리에 앉았다.

62. 그는 그의 힘과 신비한 마법을 준비했다.

63. 그는 그것을 계수한 후 물속에 담갔다.

64. 그(압수)는 잠이 들면서 아무런 움직임도 없이 그대로 주저앉았다.

65. 그는 압수를 쉬게 했으며 잠을 쏟아 부었다.

66. 뭄무는 궁금했다. 옷이 헤어진 채

67. 그는 자신의 입으로부터 … 그의 손을 찢었다.

68. 그의 영예는 사라졌고 스스로 굴복했다.

69. 그는(에아) 압수에게 마법을 걸었다. 그는 압수를 죽였다.

70. 그는 뭄무의 몸을 묶은 후, 그를 지킬 한 명의 호위병을 배치했다.

71. 그는 앉은 자세에서 압수의 몸에 들어갔다.

72. 그는 뭄무를 사로잡았으며 그의 육중한 몸집을 얻게 되었다.

73. 그는 두 사람의 몸을 모두 묶은 후 죽였다.

74. 그는 적들을 궤멸시켜 승리를 쟁취했다.

75. 적들을 궤멸시키는 사이에 그는 평온한 쉼을 얻었다.

76. 그는 그의 몸을 묶은 후 압수를 깊은 심연 속으로 던져 넣었다.

77. 그는 그의 몸에 화려한 궁궐을 세웠다.

78. 라크무와 그의 아내 라카무. 그는 통치자의 자리에 올랐다.

79. 둥근 지붕이 있는 거처를 호위하는 자들로서

81. 위대한 자이자 신들의 우두머리인 마르둑(이 가라사대)

82. 깊은 곳 한 가운데에서 안샤르가 태어났고

84. 그의 아버지 라카무가 그를 낳았으며

85. 그의 어머니인 라크무는 그를 잉태했고

86. 그는 여신들에 의해 길러졌다.

93. 그는 티아맛에게 도움을 준 그들보다 훨씬 더 위대한 자로서 높임을
받았다.

94. 그의 슬기는 이루 말할 수 없을 정도로 뛰어났으며 그의 … 는 셀 수
없을 정도로 많았다.

95. 그의 … 는 상상할 수조차 없을 정도로 놀라운 것이었다.

96. 그는 4개의 눈과 귀를 가졌다.

97. 그의 입술이 열리면 불이 뿜어져 나왔다.

98. 그리고 4개의 귀가 자랐다.

124. 그곳엔 모임이 있었고 그들은 전쟁을 일으키기 시작했다.

125. 어머니인 쿠부르는 모든 것을 지었고

126. 최고의 무기들을 만들었으며 큰 뱀들을 낳았다.

127. 날카로운 이와 가차 없이 위협적인 송곳니

128. 그녀는 그들의 몸을 피 대신 독으로 채웠다.

129. 그녀는 무시무시한 용들에게 공포감을 덧입혔으며

133. 독사, 큰 뱀 및 라카미를 만들었다.

134. 태풍, 맹렬한 사냥개들, 전갈 인간들

135. 거대한 폭풍, 인어들 그리고 숫양들

136. 무자비한 무기를 짊어진 그들은 전쟁을 두려워하지 않았다.

137. 그녀의 명령은 힘이 있었다. 그들에게는 적수가 없었다.

138. 또한 그녀는 이러한 자들처럼 11가지 피조물을 만들었다.

139. 여러 신들 중에서도 그녀가 낳은 첫 피조물은 그녀의 곁에 있었다.

140. 그녀는 킹구(Kingu)를 높이고 그들 가운데 위대한 자로 만들었다.

141. 그는 군대보다 앞서 행진하고 용사들을 이끌고

143. 총사령관으로서 전투를 지휘하는 역할을 맡았다.

151. 킹구는 높이 찬양 받았으며 최고의 지위를 누렸다.

152. 그는 여러 신들 중에서도 자신의 아들들에 대한 운명을 결정했다.

153. "너희들의 입이 열리면 불의 신을 끄게 되리라.

154. 최고의 찬양을 받는 자가 그로 하여금 더 많은 권능을 얻게 하리라."

2) 둘째 점토판의 내용

1. 티아맛은 그녀의 일에 능력을 더했다.

2. 그녀는 제물이었던 여러 신들에 맞서(악)을 소중히 간직했다.

3. 압수(에게 복수하기 위해) 티아맛은 악한 음모를 꾸몄다.

4. 그녀의 군대는 그녀가 어떻게 함께 행동하게 되었는지를 에아에게 폭로했다.

5. 에아는 그들의 설명에(귀를 기울였다).

6. 그는 큰 곤경에 빠졌다. 그는 아무 말도 하지 않고 잠잠히 앉아 있었다.

7. (여러 날이) 지나갔고 그의 분노는 가라앉았다.

8. 그는 아버지 안샤르의 (궁전으로) 발걸음을 옮겼다.

9. (그는) 자기를 낳은 아버지인 안샤르 앞으로 (나아갔다).

10. 티아맛이 꾸민 (모든 것을) 그에게 되풀이했다.

11. 우리의 어머니 티아맛은 우리를 미워하게 되었다.

12. 회중이 모이자 그녀는 분노를 발하며 흥분했다.

13. 모든 신들은 그녀를 향해 바라봤다.

14. 그들은 여러 신들이 창조한 피조물들과 함께 그녀의 곁에서 걸어갔다.

15. 그들은 티아맛의 곁에서 스스로 분리되었다.

16. 그들은 노를 발하고 음모를 꾸몄으며 밤낮없이 불안한 시간들을 보냈다.

49. (안샤르는 티아맛이) 어떻게 큰 혼란에 빠지게 되었는지를 (듣고는)

50. (그는 자신의 가슴을 치면서) 입술을 깨물었다.

51. (그의 마음은 동요했으며) 진정되지 않았다.

53. (나의 아들 에아여) 전장으로 (나아가라).

54. (그들을) 굴복시킨 자는 바로 너다.

55. 너는 이미 (뭄무와) 압수를 죽였다.

56. (그녀의 앞에 나타난 킹구도 죽일지어다.)

108. (에아는 입을 열어?) 그에게 가라사대

109. ("나의 아들 마르둑아) 이 아비의 (말을 들을지어다).

110. 그의 마음을 넓힐 수 있는 자는 바로 너, 내 아들이라."

113. 주는 그의 아비의 말을 기뻐했다.

114. 그는 안샤르 앞에 가까이 나아가 다가섰다.

115. 안샤르는 그를 지켜보았고 그의 마음은 기쁨으로 가득했다.

116. 안샤르는 그에게 입맞춤을 했으며 그의 두려움은 사라졌다.

117. " … 은 숨겨지지 않는다. 네 입술을 열어라.

118. 진실로 나는 갈 것이라. 나는 네 마음의 소원을 들어줄 것이다.

119. … 은 숨겨지지 않는다. 네 입술을 열어라.

120. 진실로 나는 갈 것이라. 나는 네 마음의 소원을 들어줄 것이다.

121. 너를 그의 전장으로 데리고 갈 그 사람은 누구인가?

122. (이제) 티아맛은 무기를 들고 너와 맞서 싸워야 한단 말인가?

123. … 기뻐하고 즐거워하라.

124. 너는 티아맛의 뒤를 바짝 좇아가야 한다.

125. … 기뻐하고 즐거워하라.

130. … "두려워 말라. 너는 이후에 되돌아올 것이니라."

131. 그러자 주는 그의 아버지의 말씀을 듣고 기뻐했다.

132. 그의 마음은 기쁨으로 가득 찼으며 그의 아버지에게 가라사대

133. "오! 신들의 주이시며 위대한 신들의 운명이시여,

134. 만약 제가 당신의 보호하심을 끝까지 준행한다면

135. 티아맛을 사로잡으시고 당신의 생명을 구하옵소서.

136. 회중을 명하시고 제 운명을 강하게 하시며 그 운명이 들어오게 하소서.

137. 웁슉쿤나쿠에서 함께 기쁨의 자리에 좌정하옵소서.

138. 제 입의 말은 당신을 대신해 운명을 정할 것이라.

139. 제가 창조한 모든 피조물이 변치 않게 하옵소서.

140. 제 입술의 명령이 변개되거나 훼방을 받지 않게 하옵소서."

3) 셋째 점토판의 내용

 1. 안샤르는 그의 입을 열어

 2. 그의 (전령 가가에게) 가라사대

 3. ("오, 그대 나의 전령 가가여) 내 마음을 기쁘게 하는 자여.

 4. (라크무와 라카무에게 그대를 보낼 것이라.

 5. (내 마음의 원하는 바를) 그대가 이루기를 원하노라.

 6. … 내 앞으로 (?)를 보내어라.

 7. 신들이 모두 (이곳에 오기를 원하노라)

 8. (그들로 하여금 교제를 준비하게 할지니) 그들로 하여금 연회의 자리 에 앉게 하라.

 9. (그들이 빵을 먹고) 포도주를 준비하기를 원하노라.

10. 그들의 (보복자) 마르둑에 대해 그들로 하여금 운명을 정하게 할지어다.

11. (가라, 가가여) 그들 앞에 서라.

12. (그리고) 내가 그대에게 말한 (모든 것을) 그들에게 한 번 더 말하여라.

13. 네 아들 (안샤르)이 나를 보냈다고 말하여라.

14. (그는 그의 마음의 뜻한 바를 내게 이미 밝혔노라)

15. (가라사대) 우리를 낳은 티아맛이 우리를 미워하니라.

16. 회중이 모이자 그녀는 노를 발했고

17. 신들은 모두 그녀를 향해 바라봤으며

18. 그들은 여러 신들이 창조한 피조물들과 함께 그녀의 곁에서 걸어갔으니

19. 그들은 반역을 하고 있으며 티아맛의 곁으로 가고 있느니라.

20. 그들은 노를 발하고 음모를 꾸미며 밤낮없이 불안한 시간을 보내고 있노라.

21. 그들은 노발대발하며 전쟁을 준비하고 있노니

22. 회중이 함께 모여 그들과 함께 반란을 일으키느니라.

111. 아누를 보내노니 그는 그녀 앞에서 아무런 능력도 없었느니라.

112. 누딤뭇은 두려워하면서 되돌아갔고

113. 네 아들 신들의 우두머리인 마르둑은 길을 떠났다.

114. 티아맛의 원수인 그는 마음속으로 길을 떠날 것을 재촉하니

115. 그는 입을 열어 내게 이렇게 말했노라 (가라사대).

116. "만약 제가 당신의 보호하심을 끝까지 준행한다면

117. 티아맛을 사로잡으시고 당신의 생명을 구하옵소서.

118. 회중을 명하시고 제 운명을 강하게 하시며 그 운명이 들어오게 하소서."

119. 웁슉쿤나쿠에서 함께 기쁨의 자리에 좌정하옵소서.

120. 제 입의 말은 당신을 대신해 운명을 정할 것이라.

121. 제가 창조한 모든 피조물이 변치 않게 하옵소서.

122. 제 입술의 명령이 변개되거나 훼방을 받지 않게 하옵소서.'

129. 그러자 그들은 함께 길을 떠났노라.

130. 운명을 정한 위대한 신들은 모두

131. 안샤르 앞에 나아갔으며 그곳 (웁슉쿤나쿠)에 가득했느니라.

132. 회중에서 형제들은 서로 입맞춤을 했으니 ….

133. 그들은 교제를 준비했고 연회의 자리에 앉았느니라.

134. 그들은 빵을 먹었고 포도주를 마련했느니라.

135. 달콤한 음료가 그들의 마음을 혼미케 해

136. 그들은 술에 취하였으며 그들의 몸은 으로 가득했느니라.

137. 그들의 몸은 휘청거렸고 그들의 마음은 들떠 있었다.

138. 그들의 구원자 마르둑에 대해 그들은 운명을 정했노라.

4) 넷째 점토판의 내용

 1. 그들은 그를 위해 왕자의 침실을 준비했다.

 2. 그는 그의 아버지의 면전에서 주권을 얻기 위해 위대한 자가 되었다.

 3. (그들이 가라사대) "당신은 위대한 신들 중에서 가장 높임을 받으시고

 4. 당신의 운명은 적수가 없으며 당신의 명령은 곧 아누의 명령이오니

 5. 마르둑이여, 당신은 위대한 신들 중에서 가장 높임을 받으시오며

 6. 당신의 운명은 적수가 없으며 당신의 명령은 곧 아누의 명령이오니

 7. 오늘 이후로부터 당신의 명령은 거스를 수 없는 명령이 될 것이라.

 8. 높이는 것과 낮추는 것이 참으로 당신의 권능 안에 있고

 9. 당신의 말씀은 증거가 있고 당신의 명령은 거스를 수 없는 것이라.

10. 뭇 신들 중에서 당신이 다스리는 곳을 침범할 자는 없나니

11. 신들의 제단이 바라는 바는 음식기요,

12. 신들은 궁핍한 때에 당신의 성소를 신뢰할 것이라.

13. 오, 마르둑이여! 당신은 우리의 생명을 지키는 자이시라.

14. 우리는 온 세계를 통틀어 다스릴 수 있는 주권을 당신에게 드리노라.

15. 회중 가운데 좌정하시면 당신의 말씀은 높이 들리리라.

16. 당신의 무기는 그 누구도 당해 낼 수 없는 것이며 당신의 원수를 능
    히 궤멸시킬 것이라.

17. 오, 주 마르둑이여! 당신을 믿는 자는 생명의 구원을 얻을지니,

18. 다만 악과 짝을 맺은 신은 생명을 잃으리라!"

19. 그러자 그들은 한가운데에 옷 한 벌을 드었고

20. 그들의 첫아들인 마르둑에게 가라사대

21. "오, 주 마르둑이여! 당신의 운명이 당신으로 하여금 신들 중에서 가장 으뜸이 되게 하옵소서!

22. 파괴하는 것과 창조하는 것에서 (당신에 대한) 증거가 드러나게 하옵소서!

23. 당신의 명령으로 옷이 썩어 없어질지어다!

24. 또한 당신의 명령으로 옷이 다시 나타날지어다!"

25. 그가 그의 입으로 말하면 옷이 썩어 없어졌고

26. 그가 또 명령하면 옷이 다시 지어졌다.

27. 마르둑이 그의 입으로 말하면 그의 아버지 신들은 그것을 보았고

28. 기뻐했으며 축복의 말을 했다. "마르둑은 왕이시라!"

29. 그들은 마르둑에게 왕의 홀과 관 그리고 전투용 큰 도끼를 주었다.

30. 그들은 원수를 물리치는 무적의 무기를 그에게 주었다.

31. "티아맛의 생명을 끊으러 가시옵소서.

32. 바람이 그녀의 피를 불러 은밀한 곳으로 보내기를 원하노라!"

33. 마르둑의 아버지 신들이 벨의 운명을 정했을 때

34. 그들은 벨로 하여금 번영과 성공의 길로 나아가게 했다.

41. 그는 티아맛을 사로잡을 그물을 만들었다.

42. 그는 네 가지 바람으로 하여금 티아맛이 다른 곳으로 피할 수 없게 붙잡도록 했다.

43. 남풍, 북풍, 동풍, 서풍

46. 네 가지 바람, 7 가지 바람, 회오리바람, 위험한 바람

47. 그는 자신이 만든 바람 중 7 가지를 일으켰으며

48. 티아맛의 마음을 곤경에 빠트리기 위해 바람들은 그의 뒤를 쫓았다.

89. 티아맛은 큰소리로 맹렬하게 외쳤다.

90. 마치 둘로 나뉜 뿌리처럼 그녀의 다리는 후들거렸다.

91. 그녀는 주문을 외웠고 마법을 부렸다.

92. 전쟁의 신들은 그들의 무기를 요구했다.

93. 그러자 티아맛과 신들의 우두머리인 마르둑은 그들의 자리에 섰다.

94. 그들은 티아맛과 맞서 싸우려고 그녀에게 가까이 다가갔고 전쟁을
    벌이고자 했다.

95. 주 마르둑은 그물을 펼쳐 그녀를 사로잡았다.

96. 그의 등 뒤에서 불어오는 악한 바람이 그녀의 얼굴을 찔렀다.

97. 티아맛이 입을 한껏 벌리자

98. 마르둑은 티아맛의 입속으로 악한 바람을 밀어 넣었고 그녀는 입을
    닫을 수 없었다.

99. 마르둑은 티아맛의 배 속을 거센 바람으로 채웠다.

100. 티아맛의 용기는 사라졌으며 그녀는 자신의 입을 열었다.

101. 마르둑은 창을 내리쳐 그녀의 배를 갈랐다.

102. 그는 티아맛의 몸 속을 창으로 도려냈으며 그녀의 심장을 창으로 뚫었다.

103. 마르둑은 티아맛을 꽁꽁 묶고 죽였다.

104. 마르둑은 티아맛의 시신을 내려다본 후 그것을 밟고 일어섰다.

105. 그는 티아맛 다음으로 높은 우두머리도 죽였다.

106. 마르둑은 티아맛의 군대를 섬멸했으며 그녀의 숙주는 흩어졌다.

107. 티아맛 옆에서 진군하며 그녀를 도왔던 신들은

108. 두려워 떨며 도망쳤다.

109. 그들은 목숨을 구하기 위해 탈출구를 찾았다.

110. 그들은 차단막에 포위되었으며 도망을 칠 수 없었다.

125. 원수를 궤멸시킨 안샤르의 승리는 충분히 입증되었다.

126. 전사의 신 마르둑이 누딤뭇의 소원을 성취했다.

127. 경계 지역에서 신들은 마르둑의 요새를 강화했다.

128. 마르둑은 그가 묶은 티아맛의 시신을 뒤집었다.

129. 주 마르둑은 티아맛의 발을 짓밟았다.

130. 그는 티아맛의 혈관을 베어냈다.

131. 그리고 무기를 이용해 가차 없이 티아맛의 머리를 으깨 버렸다.

132. 그는 북풍을 일으켜 티아맛의 머리를 비밀의 장소로 보냈다.

133. 마르둑의 아버지들은 이 광경을 지켜보았다. 그들은 환호하며 기뻐
   했다.

134. 그들은 마르둑에게 각종 선물을 바쳤다.

135. 그러자 주 마르둑은 안식을 취했다. 그는 티아맛의 시신을 응시했다.

136. 마르둑은 괴물의 육신을 쪼갰다. 그는 한 가지 교활한 계획을 꾸몄다.

137. 그는 티아맛의 시신을 마치 넙치처럼 두 조각으로 쪼갰다.

138. 그는 시신의 한 조각을 취해 하늘의 덮개를 만들었다.

139. 그는 번갯불을 끌어당겨 호위병으로 세웠다.

140. 마르둑은 '티아맛의 물이 분출되지 말지어다'라고 명령했다.

141. 그는 하늘을 통과하면서 여러 세계를 둘러보았다.

142. 마르둑은 깊은 곳 맞은편에 누딤뭇의 처소를 마련했다.

143. 주 마르둑은 깊은 곳의 구조를 측량했으며

144. 이 깊은 곳을 향해 에샤라(Esharra) 궁을 지었다

145. 하늘에 지어진 에샤라 궁에서

146. 주 마르둑은 아누, 엘릴 및 에아를 각자의 처소에 거하게 했다.

5) 다섯째 점토판의 내용

1. 주 마르둑은 위대한 신들의 처소를 정했다.

2. 그는 그들과 닮은 모습의 별들을 12 궁(Zodiac)의 별자리에 배치했다.

3. 그는 일 년을 정했고 이를 여러 부분(월)으로 나누었다.

4. 12개월 동안 그는 3개의 별을 지었으며

5. 그해가 지난 후에 그는 여러 형상들을 본딴 별들을 만들었다.

6. 그는 여러 형상들의 경계를 정하기 위해 목성의 처소를 세웠다.

7. 이는 그 누구도 죄를 범하지 않도톤 하기 위해서였다.

8. 그는 벨의 처소를 지었으며 그 옆에 에아의 처소를 지었다.

9. 그는 두 처소의 대문을 열었다.

10. 문의 왼쪽과 오른쪽에 튼튼한 자물쇠를 만들었다.

11. 주 마르둑은 그 가운데에 천정(天頂 = zenith)을 배치했다.

12. 그는 월신(moon-god)에게 밤을 비추는 일을 맡겼다.

13. 그는 날을 정하기 위해 월신을 밤의 신(being)으로 임명했다.

14. 주 마르둑은 달마다 쉼없이 그를 왕관으로 만들며 (가라사대)

15. "매월 초에 땅을 비추어라,

16. 초승달의 한쪽 끝이 나타나는 것으로 6일을 정하여라.

17. 제 7일에는 티아라(tiara)가 사라질지어다.

18. 제 14일에 너는 티아맛을 쪼갠 시신 (두) 조각 맞은편에 설 것이라.

19. 그러면 태양신이 지평선 위로 떠오르리라 … 그대여

20. 그대는 … 눈부시게 화려하고 그대는 거꾸로 돌지어다.

21. (제 14일에) 그대는 태양신의 길에 가까이 다가갈 것이라.

22. (제 28일에) 그대는 태양신에게 가까이 다가가리라 ….

23. … 징표, 그녀의 길을 좇을 것이라.

24. … 가까이 다가가 정의로 판결을 내리라.

25. … 를 파괴하기 위해

77. 그러자 (위대한) 신들의 회중에서 아누가 일어났다.

78. 그는 머리를 숙이고 그것에 입을 맞췄다. ….

79. "긴 나무(Long-wood)는 하나의 이름이 될 것이요, 두 번째는 ….

80. 그것의 세 번째 이름은 하늘의 궁성(弓星 = bow-star)이 되리라."

81. 그는 (먼 훗날에) 그것의 위치를 정했다.

6) 여섯째 점토판의 내용

1. 마르둑은 신들의 말씀을 들었을 때

2. 마음에 감동을 받았고 찬란히 빛나는 하나의 형태를 만들었다.

3. 그는 입을 열어

4. 그의 마음속에 품은 바 계획을 에아에게 제시하면서 가라사대

5. "나는 피를 굳게 할 것이요, 뼈를 맞출 것이라.

6. 나는 사람을 만들 것이요 '사람'이 그의 이름이 되리라.

7. 나는 사람을 '사람'으로 지을 것이라.

8. 신들의 수고를 통해 사람은 진실로 그들에게 안식을 줄 것이라.

9. 나는 진실로 신들의 길을 바꿀 것이라.

10. 신들을 모두 하나씩 2 개의 부분으로 나눌 것이라."

11. 그러자 에아가 대답하면서 그에게 한 마디 말을 건넸다.

12. 마르둑은 신들을 만족시키기 위한 계획을 에아에게 공개했다.

13. "그는 네 형제들 가운데 한 신을 포기해야 하리라.

14. 나는 그를 임명하고 사람들은 준비할 것이라.

15. 위대한 신들은 반드시 함께 모여야 할지니

16. 이것은 반드시 포기해야 하며 그는 그들을 내주어야 하리라.”

17. 마르둑은 위대한 신들을 한 곳에 모이게 한 후, 결정을 내리고 하달했다.

18. 그는 입을 열어 신들에게 가라사대

20. “우리가 그대들에게 말했던 이전 것들은 참으로 옳은 것으로 확증되었으니

21. 나 스스로 참된 것들을 언약했도다.

22. 분쟁을 낳은 자는 누구인고?

23. 소란을 일으켰으며 전쟁을 동반한 자는 도대체 누구뇨?

24. 분쟁을 일으킨 자는 신의 자리를 포기해야 하리라.

25. 나는 그를 만들 것이라. 참으로 나는 그로 하여금 저주를 받게 할 것이라. 다만 그대들은 안온할지니.”

26. 그러자 위대한 신들 중 하나인 이기기(Igigi)가 그에게 대답했다.

27. “오, 하늘과 땅의 신이요, 신들의 모사이자 주인이신 왕 마르둑이시여,

28. 분쟁을 일으킨 자는 킹구이오니

29. 그는 반란을 주도했으며 전쟁을 일으켰나이다.”

30. 그들은 이기기의 몸을 결박한 후 에아 앞에 그를 끌고 갔다.

31. 그러자 에아는 이기기를 저주했다. 그의 몸에서 갑자기 피가 쏟아져 나왔다.

32. 에아는 그의 피로부터 신들을 경배할 인간을 지었다.

34. 인간을 창조한 후, 에아는 신들을 경배하는 일을 인간에게 맡겼다.

35. 이 일은 옛 약속이었으며

36. 마르둑의 노련한 솜씨와 누딤뭇의 지혜를 통해

37. 신들의 왕인 마르둑은 20명의 아눈나키(Anunnaki)가 거할 처소를 하늘 위아래에 정했다.

38. 그는 병영 … 을 호위하는 임무를 아누에게 맡겼으며

39. 땅을 지키는 군주를 바꿨고 ….

40. 신들의 명령이 있은 후에 왕 마르둑은 명령을 하달했다

43. 신들은 그들의 주인 마르둑에게 가라사대

44. "오, 땅의 수호신이시요 우리를 죄에서 구원하신 주 마르둑이시여,

45. 우리가 어찌 당신이 거하는 곳에 거하리요!

46. 오, 우리는 그 이름이

47. '안식의 성소(Sactuary-wherein-we-may-take-rest)'라 일컫는 성소를 지으리라!

48. 오, 우리는 이 성소를 우리의 처소로 세우리라!

49. 성소를 얻는 그날 우리는 비로소 그곳에서 안식하리라."

50. 마르둑이 이 말을 들었을 때

51. 그의 얼굴은 마치 대낮처럼 매우 환하게 빛났다.

52. "여러 개의 벽으로 바빌론 성을 지었듯이 이 성읍의 세워진 것을 기뻐할지어다.

53. 성벽으로 둘러싸인 도시를 짓고 하나의 지역으로 그곳을 둘러쌀지어다."

54. 아눈나키는 가마(kiln)를 보호했다. 그들은 1년 내내 벽돌을 구웠다.

55. 이듬해가 되자 에사길라(Esagila)의 울타리는 압수의 가슴 위에 세워졌다.

56. 그들은 천상의 대양에 도달할 때까지 신전의 탑을 지었다.

57. 마르둑, 엔릴 및 에아를 위해 그들은 이 탑을 처소로 세웠다.

58. 그들은 이러한 신들의 현존의 영광과 함께 들어갔다.

62. 깊은 심연에 조성된 에사글리아에서 그들은 모두 모였다.

63. 그들이 만든 큰 정원에는 그들의 처소가 있었다.

73. 운명의 신들 중 일곱은 … 정착했다.

111. 그들은 각자의 땅을 꾸미고 각자의 제단을 지을 수 있었다.

112. 신들의 수효는 실로 늘어나게 되었다.

113. 오늘날 우리 세대에서 수많은 이름으로 불리고 있는 그는 우리의 신
     이다.

114. 우리는 그를 50 가지의 이름으로 명명한다.

122. 그가 지은 사람들은 피조물이 되었다.

123. 그들은 신들을 예배하는 의식을 만들었으거 신들의 분노를 가라앉혔
     다.

128. 마르둑은 참으로 그의 땅과 백성들의 믿음직한 신이었다.

157. 그들은 회중에 앉아 마르둑의 뛰어남을 찬양했다.

158. 그들은 모두 메수(Mesu)라는 이름의 악기를 연주하면서 그의 이름
     을 찬양했다.

7) 일곱째 점토판의 내용

1. "오, 추수할 곡식을 내리시며 농사의 시조이신 아샤루(Asharu)시여,

2. 당신은 곡물과 식물을 지으셨으며 푸른 목초를 자라게 하시는 자이
   시 니이다.

3. 오, 모사가 넘치는 모사의 집에서 존경을 받으시는 영광의 아샤루시여,

4. 신들은 (뭇 신들을 자기 손아귀에 두시는) 당신을 존귀하게 여기며 경외하나이다.

5. 오, 권능의 군주이시요, (그를 낳으신 선조들의) 빛이 되시는 영광의 아샤루시여,

6. 그는 아누, 벨 (그리고 에아)의 명령을 지휘하시며

7. 그들의 보호자이시며 … 의 운명을 정하셨도다.

8. 그는 풍성한 양식을 공급하시며 앞으로 나아가는도다. ….

9. 그들의 회복의 창조자이신 그의 이름은 투트(Tut)이니

10. 그들이 낫기를 원한다면 그대로 되니라(그들의 소원이 이루어졌도다.).

11. 그가 주문을 외우면 거기에 신들이 있었다(나타났도다.).

12. 그들이 분노하여 그를 공격하면 그는 그들의 대열을 격퇴할 것이라.

13. 신들의 회중에서 그의 이름을 높일지어다.

107. 참으로 그는 신들의 시작과 마지막을 붙들고 계시오니 ….

108. 가라사대 "그는 티아맛의 한 가운데를 (쉬지 않고) 뚫고 지나갔도다.

109. 그의 이름을 한 가운데를 붙잡은 자 곧 네베루로 부를지어다.

110. 그는 하늘의 별들이 갈 길을 지키신다.

111. 참으로 신들은 마치 한 무리의 양 떼처럼 풀을 뜯는구나."

112. 그는 티아맛을 꽁꽁 묶어 그녀의 목숨을 갈라놓았으며 그녀를 궤멸시켰다.

113. 먼 훗날 늙은이들은

114. "그가 영원히 우리의 주가 될 것이라!"라고 거듭 말하리라.

115. 그는 여러 공간을 지으셨으며 요새를 만드셨다.

116. 그의 아버지 벨은 그를 "여러 나라의 주"로 불렀다.

117. 이기기(Igigi)가 부른 이름들은 모든 이의 이름이 되었다.

118. 이름을 들은 에아의 마음은 기쁨에 넘쳤다.

119. "아비가 찬양하는 이름을 지닌

120. 그도 나처럼 에아(Ea)라고 불릴지어다.

121. 나의 모든 명령의 구속을 그가 통지하시리라.

122. 나의 모든 명령을 그가 선포하시리라!"

위에서 제시한 바빌론 서사시(신화)에 따르던 압수(Apsu)는 민물(fresh water)로 존재하고 있으며 티아맛(Tiamat)은 짠물(salt water)로 존재하고 있다. 그들이 한데 뒤섞이자 신들이 창조되었다. 결국 이미 존재했던 2가지 재료가 근원적인 신(being)으로 존재하고 있으며 다만 창세기 1장은 단 하나의 본질을 지니고 있으며 결코 물질이 아닌 존재인 하나님 – "태초에 하나님이(In the beginning, God)" – 을 소개하고 있다.

뭄무는 티아맛과 연계해 별개의 인격체로 표현되고 있다. 그리고 티아맛은 때때로 여인으로 표현되다가 때로는 용(dragon)으로 표현되기도 한다. 뭄무는 때대로 압수와 티아맛 사이에 태어난 아들로 추정되고 있으며 또한 티아맛을 통해 신들의 선조가 된 자로 추정되고 있다. 이러한 점토판들은 바로 이러한 대목에서 일관성을 보이지 않고 있으며 우리는 전체 점토판의 내용에 걸쳐 성적 요소들(sex element)을 발견할 수 있다. 그러나 창세기에서는 내러티브(narrative) 그 자체가 완벽한 조화를 이루고 있음을 알 수 있으며 다만 성적 요소들에 대한 단 하나의 암시도 발견할 수 없다.

바빌론 신화(서사시 : epic)는 마법을 도입하고 있다. 압수를 상대로 주문을 거는 장면은 신을 희화화(戱畵化)하고 있다. 마르둑은 그의 몸이 나타나고 사라지는 의복을 지어 그의 권능을 나타내고 있다. 그러나 창세기에서는 그와 같은 내용을 찾을 수 없다. 단 하나의 신(하나님)이 그 자신의 권능(말씀)으로 하늘과 땅을 지으셨던 것이다.

삼위일체의 하나님을 믿는 우리들은 창조 내러티브의 중요한 요점들이 (구전을 통해) 아브라함에게 전수되었거나 혹은 계시를 통해 아브라함이나 모세에게 전달되었을 가능성이 있음을 알고 있다. 하지만 바빌론 신화에서 창조 신화의 기원을 발견하는 것은 불가능하다. 간혹 바빌론 신화와 성경의 창조 내러티브 간에 일치하는 대목이 눈에 띄기는 하지만 그 수는 미미하며 오히려 차이점들이 크게 나타난다.

G. A. Barton은 이렇게 말한다. "두 기사는 모두 태고의 혼돈(chaos)이 온통 수많은 물로 이루어져 있었다고 추정하고 있으며 이러한 물에 대해 두 기사는 모두 동일한 이름을 부여하고 있다. 유대인들은 이를 테홈(Tehom) 곧 "깊은 (데)"로 불렀으며 바빌론 사람들은 이를 티아맛(Tiamat)으로 불렀던 것이다. 이 두 단어는 밀접한 관계가 있는 두 언어(고대 히브리 어 : 고대 바빌로니아 어)에서 사실상 동일한 의미를 지니고 있다."[132] 그러나 이들 두 단어 간에 존재하는 차이점들도 유의해야 한다. Keil과 Delitzsch는 תְּהוֹם은 포효하다(to roar), 분노하다(to rage) ‒ 요란하게 밀려오는 파도 또는 홍수 ‒ 를 뜻하는 הוֹם에서 유래하고 있다고 설명한다. 티아맛은 하나의 근원이 아니며 다만 기존의 일부 재료들과 함께 뒤섞이는 과정에서 여러 신들이 탄생하게 되었다. 다시 말해, 바빌론 서사시에서 신들은 기존의 재료로부터 만들어진 가공의 존재인 반면에 창세기 1장에 등장하는 하나님은 모든 만물을 창조하셨다. 또한 티아맛은 여성적인 존재로서 죽음

---

132) G. A. Barton, *The Archaeology and the Bible* (고고학과 성경), 48.

의 운명을 맞이하고 있지만 테홈(Tehom)은 어떤 식으로 사용되더라도 티아맛처럼 여성적인 존재로서 죽음의 운명을 맞이하지는 않고 있으며 창세기 1장에서 사용된 바와 같이 성적 요소를 가리킬 만한 것은 존재하지 않는다.

G. A. Barton은 이렇게 설명한다. "창세기에서 우리는 '하나님의 영'(R. V. Margin이 생각했던)이 수면 위에 운행하셨다는 기록을 볼 수 있다. 바빌론 신화(서사시)에서는 남성과 여성이 공존하는 존재로 생각되었던 물들이 둘러싸였다고 전해지고 있다. 두 기사에서는 결국 창조 과정의 시작이 소개되고 있는 것이다.[133] 그러나 우리는 이 두 기사 간에 유사점들을 확인할 수 없는데 그 이유는 문맥의 의미가 서로 판이하게 다르기 때문이다. 바빌론 서사시에서는 "물들이 서로 뒤섞였다."라는 구절과 "신들이 그들의 한가운데에서 창조되었다."라는 구절이 등장하지간 구약 성경에서는 "하나님의 영이 수면 위에 운행하시니라."라고 기록되어 있다. 히브리 어로 רוח (숨, 호흡)는 바람과 영을 가리키는 단어로서 마치 $\pi\nu\epsilon\omega$의 $\pi\nu\epsilon\upsilon\mu\alpha$와 같다. 루흐 엘로힘(Ruch Elohim)은 하나님이 만드신 바람의 숨결이 아니며 (동사형 단어는 이러한 의미에 적합하지 않다.) 하나님의 창조의 영이자 모든 생명체의 근원을 의미하는데 이러한 하나님의 영은 형체가 없고 생명이 없는 흙덩어리 위에서 역사해 이를 분리하고 생명을 불어넣으며 살아 있는 형태(이후의 구절에 등장하는 하나님의 창조의 말씀을 통해 탄생한)를 만들었다.[134]

---

133) G. A. Barton, *The Archaeology and the Bible* (고고학과 성경), 48.

134) Keil & Delitzsch, *The Biblical Commentary on the Pentateuch* (모세 오경 주해). 49.

Barton은 이렇게 설명한다. "바빌론 신화(서사시)와 구약 성경의 창조 내러티브는 물들의 일부를 붙들고 있는 궁창〔바빌론 사람들은 이것을 일컬어 '덮개(covering)'라 부르고 있다〕에 의해 태고의 대양이 분할됨으로써 하늘과 땅이 탄생했으며 결과적으로 땅은 궁창 아래에 형성될 수 있었다는 사실을 인정하고 있다."[135] 우리는 바빌론 서사시(epic)에서 하늘과 땅의 창조에 관한 명확한 개념을 찾을 수 없지만 구약 성경은 그와 같은 개념을 제시하고 있다. G. A. Barton이 설명하는 바와 같이, 구약 성경에 등장하는 궁창(firmament)은 바빌론 서사시에 등장하는 덮개(covering)와 의미상 같은 단어임을 인정하더라도 두 이야기(accounts)는 내용상 서로 큰 차이를 보이고 있다. 창 1:7은 "하나님이 궁창을 만드사 궁창 아래의 물과 궁창 위의 물로 나뉘게 하시니 그대로 되니라."라고 기록되어 있다. 하지만 바빌론 서사시는 이렇게 기록되어 있다. "그(마르둑)는 그녀(티아맛)의 시신을 마치 넙치처럼 두 조각으로 쪼갰으며 그중 한 조각을 취해 하늘의 덮개를 만들었다"(4번째 점토판의 136~138절).

Barton은 다시 이렇게 설명한다. "일곱(7)이라는 숫자는 바빌론 서사 시와 히브리어 구약 성경 간 내용 구성에 있어 또 하나의 놀라운 유사성에 속한다. 바빌론 서사시는 7개의 점토판 또는 편(cantos)으로 구성되어 있으며 히브리 민족의 창조 내러티브는 7일로 구성되어 있다."[136] 7개의 점토판과 7일이 서로 유사한 성격을 띠고 있음을 입증할 만한 증거로는 과연 무엇이 있을까? Barton이 설명하는 바와 같이, 바빌론 신화(서사시)에서 창조의 순서는 차이를 보이고 있는데 달과 별의 창조에 관한 내용은 넷

---

135) G. A. Barton, *The Archaeology and the Bible* (고고학과 성경), 268.
136) *Ibid.*, 270.

째 점토판 대신, 다섯째 점토판에 기록되어 있다. 그리고 첫째 점토판에서 신들은 그들 가운데에서 창조되었으며 위대해졌고 키가 자랐다. 하지만 히브리 창조 내러티브에서는 첫째 날에 하나님이 빛을 만드셨다. 때문에 Barton은 이렇게 말하고 있다. "창세기에 기록된 하나님의 창조 사역에 관한 분류는 분명하면서도 일관성이 있으며 바빌론 신화의 그것과는 전혀 상관이 없다."137)

사람의 창조와 관련해 바빌론 서사시(신화)의 여섯째 점토판은 이렇게 기록되어 있다. "에아는 킹구의 피로부터 신들을 경배할 인간을 지었다." 그러나 창세기는 이렇게 기록되어 있다. "하나님이 자기 형상 곧 하나님의 형상대로 사람을 창조하시되 남자와 여자를 창조하시고"(창 1:27), 그리고 창 2:7은 "여호와 하나님이 땅의 흙으로 사람을 지으시고 생기를 그 코에 불어넣으시니 사람이 생령이 되니라."라고 기록되어 있다. 만약 성경의 창조 내러티브가 바빌론 신화를 출처로 한 것이라면 창세기의 저자는 왜 "흙(dust)" 대신 "피(blood)"라는 단어를 사용하지 않았단 말인가? 또한 창세기의 저자는 "하나님의 형상"이라는 문구를 어디서 인용했단 말인가? 여기서 성경의 창조 내러티브는 바빌론 서사시의 그것보다 더 자연스럽다. 여기서 우리는 인간이 하나님과 같이 도덕적이면서도 영적인 존재로 지음을 받았으며 다만 흙으로 지어진 그의 육체에서 동물과 유사한 성격을 띠고 있었다는 히브리 창조 내러티브만의 특징을 발견할 수 있다. 여기서 성경은 하나님을 흙의 일부를 취해 이를 일정한 형상으로 만든 조물주로 표현하지 않고 오히려 인간의 몸을 짓기 위해 흙의 원소를 사용한 조물주로 표현하고 있다.

본 단원의 끝을 맺으면서 우리는 성경의 창조 내러티브와 바빌론 서사

---

137) G. A. Barton, *op, cit.*, 268.

시(신화)는 서로 아무런 관계도 없다는 결론을 도출할 수 있다.[138] G. A. Barton은 바빌론 서사시의 신화적이면서 다신론적인 성격을 띠고 있다고 설명한다. 이 신화에서는 신의 개념(conception of deity)을 전혀 찬양하지 않고 있다. 바빌론 서사시의 신들은 사랑과 증오, 계략과 음모, 싸움과 파괴를 각각 일삼고 있으며 여러 신들 중에서도 우두머리인 마르둑은 격렬한 전투를 벌인 후에야 비로소 대적을 이기고 있는데 이 신화는 기껏해야 여기까지만 그의 권능을 표현하고 있다. 그러나 창세기 1장은 절대적인 일신론의 성격을 띠고 있다. 여기서는 "하나님이 말씀하셨고 그대로 되었다."라는 내용만 되풀이하고 있다. 그와 동시에 이는 사실(fact)로서 드러났다. 창조 내러티브에서는 주로 하나님을 강조하고 있으며 이 하나님은 창세기 1장의 31개 구절에서 총 32회에 걸쳐 주체로서 언급되어 있다.

2. 타락(이다파 신화의 내용)

여기서는 아다파(Adapa) 신화의 내용을 창세기 3장과 비교해 보기로 하겠다.

아다파 신화의 기록을 번역하면 다음과 같다.[139]

2. 남풍(이 불자 그의 몸이 뒤집혔다).

3. 그(아다파)의 몸은 가라앉아 (물고기들의) 집으로 떠내려갔다.

4. "오, 남풍이여!(할 수만 있다면) 그대의 분노를 더 크게 (격발하여라).

5. 나는 그대의 날개를 꺾으리라." 그가 입을 열어 말하자,

---

138) G. A. Barton, *op, cit,*, 270.

139) A translation from *The Archaeology and the Bible* (고고학 및 성경의 문헌을 토대로 한 번역), 285-286.

6. 남풍의 날개는 꺾여 버렸다. 7 일 동안

7. 남풍은 땅에서 더 이상 불지 않았다. 아누(Anu)가

8. 그의 전령 일라브랏(Ilabrat)에게 물어 가라사대

9. "7일 동안 남풍이 땅에서 불지 않은 이유는 무엇이뇨?"

10. 그의 전령 일라브랏이 그에게 대답하여 가라사대 "에아의

11. 아들이신 내 주 아다파가 남풍의 날개를

12. 꺾었나이다." 이 말을 들은 아누는

13. "도와 달라!"라고 외쳤다. 그는 왕위에 올랐다. "그를 내게 데려오게 하
    라.

14. 이와 마찬가지로, 신들을 알고 있는 에아는

14a. "왕 에아에게 오라."라고 그에게 요청했다.

14b. 에아는 아다파에게 말(word)을 낳게 했다.

14c. … 그에게, 왕 에아에게

14d. 그는 전령을 보냈다.

14e. 그는 총명한 자이기 때문에 위대한 신들의 마음을 읽는다.

14f. 그는 천계의 … 을 만들었다.

15. (에아는 흙으로 만든 옷)을 그에게 입혔다. 그는 상복을 입었다.

16. 에아는 그를 위해 옷을 지었고 그에게 조언을 해 주면서

17. 가라사대 "아다파여, 그대는 왕 아누의 어전으로 가나이다.

18. 명령을 어기지 말고 내 말을 지킬지니

19. 그대가 하늘로 올라가 아누의 성문에 가까이 다가갈 때에

20. 아누, 탐무즈 및 기쉬지다의 성문에서

21. 서면 그들이 그대를 보고 이렇게 물을 것이요. '주 아다파시여,

22. 당신은 누구를 위해 그렇게 입으셨나이까? 당신은

23. 누구를 위해 상복을 입으셨나이까? 우리 땅에서 2명의 신이 사라졌소이다. 그렇다면

24. 제가 그런 것이니이까? 이 땅에서 사라진 2명의 신은

25. 누구오니이까?' 바로 탐무즈와 기쉬지다이니이다. 그들은 서로를 바라보고

26. 깜짝 놀랄 것이라. 그들은

27. 아누에게 길한 말을 할 것이요. 그들은

28. 아누의 기쁜 안색을 그대에게 보일 것이라. 당신이 아누의 어전에 설 때에

29. 그들은 그대에게 죽음의 음식을 먹으라고 권할 것이요.

30. 그대는 이 음식을 들지 말지어다. 그들은 그대에게 죽음의 물을 마시라고 권할 것이라.

31. 그대는 이 물도 마시지 말지어다. 그들은 그대에게 옷 한 벌을 보일 것이오니

32. 이를 입으시오. 그들은 그대 앞에 기름을 준비할 것이요. 그대의 몸에 기름을 바를지어다.

33. 내가 그대에게 전하는 명령을 잊지 말지어다.

34. 내가 그대에게 한 말을 굳게 붙들지어다." 아누의

35. 전령이 왔다. "남풍의 날개를

36. 꺾은 아다파, 그를 나의 어전으로 보낼지어다."

37. 그는 아누가 만든 하늘 길을 취하고 하늘로 올라갔다.

38. 하늘로 올라갈 새 아누의 성문에 다가갈 때에

39. 아누의 성문에서 탐무즈와 기쉬지다가 서 있었다.

40. 아다파를 보았을 때 그들은 이렇게 외쳤다. "아다파시여, 도와주소서!

41. 주여, 당신은 누구를 위해 그렇게 입으셨나이까?

42. 당신은 누구를 위해 상복을 입으셨나이까?

43. 우리 땅에서 2명의 신이 사라졌소이다. 그렇다면 제가

44. 상복을 입고 있는 것이니이까? 이 땅에서 사라진 2명의 신은 누구오
    니이까?"

45. "바로 탐무즈와 기쉬지다로소이다." 그들은 서로를 쳐다보고

46. 소스라치게 놀랐다. 아다파가 왕 아누의 어전에

47. 들어갔을 때 아누는 그를 보고 이렇게 외쳐 가라사대

48. "오라, 아다파여, 그대는 남풍의 날개를

49. 왜 꺾은 것이오?" 아다파가 대답하여 가라사대 "내 주, 아누 왕이시여.

50. 바다 한 가운데에 있는 내 주의 집을 위해

51. 제가 물고기를 잡고 있었나이다. 바닷길을 가던 중에

52. 남풍이 불어 제 몸이 뒤집혔사오니

53. 내 몸이 물속에 가라앉아 물고기의 집으로 떠내려갔나이다. 내 마음에
    분노가 일어

54. 제가 (남풍을) 저주했나이다. 나의 곁에서 탐무즈와

55. 기쉬지다가 대답하여 가라사대 '마음은 아누를 향할지어다'라고 말했
    나이다.

56. 그들은 그를 진정시켰고 그의 마음을 얻었다(?)고 말했나이다.

57. 하늘과 땅의 에아는 무엇 때문에 순결치 못한

58. 인간에게 마음을 드러낸 것이니이까?

59. 그는 아다파를 강하게(?) 했사오니 그가 아다파에게 이름을 주었나이다.

60. 우리는 그에게 무엇을 할 수 있겠나이까? 생명의 음식을

61. 그에게 드리면 그가 먹을 것이리이다.” 그들은

62. 생명의 음식을 그에게 드렸지만 그는 이 음식을 먹지 않았다. 그들은

63. 생명의 물을 그에게 드렸지만 그는 이 물을 마시지 않았다. 그들은

64. 옷을 그에게 드렸으며 그가 스스로 옷을 입었다. 그들은

65. 기름을 그에게 드렸으며 그가 스스로 자기 몸에 기름을 발랐다.

66. 아누는 아다파를 쳐다보고는 의아해했다.

67. “이리 오라, 아다파여! 그대는 왜 먹지도 마시지도 않는가?

68. 이제 그대는 살지 못할 것이요, 모든 인간은 죽음을 면치 못할 것이
라”(?). “나의 주 에아가

69. 가라사대, 그대는 먹지도 마시지도 말라.”라고 하였소이다.

70. 그를 붙잡아 땅으로 다시 데려가라.

71. … 그를 지켜보았다.

위의 구절들은 아다파 신화의 단편 4개 중 한 부분을 번역한 것이다. 비평가들은 이 대목이 창세기 3장의 내용과 관계가 있으며 Barton은 아다파가 창세기의 아담처럼 지식(knowledge)을 얻었다고 말한다. 이러한 지식을 통해 아다파는 남풍의 날개를 꺾을 수 있었다. 이러한 지식을 통해 아담과 하와는 “하나님과 같이 되어 선악을 알게 될 것”이라는 유혹을 받았다(창 3:5)고 했다.

그러나 우리는 상기의 설명에서 도무지 유사한 점을 발견할 수 없다. 여기서는 오히려 차이점에 주목할 필요가 있다. 창세기에서는 지식이 아담과 하와의 원죄로 인해 영원한 생명을 잃어버렸지만 아다파 신화에서는

신(神)인 에아가 아다파로 하여금 지식을 얻을 수 있도록 허락했다. Barton은 창세기 3장 22절에 등장하는 생명나무가 바빌론 및 아시리아의 신화에 등장하는 생명나무의 개념과 같다고 주장한다.

W. L. Wardle은 이렇게 말한다. "이러한 관계에서 자주 인용되어 왔던 바빌론의 원통 인장(seal cylinder)에 관한 설명은 타락 설화와 별 관계가 없다. Delitzsch의 주장에 따르면 이 원통 인장은 열매가 달린 나무를 묘사하고 있다. '우측에는 힘(능력)을 상징하는 뿔로 확인되는 남자가 있고 좌측에는 여자가 있는데 그들은 모두 열매를 따기 위해 손을 뻗고 있고 여자의 등 뒤에는 뱀이 있다.' 이러한 원통 인장을 근거로 하더라도 Delitzsch는 "바빌론 신화의 타락 설화와 성경에 기록된 가담의 원죄는 서로 아무런 관계도 없는 것인가?"라는 질문을 대담하게 제기하고 있다. 일부 비평가들은 여자의 배후에 있는 구불구불한 길이 적어도 뱀(serpent)을 상징하고 있다는 사실을 부인해 왔다. 이는 단지 전체 줄거리의 장식적인 단편에 불과할지도 모른다. 하지만 이를 자세히 살펴보면 구불구불한 길이 뱀을 상징하고 있다는 Delitzsch의 견해가 지당하다고 생각된다. 다만 ① 뿔 모양의 형상이 의심할 여지없이 신을 상징하고 있고 ② 다른 형상은 여자를 상징하고 있다고 주장할 만한 절대적인 근거가 없으며, 이는 아마도 신(divinity)을 상징하고 있다고 추정된다. ③ 두 형상은 모두 자리에 앉아 있고 옷을 입고 있으며 나무를 쳐다보고 있고 그러한 형상 뒤에 있는 뱀은 구전에 따르면 여자를 상징하고 있다는 사실을 생각해 볼 때 성경의 기록과 비슷한 것이 있는가?"[140]

---

140) G. A. Barton, *Israel and Babylon* (이스라엘과 바빌론), 187.; *The Archaeology and the Bible* (고고학과 성경) 중 그림 219 및 293과 107를 각각 참조.

비평가들 중에서 일부는 바빌론 설화의 기원이 창세기의 그것보다 더 앞선다고 주장하고 있지만 다른 비평가들은 바빌론 설화가 성경에 기록된 창조 설화의 변질된 형태에 속한다고 주장한다. 따라서 Barton은 이렇게 말한다. "어떤 경우든 간에 바빌론 설화는 창조에 관한 성경의 개념들이 태고 시대를 기원으로 하고 있음을 입증하고 있으며 창세기의 그것과 대비할 때 오히려 성경에 수록된 창조 설화의 품위와 종교적 가치를 드러내고 있다. 바빌론 신화에 등장하는 신들인 에아와 아누는 서로 다른 역할을 분담하고 있으며 상반된 목적을 위해 사역하고 있다. 에아는 그의 목적을 달성하기 위해 거짓을 말하고 있다. 창세기는 여호와 하나님을 성경의 일부 내용에서 볼 수 있는 것보다 훨씬 더 인간적으로 느끼고 행동하는 존재로 표현하고 있으면서도 항상 의로우시고 전지전능하신 하나님으로 묘사하고 있는데 여기서 하나님은 인간에게 양심을 요구하시며 죄에 합당한 대가로서 벌을 내리고 계신다. 구약 성경의 탁월성은 극명한 대조 속에서 나타나고 있다."[141] 만약 Barton의 견해가 옳다면 우리는 모세가 하나님의 계시를 통해 혹은 그의 선조들로부터 대대로 전수된 구전을 통해 이러한 창조 설화를 기록했을 것이라고 쉽게 추정할 수 있다.

3. 노아 홍수 이전 시대의 사람들

노아 홍수 이전에 살았던 이스라엘 조상들의 목록(족보)은 오늘날 무엇보다도 해명하기 어려운 성경의 문제들 중 하나에 속한다. 여기서는 이러한 주제를 논하기에 앞서 이스라엘 조상들의 이름을 목록으로 나열하면

---

141) G. A. Barton, *The Archaeology and the Bible* (고고학과 성경), 284.

다음과 같다.

A (창 4:17-22, 9:29)	B (창 5:29, 4:25ff) [142]
아담 אָדָם	아담 אָדָם
셋 שֵׁת	셋 שֵׁת
에노스 אֱנוֹשׁ	에노스 אֱנוֹשׁ
게난 קֵינָן	가인 קַיִן
마할랄렐 מַהֲלַלְאֵל	에녹 חֲנוֹך
야렛 יֶרֶד	이랏 עִירָד
에녹 חֲנוֹך	므후야엘 מְחוּיָאֵל
므두셀라 מְתוּשֶׁלַח	므두사엘 מְתוּשָׁאֵל
라멕 לֶמֶך	라멕 לֶמֶך
노아 נֹח	야렛 יֶרֶד 유발 יוּבָל
	두발가인 תּוּבַל-קַיִן

C

아라라스(Alaras)	36000
아라포로스(Alaporos)	10800
아멜론(Amelon)	46800
암멘논(Ammenon)	43200
메가라로스(Megalaros	64800
다오나스(Daonas)(Variant Doos)	36000
(유도라코스 Euedorachos)	64800
아멤프시놋Amempsinot)	6000
오티아라테스(Otiartes)	28800
식소드로스(Xisauthros)	64800

---

142) Barton, *See the article Antediluvians in the Israel and the Babylonians*.

파괴적 비평가들의 주장에 따르면 상기의 목록 (A)는 노아 시대 이전의 조상들을 열거한 공식적이면서도 완전한 내용의 목록으로서 1차 엘로히스트 문서(P)에서 유래하고 있다.

앞의 목록 (B), (2)는 6세대의 조상들을 나열하고 있는데 이 목록에서 각 세대의 족장은 하나의 이름을 갖고 있으며 그 이후의 세대는 3개의 이름을 갖고 있다. (1)은 (2)에 추가되고 있으며 결국 이 2개의 목록은 (A)의 그것과 동일한 목록을 구성할 수 있다. 이 2개의 목록은 모두 함께 야휘스트 문서(J)로 분류된다.

(A), (B1) 및 (B2)의 상관관계는 무엇보다도 미묘하면서도 복잡한 문제를 야기하고 있으며 여기서 우리는 이 문제를 다룰 수 없다. 비평가들은 (B2) 목록에 나열된 6개의 이름이 본질적으로 (A) 목록의 4번째부터 9번째 명단과 동일한데 다만 순서에 있어 약간의 변동이 있다고 주장한다. 그래서 그들은 (B1) 목록과 (B2) 목록을 상호 결합시켜 (A) 목록에 나열된 10개의 명단에 상응하는 2 개의 목록을 만들었는데 이 새로운 목록은 2개의 구전 전통을 통해서 온 것이었다.

(C) 목록은 베로수스(Berossus)의 목록이라 불리는 바빌론 족보를 보여주고 있는데 이 족보의 별칭인 '베로수스의 목록'은 기원전 3세기 바빌론의 제사장 베로수스가 바빌론 조상들의 족보를 보존했기 때문이다. Delitzsch는 이렇게 설명한다. "노아의 홍수 이전 시대에 나라를 다스렸던 바빌론의 왕 10명도 성경의 기록에 수용되고 있으며 노아 홍수 이전에 살았던 이스라엘의 조상 10명과 같은 역할을 맡고 있는데 자세한 내용에 대해서는 다양한 논점들이 존재한다."[143] Wardle은 이렇게 설명한다.

---

143) Delitzsch 47.; W. L. Wardle, *Israel and Babylon* (이스라엘과 바빌론), 195

"Gunkel은 훨씬 더 조심스럽게 말하고 있다. 그는 2개의 구전이 '서로 밀접한 관계가 있다'라고 생각한다. 이 두 구전은 이러한 남성들이 살았던 연대, 10명이라는 숫자, 각 남성이 매우 오랫동안 장수했다는 점 그리고 각 구전이 끝나는 세대의 이름이 노아의 홍수 설화에 등장하는 주인공 곧 노아로 나타나고 있다는 사실에서 서로 일치하고 있다. Gunkel은 족보에 오른 각 남성의 이름 간에 추정되는 유사점들(이는 우리가 돌아가려는 문제)에 대해 논하고 있으며 '고대 히브리인들의 구전이 철저히 편집된 바빌론 조상들의 이름에서 유래했으며 이후 히브리인 조상들의 이름으로 옮겨졌거나 대체되었다.'라는 결론을 내리고 있다." 그는 이 구전이 노아의 홍수 설화를 간직한 이스라엘에 아마도 2가지 형태로 전래되었을 것으로 추정되며 비교적 연대가 앞선 기록은 야희스트 문서(J)의 목록을 통해 설명된다고 가정한다."[144]

비평가들은 (A) 목록 및 (B) 목록에 등장하는 6개의 이름이 본질적으로 동일한 이름이라고 주장한다. 2개의 이름을 제외하면 나머지 모든 이름은 서로 차이가 있다. 창세기 14장은 가인(קַיִן)이 아담의 아들이었다고 기록되어 있지만 비평가들은 그를 에노스(Enosh)의 아들로 간주했으며 창세기 5장에 등장하는 이름인 게난(קֵינָן)과 비교했다. 그러나 이러한 이름들은 저마다 고유한 이름으로 존재하고 있으며 마지막 글자인 נ(ן)은 자음을 무시하기 위한 성어 요소(formative element)일 것으로 추측을 할 수는 있겠지만 이에 대한 근거는 없다. 야렛(יֶרֶד)과 이랏(עִירָד)은 서로 다른 이름에 해당되는데 그 이유는 히브리 어 이랏의 마지막 글자인 ד이 좀처럼 상실되지

<hr>

　　　를 인용.
144) W. L. Wardle, *Israel and Babylon* (이스라엘과 바빌론), 195-196.

않기 때문이다. 따라서 우리는 이들 두 이름이 동일한 이름이라고 말할 수 없다. 므두셀라(מְתוּשֶׁלַח)와 므두사엘(מְתוּשָׁאֵל)은 동일한 단어로 보이지만 전자는 "무기의 남자 (the man of the weapon)"를 의미하며 후자는 "하나님의 사람"을 의미하는데 여기서도 자음인 타우 (ת)는 기초음으로 사용될 때 결코 상실되지 않고 있다. 또한 마할랄렐(מַהֲלַלְאֵל)과 마후야엘(מְחוּיָאֵל)이라는 두 단어 간에 존재하는 차이점들을 주목해 보라. 우리는 두 목록에서 모두 에녹(חֲנוֹךְ)이라는 단어를 볼 수 있지만 그 순서는 전혀 다르다.

어법에서는 여러 가지 동음이의어(homonyms)들이 존재하는데 예를 들면, 상이한 어원과 의미의 이름들이 있다. 그래서 두 목록이 동일한 목록으로 존재했거나 지금도 존재한다는 주장은 없다. 동음이의어(同音異義語)에 관한 예를 들면, 창세기 12장 6절에 등장하는 מוֹרֶה라는 글자는 4가지 의미 곧 (1) "활 쏘는 자"(삼상 31:3), (2) "이른 비"(욜 2:23), (3) "선생"(잠 5:13, 사 30:20) 및 "패역"(신 21:18)을 각각 뜻하고 있다. 습 3:1에 등장하는 요나(יוֹנָה)에서 유래한 여성 부분 단수 명사)는 "요나(Jonah)" 또는 "비둘기", "잔인한", "격노한", "난폭한" 또는 "학대하는" 등을 의미할 수 있다. 70인역 성경(LXX)과 불가타역 성경(Vulgate)은 이 단어를 "비둘기"로 해석했으며 흠정역 성경(A. V. 혹은 KJV)는 이 단어를 "학대하는"으로 해석했다. נִגְאֲלָה라는 단어는 גָּאַל에서 유래하고 있는데 이는 2가지 의미 곧 (a) "대속하다." (b) "더럽히다"를 뜻하며 מָרָא라는 단어는 4가지 의미 곧 (1) מָרָא "살찌다", (2) מָרָה "반역하다"(불가타역 성경을 근거로 할 때), (3) יָרֵא "두려워하다"(hi.) (4) רָאָה "보다"로 각각 해석할 수 있다. 일부 이름들은 구약 성경에 설명되어 있다.

예를 들면, 창세기 16:11에서 이스마엘 יִשְׁמָעֵאל은 "여호와께서(네 고통을) 들으셨음이라."라는 뜻을 지니고 있으며 이러한 경향은 창세기 41:51~52에서도 되풀이되고 있는데 므낫세 מְנַשֶּׁה라는 이름은 "(내 모든 고난과 내 아버지의 온 집일을) 잊어버리게 하셨다."라는 뜻을 지니고 있으며, 에브라임 אֶפְרַיִם이라는 이름은 "(내가 수고한 땅에서) 번성하게 하셨다."라는 뜻을 지니고 있는데 두 단어의 어원은 모두 히브리어의 פָּרָה에서 유래하고 있다.

그와 동시에 우리는 구약 성경에 등장하는 성경 인물들의 이름에서 일부 모호함을 발견할 수 있다. 예를 들면, 창 9:27에 등장하는 야벳 יֶפְתְּ은 יִפְתֶּה의 히필(hiphil)형에서 유래한 것으로 추정되는데 그 어원은 פתה이다. 이는 (1) "커지다, 넓히다(enlarge)"를 의미하거나 (2) "~ 을 간단하게 하다혹은 ~ 를 바보로 만들다."를 뜻한다. 이는 또한 셈족(Semite) 및 함족(Hamite)과 구별하여 "아름답다, 멋지다, 색상이 밝다."를 의미하는 יָפָה에서 유래한 것으로 추정된다.

그러나 일부 이름들은 단지 말장난(play upon words)에 불과하다. 예를 들면, 창 5:29에서 노아(נֹחַ)는 "안식하다"를 뜻하는 어원인 누흐(נוּחַ)에서 유래하고 있으며 성경은 "이 이름이 우리를 위로할 것이라."라고 말한다. 여기서 "위로"를 뜻하는 히브리 어는 나함(נָחַם)이다. 따라서 이러한 관계를 통해 우리는 어떤 사람이 누군가를 위로할 때 그를 쉬게 한다고 말할 수 있다. 이는 어원학적인 설명이 아니며 단지 말장난에 불과하다.

그러므로 여기서 도출할 수 있는 가장 합리적인 결론은, 성경에 기록된 바와 같이 노아 이전 시대에 관한 목록(족보)은 2가지가 있는데 그중 하나는 가인(Cain)의 후손들의 이름을 수록하고 있으며 나머지 하나는 셋 (Seth)의 후손들의 이름을 수록하고 있다는 것이다.

W. L. Wardle은 (C) 목록에 따라 이 목록을 철저히 검토한 후에 다음과 같이 밝히고 있다.[145] "기원전 3세기 바빌론의 제사장 베로수스는 그 이름 들의 어원이 순전히 셈족 바빌로니아 어 어근과는 차이가 있는 수메르어 에 기초하고 있다고 생각했으며 구약 성경에 등장하는 이름과 바빌론 문 헌에 기록된 명단은 어원학적으로 전혀 무관하다." 그는 또한 이 장의 마 지막 절에서 다음과 같이 말하고 있다. "본론으로 돌아가면서 우리는 노아 홍수 이전 시대에 10명의 족장(남성)들이 대를 이었다는 점, 그들이 매우 오랫동안 장수했다는 점 그리고 그들 중 마지막 세대의 남성은 노아의 홍 수를 경험하지 않고 죽었다는 점이야말로 노아의 홍수 이전 시대를 내용 으로 하는 바빌론 구전과 구약 성경 구전의 공통적인 부분에 해당된다고 볼 수 있음을 조사 결과를 통해 입증되고 있다고 말할 수 있다. 나머지 내 용에서 구약 성경의 구전은 바빌론 구전과는 전혀 관계가 없는 것으로 보 인다."[146] 만약 Wardle의 마지막 주장이 옳다면 10명이라는 숫자와 장수 (longevity)가 언급된 대목은 이러한 설화의 저자가 다름 아닌 자신의 조 상들로부터 구전을 전수 받은 모세라는 믿음을 방해하는 걸림돌이 되지 않는다.

4. 노아의 대홍수(The Deluge)

파괴적 비평가들은 노아의 대홍수에 관한 바빌론 설화의 내용이 성경의

---

145) *Israel and Babylonian* (이스라엘과 바빌로니아어), 193-202를 참조.
146) *Ibid.*, 201.

그것과 매우 닮아 있다고 주장하면서 이 두 설화를 동일한 설화의 2가지 해석으로 인식하고 있다.

본 단원의 거론을 통해 이러한 문제에서 나타나는 결정적인 오류를 확인하기 위해 노아의 대홍수에 관한 바빌론 설화의 내용과 성경의 기록(창 6:9~9:19)을 서로 비교해 보면 다음과 같다.[147]

성경의 기록	바빌론 신화
〔창 6:5〕 여호와께서 사람의 죄악이 세상에 가득함을 보시고 〔창 6:13〕 하나님이 노아에게 이르시되 모든 혈육 있는 자의 포악함이 땅에 가득하므로 그 끝 날이 내 앞에 이르렀으니 내가 그들을 땅과 함께 멸하리라. 〔창 6:14〕 너는 고페르나무(잣나무)로 너를 위하여 방주를 만들되 그 안에 칸들을 막고 역청을 그 안팎에 칠하라. 〔창 6:15〕 네가 만들 방주는 이러하니 그 길이는 삼백 규빗, 너비는 오십 규빗, 높이는 삼십 규빗이라 〔창 6:16〕 거기에 창을 내되 위에서부터 한 규빗에 내고 그 문은 옆으로 내고 상 중 하 삼층으로 할지니라. 〔창 6:19〕 혈육 있는 모든 생물을 너는 각기 암수 한 쌍씩 방주로 이끌어들여 너와 함께 생명을 보존하게 하되 〔창 6:20〕 새가 그 종류대로, 가축이	우트나피시팀이 길가메시에게 가라사대 9. 오, 길가메시여! 나는 그대에게 비밀에 감춰진 이야기를 말할 것이라. 10. 그대에 대한 신들의 결정을 말할 것이라. 11. 그대가 알고 있는 성읍인 슈리팍은 13. 오래되었고 그곳에 신들이 있나니 14. 그들의 마음이 위대한 신들로 하여금 홍수를 일으키도록 만들었도다. 23. 오, 슈리팍의 사람이자 우바라투투의 아들이여. 24. 그대의 집을 허물고 배 한 척을 지으라. 27. 온갖 종류의 생물의 종자를 그 배에 실으라. 28. 그대가 직접 그 배를 지으리니 58. 설계에 따르면 배의 벽면은 높이가 120. 규빗이요 59. 지붕의 길이도 120, 규빗이라. 60. 나는 이 배에 덮개를 씌우고 봉했다. 61. 그리고 이 배를 6층으로 지었으며 62. 배의 (바깥쪽을?) 7개의 부분으로 나누었다. 65. 배의 키를 쳐다본 후, 필요한 것을 만들었다. 66. 항아리 6 개 분량의 역청을 배의 바깥쪽에(?) 쏟아 부었다. 67. 그리고 항아리 3 개 분량의 역청을 배의 안쪽에 쏟아 부었다. 81. 나는 내가 소유한 모든 것을 함께 (배에) 실었다. 82. 내가 소유한 모든 은도 함께 실었다. 84. 그리고 내가 소유한 모든 생물도 함께 실었다. 85. 나의 모

---

147) G. A. Barton, *A Translation from the Book of Archaeology and the Bible* (고고학 및 성경의 문헌을 토대로 한 서자판 원본의 번역), 299-303.

그 종류대로, 땅에 기는 모든 것이 그 종류대로 각기 둘씩 네게로 나아오리니 그 생명을 보존하게 하라.

〔창 6:21〕 너는 먹을 모든 양식을 네게로 가져다가 저축하라 이것이 너와 그들의 먹을 것이 되리라.

〔창 6:22〕 노아가 그와 같이 하여 하나님이 자기에게 명하신 대로 다 준행하였더라.

〔창 7:13〕 곧 그날에 노아와 그의 아들 셈, 함, 야벳과 노아의 아내와 세 며느리가 다 방주로 들어갔고

〔창 7:16〕 들어간 것들은 모든 것의 암수라 하나님이 그에게 명하신 대로 들어가매 여호와께서 그를 들여보내고 문을 닫으시니라.

〔창 7:17〕 홍수가 땅에 사십 일 동안 계속된지라 물이 많아져 방주가 땅에서 떠올랐고

〔창 7:18〕 물이 더 많아져 땅에 넘치매 방주가 물 위에 떠다녔으며

〔창 7:19〕 물이 땅에 더욱 넘치매 천하의 높은 산이 다 잠겼더니

〔창 7:20〕 물이 불어서 십오 규빗이나 오르니 산들이 잠긴지라.

〔창 7:21〕 땅 위에 움직이는 생물이 다 죽었으니 곧 새와 가축과 들짐승과 땅에 기는 모든 것과 모든 사람이라

〔창 7:22〕 육지에 있어 그 코에 생명의 기운의 숨이 있는 것은 다 죽었더라.

〔창 7:23〕 지면의 모든 생물을 쓸어버리시니 곧 사람과 가축과 기는 것과 공중의 새까지라 이들은 땅에서 쓸어든 가족과 친족을 배에 태웠다. 36. 들의 가축과 짐승들을 비롯해 장인들까지 모두 배에 태웠다. 94. 마지막으로 나는 배에 올라 문을 닫았다. 95. 배의 주인이자 사공인 푸주르아무리에게 키를 맡겼다. 97. 이슬이 내린 새벽 동녘이 밝아 오자 98. 지평선에서 검은 먹구름이 일기 시작했다. 99. 아닷 신은 구름 가운데에서 우레와 같은 큰 소리를 발하였다. 100. 네보와 샤루는 앞서 행진하면서 101. 사자(使者)로서 산과 땅을 넘었다. 102. 네르갈은 닻을 떼어 냈다. 103. 엔마시투는 앞으로 나아가 많은 물을 아래로 쏟아 부었다. 104. 아눈나키들은 횃불을 높이 들었다. 105. 밝은 횃불이 비치자 땅은 흔들거렸다. 106. 아닷의 분노가 하늘에 미쳤으며 107. 모든 빛은 어둠으로 변하였다. 109. 하루 종일 (성난 폭풍우는 온 땅을 휩쓸었다 (?)) 110. 성난 폭풍우는 산들을 덮쳤고 (산들은 물에 잠겼다). 111. 땅 위의 사람들은 마치 전쟁터의 군인들처럼 큰물에 휩쓸려 죽고 말았다. 112. 아닷의 분노에 당해 낼 자는 없었다. 113. 하늘에서 사람들은 더 이상 보이지 않았다. 114. 신들은 대홍수의 광경에 경악을 금치 못했다. 115. 그들은 도망쳤고 가장 높은 하늘 꼭대기에 올라갔다. 116. 신들은 마치 개처럼 웅크리고 있었다. 그들은 벽 옆에 누웠다. 117. 이쉬타르는 해산하는 여인처럼 울부짖었다. 118. 신들의 여왕은 아름다운 목소리로 울부짖었다. 119. "피조물들은 흙으로 돌아갈지니, 120. 신들의 회중에서 나는 악을 명했노라. 121. 신들의 회중에서 나는 악을 명했노라. 122. 내가 만든 사람들을 멸망시키기 위해 나는 전쟁을 명했노라. 123. 나 외에는 사람들을 낳은 자가 없도다. 124. 물고기가 낳는 알처럼 그들은 바다를 채우는 도다." 125. 아눈나키를 비롯한 신들은 그녀와 함께 슬퍼했으며 126. 신들은 허리를 굽히고 앉아서 슬퍼했다. 127. 그들은 (회중에

버림을 당하였으되 오직 노아와 그와 함께 방주에 있던 자들만 남았더라.

〔창 7:24〕 물이 백오십 일을 땅에 넘쳤더라.

〔창 8:1〕 하나님이 노아와 그와 함께 방주에 있는 모든 들짐승과 가축을 기억하사 하나님이 바람을 땅 위에 불게 하시매 물이 줄어들었고

〔창 8:2〕 깊음의 샘과 하늘의 창문이 닫히고 하늘에서 비가 그치매

〔창 8:3〕 물이 땅에서 물러가고 점점 물러가서 백오십 일 후에 줄어들고

〔창 8:4〕 일곱째 달 곧 그달 열이렛날에 방주가 아라랏 산에 머물렀으며

〔창 8:5〕 물이 점점 줄어들어 열째 달 곧 그달 초하룻날에 산들의 봉우리가 보였더라.

〔창 8:6〕 사십 일을 지나서 노아가 그 방주에 낸 창문을 열고

〔창 8:7〕 까마귀를 내놓으매 까마귀가 물이 땅에서 마르기까지 날아 왕래하였더라.

〔창 8:8〕 그가 또 비둘기를 내놓아 지면에서 물이 줄어들었는지를 알고자 하매

〔창 8:9〕 온 지면에 물이 있으므로 비둘기가 발붙일 곳을 찾지 못하고 방주로 돌아와 그에게로 오는지라 그가 손을 내밀어 방주 안 자기에게로 받아들이고

〔창 8:10〕 또 칠 일을 기다려 다시 비둘기를 방주에서 내놓으매

〔창 8:11〕 저녁 때에 비둘기가 그에게로 돌아왔는데 그 입에 감람나무 새

서 조용히) 입을 닫았다. 128. 6 일의 낮과 7 일의 밤이 지난 후에 129. 바람이 불었고 홍수는 온 땅을 휩쓸었다. 130. 일곱째 날이 되자 전쟁은 홍수로 인해 지연되었다. 131. 홍수는 마치 군대가 쳐들어온 것처럼 은 땅을 휩쓸었다. 132. 바다는 잠잠해졌고 파괴는 줄어들었으며 마침내 홍수는 그쳤다. 133. 나는 바다를 쳐다봤는데 성난 파도는 잠잠해졌다. 134. 그리고 모든 인간은 흙으로 돌아갔다. 135. 모든 피조물은 마치 통나무처럼 물 위로 떠올랐다. 136. 배의 창문을 열었을 때 한 줄기 빛이 내 뺨에 부딪혔다. 137. 나는 이 빛에 압도되어 털썩 주저앉아 울었다. 138. 내 뺨 위로 눈물이 주르르 흘러내렸다. 140. 12 일이 지나자 섬 하나가 모습을 드러냈다. 141. 배는 니지르 산을 향해 가다가 멈췄다. 142. 니지르 산은 홍수에도 변함없이 그대로 남아 있었고 움직이지 않았다. 143. 하루와 이틀이 지나도 니지르 산은 그대로 머물러 있었다. 144. 사흘과 나흘이 지났을 때에도 니지르 산은 그대로 머물러 있었다. 145. 닷새와 엿새가 지나도 지니르 산은 그대로 머물러 있었다. 147. 나는 비둘기 한 마리를 날려 보냈다. 148. 비둘기는 날아간 후에 돌아왔다. 149. 거할 만한 땅이 없어 돌아왔던 것이다. 150. 나는 제비 한 마리를 날려 보냈다. 151. 제비는 날아간 후에 돌아왔다. 152. 거할 만한 땅이 없어 돌아왔던 것이다 153. 나는 큰 까마귀 한 마리를 날려 보냈다. 154. 큰 까마귀는 물이 줄어든 것을 보았다. 155. 큰 까마귀는 뭍에 내려앉아 여기저기 걸어다니면서 까악까악 울어댔고 배가 있는 쪽으로 돌아오지 않았다. 156. 배에 태운 모든 생물을 뭍으로 내려 사방으로 흩어 보낸 후, 땅에 헌주를 쏟아 부었다. 157. 나는 산꼭대기에서 산 제물을 정했다. 158. 49 일이 지났을 때 나는 제기(祭器)를 준비했다. 159. 그 아래에 나는 갈대, 삼나무, 도금양(myrtle)

잎사귀가 있는지라 이에 노아가 땅에 물이 줄어든 줄을 알았으며

〔창 8:12〕 또 칠 일을 기다려 비둘기를 내놓으매 다시는 그에게로 돌아오지 아니하였더라.

〔창 8:13〕 육백일 년 첫째 달 곧 그 달 초하룻날에 땅 위에서 물이 걷힌지라 노아가 방주 뚜껑을 제치고 본즉 지면에서 물이 걷혔더니

〔창 8:14〕 둘째 달 스무이렛날에 땅이 말랐더라.

〔창 8:15〕 하나님이 노아에게 말씀하여 이르시되

〔창 8:16〕 너는 네 아내와 네 아들들과 네 며느리들과 함께 방주에서 나오고

〔창 8:17〕 너와 함께한 모든 혈육 있는 생물 곧 새와 가축과 땅에 기는 모든 것을 다 이끌어 내라 이것들이 땅에서 생육하고 땅에서 번성하리라 하시매

〔창 8:18〕 노아가 그 아들들과 그의 아내와 그 며느리들과 함께 나왔고

〔창 8:19〕 땅 위의 동물 곧 모든 짐승과 모든 기는 것과 모든 새도 그 종류대로 방주에서 나왔더라.

〔창 8:20〕 노아가 여호와께 제단을 쌓고 모든 정결한 짐승과 모든 정결한 새 중에서 제물을 취하여 번제로 제단에 드렸더니

〔창 8:21〕 여호와께서 그 향기를 받으시고 그 중심에 이르시되 내가 다시는 사람으로 말미암아 땅을 저주하지 아니하리니 이는 사람의 마음이 계획하

을 쌓아올렸다. 161. 신들은 달콤한 냄새를 맡았다. 162. 신들은 제물 위에 파리 떼처럼 모여들었다. 163. 결국 신들의 여왕은 제물 위로 다가왔을 때 164. 바라던 대로 아누가 만든 큰 활(?)을 들어올렸다. 165. "오, 신들이여, 내 목에 걸린 보석을 잊지 않으리라. 166. 앞으로 나는 이 보석을 잊지 않을 것이며 영원히 기억할 것이라. 167. 신들로 하여금 제물로 가까이 오게 할지어다. 168. 그러나 엔릴은 제물로 가까이 오게 하지 말지어다. 169. 그는 어리석게도 홍수를 보냈도다. 170. 그리고 멸망의 날에 죽은 사람들을 계수했도다." 171. 마침내 엔릴은 가까이 다가와 172. 배를 보고 화를 냈다. 173. 그의 마음은 신들과 이기기(Igigi)에 대한 적개심으로 불타올랐다. 174. "도대체 누가 살아서 돌아왔는가? 175. 그 누구도 멸망을 피할 수는 없으리라." 176. 엔마시투는 입을 열어 177. 전사의 신인 엔릴에게 가라사대 178. "에아 말고 누가 그 일을 했는가? 179. 에아조차도 모든 약속을 알고 있도다." 180. 에아가 입을 열어 가라사대 182. "오, 신들의 우두머리요, 전사의 신인 그대 엔릴이여, 183. 그대는 어찌하여 생각 없이 홍수를 온 땅에 보낼 수 있단 말인가? 184. 죄인에게 죄의 책임을 묻고 185. 가해자에게 비행의 책임을 물을지니라. 186. 홍수를 그치게 하고 자비를 베풀라(사람들이 멸망치 않도록) 187. 홍수를 온 땅에 보내지 말고 188. 차라리 사자를 보내어 사람들의 수효를 줄였더라면 …189. 홍수를 온 땅에 보내지 말고 190. 차라리 늑대를 보내어 사람들의 수효를 줄였더라면 … 196. 나는 아드라카시스로 하여금 그가 들었던 신들의 꿈과 결정을 보게 했도다. 197. 이제 그에 대한 조언을 받으라." 198. 에아는 배를 타고 갔다. 199. 그는 내 손을 붙잡고 나를 데리고 갔다. 200. 그는 내 아내를 데리고 갔으며 그녀로 하여금 내 곁에서 무릎을

는 바가 어려서부터 악함이라 내가 전에 행한 것같이 모든 생물을 다시 멸하지 아니하리니

〔창 8:22〕 땅이 있을 동안에는 심음과 거둠과 추위와 더위와 여름과 겨울과 낮과 밤이 쉬지 아니하리라.

꿇게 했다. 201. 그는 우리의 몸을 돌려 서로 바라보게 한 후, 우리 사이에 섰다. 그는 우리를 축복했다. 205. 그는 나를 인도해 나로 하여금 강들의 어귀에서 멀리 떨어진 곳에 자리한 처소에 머물게 했다.

위에서 열거한 두 가지 내러티브에 대해 Barton은 이렇게 설명한다. "각 내러티브에서는 주인공 외에 그 누구도 모르는 대재앙이 다가오고 있다는 사실을 대홍수의 주인공만 신의 계시를 통해 알게 된다." 다만 성경에서는 그러한 계시의 이유가 명확하게 기록되어 있는 반면, 바빌론 신화에서는 그 이유가 전혀 나타나 있지 않다는 사실에 주목해야 한다. 또한 Barton은 두 내러티브가 모두 배를 짓는 장면을 비롯해 "배 안팎으로 역청을 바르는" 장면, 모든 생물을 배에 태우는 장면, 주인공과 그 친족(가족)을 제외한 모든 인간을 멸망시킨 홍수가 엄습하는 장면, 배가 산 위에 얹히는 장면, 새들을 배 밖으로 날려 보내는 장면, 배에 탑승한 인간과 모든 생물을 내려 보내는 장면, 제사를 드리는 장면 그리고 미래에 대홍수가 다시는 일어나지 않을 것임을 시사하는 장면을 각각 언급하고 있다고 주장한다.

물론 우리는 노아의 대홍수에 관한 상기의 두 내러티브에서 서로 비슷한 점들이 존재하고 있다는 Barton의 주장에 동의한다. 하지만 이 두 내러티브의 내용이 서로 똑같이 닮았다고 말할 수는 없다. 예를 들면, 상기의 바빌론 신화에 등장하는 배는 벽면의 높이가 120 규빗이었고 지붕의 길이는 120 규빗이었으며 7개의 부분으로 나누어진 6층 구조로 지어진 반면에, 성경의 창세기에 기록된 방주는 길이가 300 규빗이었으며 폭은 50 규빗이었고 높이는 30 규빗이었으며 3층 구조로 지어졌음을 알 수 있다. 성

경에서는 "역청을 그 안팎에 칠하라."라고 기록되어 있지만 바빌론 신화에서는 "항아리 6개 분량의 역청을 배의 바깥쪽에(?) 쏟아 부었고 항아리 3개 분량의 역청을 배의 안쪽에 쏟아 부었다."라고 전해진다. 노아의 대홍수에 관한 내러티브의 전체 내용에 걸쳐 성경은 그 시대를 분명하게 기록하고 있지만 바빌론 신화는 그렇지 않다. 바빌론 신화에서 배는 니지르 산 위에 머물렀지만 성경의 기록에 따르면 노아의 방주는 아라랏 산 위에 머물렀음을 알 수 있다. 희생 제물과 관련해 바빌론 신화에서는 번제에 관한 구전이 전혀 없다. 바빌론 신화는 서로 싸움을 벌이는 신들의 경쟁을 말하고 있는 것처럼 보이지만 성경은 대홍수의 명확한 이유, 목적 및 결과를 제시하고 있다.

약간의 닮은 부분들이 있다고 하더라도 결정적인 유사점들을 입증하는 증거가 없는 한, 두 내러티브가 모두 똑같은 주제를 다루고 있다고 말할 수는 없다. 예를 들면, 한국에서는 박(朴)씨, 이(李)씨 및 문(文)씨 같은 성씨들이 존재하는데 이러한 성씨들은 미국의 백인 사회에서도 심심찮게 발견된다(Park, Lee, Moon). 한국과 미국에서 사용되는 이 3가지 성씨들이 모두 똑같은 것이라는 사실에 근거해 이들 성씨가 모두 한국을 기원으로 하고 있다고 말할 수 있는가? 만약 그러한 유사점들을 수없이 발견할 수 있다면 이러한 유사점들 때문에 서로 다른 두 사람의 정체(identity)는 결코 규명되지 못할지도 모른다. 이제 두 내러티브 간의 큰 차이점들을 주목해보기로 하겠다. 먼저 Barton의 주장을 통해 이러한 사실을 입증하고자 한다. 그는 다음과 같이 말했다.

2가지 두드러진 차이점들이 있는데 하나는 바빌론 신화가 홍수를 지엽적인 사건으로 다루고 있는 반면에 성경은 홍수를 보편적인 사건으로 다루고 있다는 점이며, 다른 하나는 매혹적인 운문(詩)으로 전해지고 있는 바빌론 신화가 성경적 일신론의 위엄과 크게 대비되는 신(deity)의 개념을 지니고 있다는 점이다. 바빌론의 신들은 서로 대립하고 비난하며 며칠 동안 두려움에 웅크리고 있을 뿐만 아니라 배고픈 파리 떼처럼 희생 제물 주위로 모여들기도 하며 다양한 관점으로 해석되고 있는 이러한 바빌론 시(詩)를 배경으로 홍수 기사를 평가함으로써 우리는 성경에 기록된 노아의 홍수 사건이 시사하는 바를 무엇보다도 분경하게 예증할 수 있다."148)

결론적으로 창세기 10장에 열거된 각 족속의 목록은 대홍수 사건 이전의 역사와 대홍수 사건 이후의 역사를 잇는 연결 고리의 역할을 하고 있다. 이 목록은 민족의 연대기를 통해 역사적인 사실로 입증되고 있으며 다만 비평가들이 주장하는 바와 같이 히브리인들에게 알려진 모든 족속을 포함하고 있지는 않다. 다만 고고학 분야의 각종 연구 문헌에서는 성경이 사실임을 입증하고 있기 때문에 성경 비평의 새로운 학파는 여러 출처에서 유래한 것이 분명하며 향후에는 이러한 태초 시대의 가문들 사이에 12명의 이름이 나열될 것으로 기대된다.

다만 우리는 창세기에 등장하는 첫 11개의 장을 기록한 저자가 선조의 입으로부터 전해져 내려온 이러한 사실들을 그들로부터 전수 받았을 것으로 확신한다. 또한 성경은 인간이 도무지 소유할 수 없는 초자연적 능력을 보여 주고 있다. 따라서 성경의 저자는 하나님의 계시를 통해 노아의 홍수에 관한 이야기를 알게 되었을 것으로 추정된다. 그렇다면 이러한 모든 이야기를 기록할 수 있었던 저자는 과연 누구였을까? 그 저자는 바로 성경이 증언하는 바와 같이 이스라엘 자손들의 지도자이자 하나님의 신실한 종이었던 모세(Moses)였다.

---

148) Barton, *The Archaeology and the Bible* (고고학과 성경), 303.

제4장

모세 오경을 기록한 저자로서의
모세와 고고학

파괴적 비평가들은 결론적으로 각자의 추리력을 토대로 할 때 역사적 사실에 속하는 문헌으로 간주할 수 없는 모세 오경뿐만 아니라 그 이후에 등장하는 성경책들도 모두 부인하고 있다. 그러나 그들의 가설은 결국 그들이 제기한 모든 이론을 파기하는 상황을 연출하고 있다. 예를 들면, 1세기 전에 활동했던 비평가들은 만약 요나서 3장 3절에 기록된 니느웨(Nineveh) 같은 큰 도시가 실제로 존재했다면(니느웨는 사흘 길을 걸어야 모두 둘러볼 수 있을 정도로 거대한 도시였다) 오늘날 아마 발견되었을지도 모른다고만 했다. 기원 후 1845년 가을, Stratford Canning경의 조수 역할을 담당했던 영국의 청년 Austin Henry Layard는 유적 발굴을 위해 고국을 떠나 고대 도시인 니느웨에 도착했는데 이 유적지는 모술(Mosul)을 기점으로 할 때 남동쪽으로 약 32.2 km, 티그리스 강 동편으로는 약 2.41 km 떨어진 지점에 위치해 있었다. 여기서 그는 가장 아름다운 고대 궁궐들 중 하나를 발견했다. 이 궁궐은 이스라엘의 오므리 왕과 앗시리아의 사르곤 2세가 합작하여 지은 건축물인 것으로 판명되었다. 옛 니느웨 지역에 위치한 쿠윤지크(Kuyunjik) 산에서 그는 산헤립(세나케립, 기원전 705~681년)의 궁인 것으로 밝혀진 궁궐 한 곳을 발견했다. 이 궁궐은 고고학계의 보물로서 날개 달린 황소, 사자 및 그 밖의 거인(colossi)으로 가득한 곳이었다.

Layard에 이어서 그의 조수였던 Rassam은 옛 니느웨 지역에서 아슈르바니팔(Ashurbanipal)의 궁궐(기원전 668~626년) 발견했는데 여기서 그는 설형 문자가 기록된 여러 개의 점토판들을 발견했으며 이러한 점토판들 중 수천 개가 대영박물관(the British Museum)에 보관되어 있다.

Rassam에 이어서 George Smith는 1873년에 3만 개의 점토판과 원통형 돌 도장들이 묻힌 유적지를 발견했는데 이러한 유물들은 옛 니느웨 지역에 분포한 여러 고분 중 한 곳에 묻힌 아슈르바니팔(기원전 668~626년)의 소장품에 속한 것이었다.[149]

이제 이러한 사실들은 요나서에 기록된 바와 같이 선지자 요나가 활동했던 시절에 '니느웨'라는 이름의 대도시가 존재했음을 입증하고 있다. 앗시리아의 사르곤(Sargon) 왕은 구약 성경에 단 1번만 언급되어 있으며(사 20:1) 그리스 어로 작성된 구약 성경 문헌에서는 그의 이름을 확인할 수 없기 때문에 구약 성경은 잘못 기록된 것이라고 『브리태니커 백과사전』 제7판은 언급하고 있다. 오늘날 우리는 동 백과사전의 제8판에서 사르곤의 이름과 그의 성전을 보여 주는 사진을 볼 수 있는데 Barton은 이렇게 설명한다. "사르곤은 그의 팔을 다른 방향으로 돌렸고 아르메니아의 우라르투(Urartu) 왕국과 여러 차례에 걸쳐 전쟁을 벌였으며 기원전 717년에는 유프라테스 강변에 세워진 헷 족속(Hittite)의 왕국인 카르케미시(Carchemish : 갈그미스)를 정복했고(사 10:9) 기원전 715년에는 아라비아로 원정을 떠났다. 기원전 711년에 아스돗(Ashdod) 성읍의 백성들은 반란을 일으켰고 사르곤 왕의 타르탄 또는 최고 사령관은 아스돗으로 진군해 반란을 진압했다(사 20:1).[150] 역사를 알고 있는 오늘날의 모든 현대인들은

---

149) M. Price, *The Monument and the Old Testament* (유적과 구약 성경).

사르곤 왕이 앗시리아의 대왕 중 하나였다는 사실을 인지하고 있다.

히타이트 인(헷 족속)들은 불과 40년 전까지만 해도 세계사에서는 알려지지 않았으며 다만 구약 성경에서 모두 47차례에 걸쳐 언급되고 있다(창 15:20; 23:10; 25:9; 26:34, 34; 36:2; 49:29, 30; 49:30; 50:13; 출 3:8; 13:5; 23:23, 28; 32:2; 34:11; 민 13:29; 신 7:1; 20:17; 수 1:4; 3:10; 9:1; 11:3; 12:8; 24:11; 삿 1:26; 3:5; 삼상 11:3, 6, 21; 12:9, 10; 23:30; 왕상 9:20; 10:29; 11:1; 15:5; 왕하 7:6; 대상 11:41; 1:17; 8:7; 스 9:1; 느 9:8; 겔 16:3, 45). 그래서 비평가들은 성경을 역사적 사실로 인정하지 않고 있다. 히타이트 민족 곧 헷 족속은 성경에서 상당히 자주 언급되었기 때문에 역사적으로 볼 때 여타 고대 역사가들은 각자의 연구 문헌에서 헷 족속을 언급했어야 한다.

Van Luschan이 인도한 독일의 한 탐험대는 1889년부터 1891년까지 소아시아 지역에 들어가 옛 안디옥의 현장으로부터 그리 멀리 떨어져 있지 않은 신제를리(Sinjerli)에서 유적지 발굴을 진행했다. 이 탐험대는 독특한 히타이트의 조각상은 물론, 티글라트 - 필레세르 3세 및 에사르하돈이 치리하던 시기를 아람 어로 설명하고 있는 일부 비문들을 발견했으며 다만 이들 유적은 그러한 왕들이 탄생하기 이전의 시대에 히타이트의 거주자들에 관한 내용을 수록하고 있다.

소아시아에 위치한 보그하즈 - 쿠이(Boghaz-Keui) 지역은 히타이트의 건물, 조각 및 장신구들이 출토된 이유로 수많은 여행자들로부터 초기 히타이트 문명의 중심지로서 주목을 받았다. 여기서 출토된 점토판들 중 상당수는 독일 베를린의 Hugo Winckler 교수에 의해 발견되었다. 이러한

---

150) G. A. Barton, *The Archaeology and the Bible* (고고학과 성경), 67.

점토판들은 설형 문자로 기록되었다. 심지어는 히타이트 어로 기록된 이러한 점토판들 중 일부도 동일한 활자로 기록되었다. 고대 바빌론 점토판들 중 하나는 히타이트의 하투실리시(Hattushilish) 왕과 이집트의 람세스 2세가 조인한 유명한 조약의 사본을 수록하고 있었다.

1907년부터 1909년까지 Cornell 대학교는 히타이트 문명의 유적들을 조사하기 위해 소아시아 지역에 일부 고고학자들을 파견했다. 그들은 신제를리 부근의 삭지 - 게우제(Sakji-Geuze)에서 유물 발굴 작업을 실시했다. 발굴 결과 중 일부는 "근동 지역 탐사 및 「고고학적 연구(*Travels and Studies in the Nearer East*, 1911)」라는 제목의 논문으로 발표되기도 했다.

카르케미시(Carchemish)에 관한 조사는 G. L. Woolley와 T. E. Law-rence의 지휘 하에 진행되었다. 카르케미시는 기원전 1750~1200년경에 사람들이 모여 살았던 작은 부락이었으며 이 마을을 둘러싼 성벽의 터가 최근에 발견되었다. 이 마을은 기원전 1200년경에 적군에 의해 함락되었으며 그로부터 불과 수년 후에 훨씬 더 큰 도시로 탈바꿈하게 되었는데 이 도시를 둘러싼 성벽의 터가 최근에 발견되었다. 이 도시는 기원전 717년에 앗시리아의 사르곤 왕에 의해 함락되기 전까지 히타이트인들이 점령했다. 이 도시에는 사람들이 거주했으며 성채를 포함하고 있었는데 사르곤 왕은 이 성채 위에 궁궐을 지었으며 이러한 궁궐의 터는 최근에야 그 모습을 드러냈다. 발굴자들은 히타이트의 상형 문자로 기록된 몇몇 비문들은 물론, 사람과 사자, 물개, 보석 및 여러 가지 작은 물건들의 형상을 새긴 수많은 돌들도 함께 출토했다.[151]

C. L. Woolley의 지휘 하에 진행된 이러한 탐사의 결과들은 "카르케미

---

151) G. A. Barton, *Archaeology and the Bible* (고고학과 성경), 74.

시 런던(Carchemish London, 1914, 1921)"이라는 제목의 한 논문을 통해 보고되었다. 히타이트는 유프라테스 강 서편의 소아시아 지역 변방까지 영토를 확장했다는 사실이 발굴된 유적들을 통해 밝혀졌다. 그뿐만 아니라, 우리는 히타이트 문명과 그 열왕 및 민중들의 역사에 관한 일부 정보를 파악하고 있다.

결국 파괴적 비평가들의 주장은 그들 자신이 파기하고 있는 셈이다. 이와 마찬가지로, 비평가들은 이미 앞서 언급한 여러 장에서 살펴본 바와 같이 단지 모세의 시대가 아직 문명이 발달하지 못했던 시기였으며 성경의 첫 5권(오경)과 같은 책들을 기록하기 위한 문자가 없었다는 이유로 모세 오경을 기록한 저자로서의 모세를 부인하고 있다. 이러한 가설을 토대로 하여 비평가들은 성경이 역사적인 사실을 기록한 책임을 부인하고 있는 데다 각자의 상상력을 동원해 모세 오경의 연대를 추정하려고 애쓰고 있으며 성경은 여러 가지 단편적인 설화들과 바빌론 신화를 출처로 하고 있다고 주장한다.

오늘날 고고학계는 모세가 3가지 문자 중 하나 즉, ① 설형 문자, ② 상형 문자 및 ③ 자모(알파벳) 문자를 사용했을 가능성이 있다는 이유로 모세 자신이 3가지 방법으로 모세 오경의 내용을 기록했을 것으로 추정된다고 설명한다. 이러한 문자들을 입증하기 위한 증거 자료로는 이집트의 나일 강변에 위치한 텔 엘 - 아마르나(Tel 킈-Amarna) 지역에서 설형 문자 점토판들을 비롯해 시나이 산의 세라비트(Serabit) 신전에서 발견된 문서 그리고 라스 샤므라(Ras Shamra) 서자판들을 들 수 있다.

1. 텔 엘 아마르나 서판(Tell El-Amarna tablets)

기원 후 1887년, 이집트의 농촌에 살았던 한 여인은 나일 강변에 위치한 텔 엘 아마르나(Tel El-Amarna) 지역에서 설형 문자로 기록된 약 3백 개의 서자판들을 발견했다. 카이로에서 활동하는 한 이집트 학자는 이러한 서자판이 갖고 있는 여하한 가치를 인정하지 않았다. 어느 날, 바빌론의 한 학생이 이곳에 도착해 바빌로니아 어로 기록된 설형 문자의 서자판들이 있었음을 확인했으며 그중 82개의 서자판은 대영박물관에 보관되어 있고 160개의 서자판은 베를린 박물관(Berlin Museum)에 보관되어 있으며 60개의 서자판은 기제 박물관(Gizeh Museum)에 보관되어 있고 나머지 모든 서자판은 개인들이 소장하고 있다.

이러한 서자판들은 원래 파라오 아멘헤텝 3세와 아케나텐에게 전달된 서신이었다. 각 서자판은 이러한 지역의 통치자들이 침략자들을 막기 위해 필요한 도움을 얻고자 이집트의 군주에게 호소하는 내용들로 온통 구성되어 있다. 침략자들은 북방의 히타이트와 동맹을 체결한 것으로 보인다. 페니키아 및 시리아의 여러 도시들을 다스린 통치자들은 히타이트를 비롯한 서로와 밀통했으며 이집트에 도움을 청했다.

Charles Marston경은 이렇게 설명한다. "서신 성격의 이러한 서자판들을 받은 두 파라오는 다름 아닌 아멘헤텝 3세(기원전 1413~1377년)와 아케나텐으로 잘 알려져 있는 아멘헤텝 4세(기원전 1377~1361년)였다. 전자인 아멘헤텝 3세는 당대에 주목을 받은 여왕이었던 티이(Tiy)와 결혼했으며 태양신 또는 아텐(Aten)을 경배하려는 경향이 – 티이의 영향력 또는 그 밖의 이유에서 비롯되었는지 여부에 관계없이 – 두드러진 것처럼 보이는데 그 이유는 아멘헤텝 3세의 치리 기간에도 이집트의 수많은 만신전(pantheon)을 대신해 태양신의 이름을 불렀기 때문이다. 이러한 태양신은 일신론의 한 형태에 속하며 급속도로 발전했기 때문에 아멘헤텝 4세가 왕위에 올랐을 때 그는 태양신 때문에 그의 이름을 아케나텐(Akhenaten)으로 개칭했으며 그가 다스리는 나라의 수도도 텔 엘 아마르나(Tel el Amarna)에 위치한 완전히 새로운 곳으로 옮겼다. 이들 두 파라오는 모세가 하나님의 명령에 따라 처음에는 시내 산에서 창설했으며 나중에는 아카바만(Gulf of Akaba)의 북단 지역에서 창설한 철저히 유일신적인 종교 곧 유대교에 대해 모를 리가 없었을 것으로 추정되는데, 이스라엘 백성들이 사해(Dead sea) 동부 지역을 따라 싯딤(Shittim) 지역으로 이동했을 때 모세는 아멘헤텝 3세의 치리 기간 중 첫 13년 동안 동시대를 살았던 인물이었다."[152]

2. 시내 산의 세라비트 신전에서 발견된 문서들

기원 후 1904~1905년에 한 탐험대가 시나이 반도로 탐사 여행을 떠났는데 이 지역은 이스라엘 백성들이 40년 동안 방랑했던 광야 지역에 속한다. 이 탐험대는 Flinders Petrie경의 지휘 하에 세라비트(Serabit) 신전이라 불리는 한 고대 신전과 성지를 발견했다. 발굴 당시, 이 신전은 인근의 터키옥 광산과 연결되어 있었으며 "터키옥의 여왕"이라 불린 하토르(Hathor)에게 바치는 제단을 포함하고 있었다.

세라비트 신전에서 Flinders Petrie경은 이집트의 유적들을 발견했다. 일부 비문들은 조각된 문자들로 기록되어 있었는데 한편으로는 이집트의 상형 문자와 상당히 닮은 모습을 하고 있지만 다른 한편으로는 후기 페니

---

152) Charles Marston, *The New Bible Evidence* (성경의 새로운 증거), 214-215.

키아 및 히브리 민족의 서체와 비슷한 면을 보인다. Charles Marston경은 이렇게 주장한다. "페니키아 문자가 사용된 연대는 기원전 1350년경으로 추정되고 있는 반면에, 앞서 인용한 여러 가지 발견들에 따르면 이러한 세라비트 기호의 연대는 페니키아 문자의 그것보다 훨씬 더 이른 것으로 보인다. 만약 광부들이 미디안 족속이었다면 모세는 이 땅에서 오랫동안 체류하면서 미디안 족속의 언어인 세라비트 기호를 매우 확실하게 익혔을지도 모른다."[153]

이러한 비문들 중 하나는 광산과 관계가 있었다. 문제의 비문은 이렇게 기록되어 있다. "나는 광부로서 이름은 사밀라트(Sahmilat)이고 4번 갱도의 십장(감독) 역할을 맡고 있다."[154] Charles Marston경은 이렇게 설명한다. "Sprengling 교수는 이 문헌이 아메네메트 3세(기원전 1850~1800년)의 치리 기간에 기록되었다고 생각한다. 하지만 Petrie는 이 파라오의 생존 기간을 기원전 2432~2384년으로 추정하고 있다. 어쨌든 라스 샤므라(Ras Shamra)에서 확인한 바와 같이 아메네메트 3세의 치리 기간은 이집트인들과 셈족 간에 밀접한 관계가 있었던 시대였다. 이러한 필적의 흔적들은 팔레스타인의 게제르(Gezer)에서 출토된 한 질그릇에서 발견된 것으로 보인다." Charles Marston경은 다음과 같이 계속 설명한다. "모세가 태어나기 훨씬 전부터 자모(alphabet) 필적이 시내 산에 존재했다는 사실 그리고 이러한 서체가 모세의 조상인 셈(Shem)의 후손들 곧 셈족이 사용했다는 사실은 이스라엘의 후손들이 광야에서 글(writing)을 사용했음을 입증하는 강력한 추정적 증거에 속한다. 이스라엘 후손들은 글을 사용할

---

153) Charles *Marston, New Bible Evidence*(성경의 새로운 증거), 182.
154) *Ibid.*, 117.

필요가 없었던 게 아니며 오히려 모세의 율법책에서는 시종일관 기록에 대해 언급하고 있다.

> 여호와께서 모세에게 이르시되 너는 이 말들을 기록하라(출 34:27).
> 그 사람들의 이름을 각각 그 지팡이에 쓰되(민 17:2)
> 또 네 집 문설주와 바깥 문에 기록할지니라(신 6:9).
> 모세가 이 율법의 말씀을 다 책에 써서 마친 후에(신 31:24)[155]

3. 라스 샤므라(Ras Shamra) 비문 [156]

프랑스의 고고학자인 M. Schaeffer와 Chenet은 시리아 북부 지역으로 탐사 여행을 떠난 후 1929년 5월에 라스 샤므라(Ras Shamra)의 유적들을 출토했다. 그 이후로 그들은 많은 점토판들을 발견했다. 모든 점토판들을 조사한 결과, 그들은 이 도시가 당대에 8가지 언어를 사용했으며 학교에 다니는 학생들이 이러한 서체들을 배웠다는 사실을 밝혀냈다.
이러한 8가지 언어들을 열거하면 다음과 같다.

1. 설형 문자의 자모 서체로 기록된 고대 히브리 어
2. 구식 설형 문자 서체로 기록된 바빌로니아 어
3. 바빌로니아 어보다 연대가 더 오래된 수메르 어
4. 정체가 밝혀지지 않은 언어
5. 정체가 밝혀지지 않은 언어
6. 이집트 어와 그 상형 문자
7. 필적의 내용이 해독되지 않은 히타이트 어
8. 키프로스 및 크레테에서 유래한 것으로 추정되는 또 다른 미지의 언어

---

155) C. Marston, *op, cit.*, 178-179.
156) *Ibid.*, In "The Evidence from Ras Shamra(라스 샤므라에서 발견된 증거 자료)", 184-197.

이러한 점토판들의 제작 연대는 기원전 1400~1350년일 것으로 추정된다. 각 점토판은 텔 엘 아마르나 점토판과 동일한 연대에 기록되었을 것으로 생각된다. Charles Marston경은 이러한 점토판들 중에서 성경의 원시 히브리 어로 기록된 전문 용어들을 다음과 같이 확인했다.

1. 레 5:15, 레 7:1, 2, 5, 7, 37, 레 14:12, 13, 민 6:12, 18, 19, 겔 40:39 등에서 인유(引喩)된 속건제(trespass offering)

2. 레 22:21, 민 6:17, 민 15:8, 신 37:7에 기록된 화목제(peace offering)

3. 요제(wave offering). 출 29:24, 26, 레 7:30, 레 8:27, 레 9:21, 민 6:20, 민 8:15를 각각 참조할 것.

4. 첫 열매(first fruit). 출 23:19, 출 34:26, 레 2:12, 민 18:12, 신 26:2, 10, 겔 20:40을 각각 참조할 것.

5. 번제(burnt offering). 레 4:1~12를 참조할 것.

6. 온전한 번제(whole burnt offering). 레 6:15, 신 13:17, 신 33:10을 각각 참조할 것.

"엘로힘(Elohim)"이라는 이름과 "엘(El)"이라는 이름은 이러한 점토판에서 매우 자주 발견되고 있다. 또한 "야(Yah)"라는 이름이 우리가 잘 알고 있는 하나님의 이름인 여호와(Jehovah)로서 등장하고 있는 구절로는 "내 아들의 이름은 야 - 엘랏(Yah-Elat)이다."를 들 수 있다.… Charles Marston경은 "이러한 문장을 구성하는 세부적인 단어들이 기록된 점토판의 일부분이 파손되었기 때문에 엘랏(Elat)은 또 다른 문장을 시작할 수 있으며 야(Yah)와 연결될 수는 없다. 한편 이 단어는 실제로 야 - 엘림(Yah-Elim)일 수 있는데 다시 말해 여호와 - 엘로힘(Jehovah-Elohim)을 의미한다고 볼 수 있다."

또한 일부 점토판에서는 모세가 광야의 이스라엘 백성들을 위해 준비한

장막과 그 기구들에 관한 기록을 볼 수 있는데 그 내용을 열거하면 다음과
같다.

1. 성막의 뜰(출 27:9, 출 35:17, 출 38 9과 비교).
2. 성소와 지성소(출 26:33, 레 24:3과 비교).
3. 성소 내 금상(출 25:24, 레 24:6과 비교)
4. "코헨(Kohen)"라는 단어는 라스 샤므라(Ras Shamra) 전례서에서 발견
   되었으며 그 의미상 "제사장"을 뜻한다. 이 단어는 히브리 어 성경에서
   도 관찰된다(창 14:18, 창 41:45, 츨 2:16, 출 3:1, 출 18:1, 출 19:6, 레
   1:5, 레 8:11, 민 3:3, 신 17:9을 각각 참조).
5. 신성한 숫자인 "7"은 라샴라 점토관에서 자주 등장하고 있는데, 매 절
   기(festivals)의 진행 기간은 7 일이며 왕의 통치 기간과 영령(departed
   spirit)의 감화 기간은 각각 7 년에 이른다(출 20:8, 신 15:1과 비교).

Charles Marston경이 주장한 바와 같이, 이러한 점토판들이 기록된 것
으로 추정되는 연대 중 가장 오래된 연대(기원전 1400~1350년)는 시내 산
(Mt. Sinai)에서 율법이 널리 공포된 후 40~80년이 경과한 시점이며, 시내
산에서 미디안 광야로 전파된 율법의 내용은 다양한 지역에 걸쳐 상거래
를 수행한 미디안 족속의 상인들에 의해 결국 라샴라로 전달되었을 것으
로 추정된다.

상기의 3가지 고고학적 원전을 근거로 할 때 모세 오경을 기록한 저자가
바로 모세였다는 사실을 부인할 수 있는 자는 없을 것이다. 왜냐하면 그는
성경의 첫 5권을 기록하던 당시에 3가 의 저작물 중 적어도 1개를 활용할
수 있었기 때문이다.[157]

---

157) Charles Marston경이 인용한 *The New Bible Evidence*(성경의 새로운
    증거), 160-177.

1) 모세(Moses)

그 다음으로 중요한 문제는 모세가 역사적으로 실존했던 인물인지 여부이다. 만약 그가 실존했던 히브리인 남성이자 이스라엘 자손들의 지도자라면 모세 오경을 기록한 저자가 과연 모세인지 여부 대한 비평가들의 고민은 해결될 것이다.

우리는 앞서 첫 장에서 모세 오경을 기록한 저자가 이집트에 관한 직접적인 지식을 보유하고 있다는 사실을 언급한 바 있다. 여기서는 '모세'라는 인물만을 논하기로 하겠다.

"모세(Moses)"라는 이름은 이집트에서 유래한 것으로 밝혀지고 있다. 모세의 어머니가 갓 태어난 그녀의 아들(모세)을 이집트의 공주에게 인도했을 때 공주는 입양한 아들을 이집트 남성의 이름인 "모세"로 불렀는데 이 이름은 무엇보다도 고대 이집트의 파피루스 문서에서 이집트 황태자 중 한 명의 이름으로 기록되어 있다. 출 2:10은 이렇게 기록되어 있다. "… 그(바로의 딸)가 그의 이름을 모세라 하여 이르되 이는 내가 그를 물에서 건져 내었음이라 하였더라." 이는 콥트어(Coptic)로 "모(Mo)"와 "시(Shi)"가 각각 '물(water)'과 '건져 내다(to take)'를 의미한다는 사실을 통해 확증된다. 의문의 여지는 없지만 모세는 이집트인의 이름을 히브리어로 표현한 형태에 속하며 원래 형태는 "메수(Mesu)"였는데 이는 이집트의 각종 문헌에서 종종 나타나며 그리스인들은 이 단어를 "마시스(Massis)"라 기록했다.[158]

위의 설명에 따르면 모세를 아들로 입양한 파라오의 딸은 도대체 누구였을까? 모세는 이렇게 말하고 있다. "이제 내 나이 백이십 세라. 내가 더

---

158) W. W. Prescott, *The Spade and the Bible* (가래와 성경), 77-78.

이상 출입하지 못하겠고 여호와께서도 내게 이르시기를 너는 이 요단을 건너지 못하리라 하셨느니라"(신 31:2). 그러므로 모세가 이집트를 떠나 미디안 광야로 도주했을 때 그의 나이는 약 40세였다(행 7:23, 29). 이러한 사실은 오히려 앞서 언급한 기간의 이집트 역사와 놀라울 정도로 부합(符合)한다. 투트모세 3세(Thutmose Ⅲ)가 이집트를 다스렸던 54년의 통치 기간 중 마지막 40년 동안 모세는 미디안 광야에 머물고 있었다. 따라서 중요한 사실은, 이 군주가 첫 16년의 통치 기간 동안 공주인 핫셉수트(Hatshepsut)의 섭정 하에 이집트를 통치했다는 점이다. 또한 핫셉수트는 선왕인 투트모세 2세(Thutmose II)가 13년 간 이집트를 통치했을 때에도 왕국의 실질적인 군주 역할을 담당했다. 그녀는 투트모세 1세의 외딸이었고 그녀의 모친은 아멘헤텝 1세(Amenhetep I)의 딸이었으므로 양편 부모를 통해 왕족의 혈통에 속한 인물이었다. 때문에 핫셉수트는 왕위를 승계할 수 있는 유일한 적통이었으며 다만 여성이라는 이유 때문에 왕이 누릴 수 있는 모든 혜택을 손에 넣을 수는 없었다. 그녀의 아버지와 투트모세 2세 혹은 투트모세 3세는 왕권을 확보할 자격 요건을 갖추지 못하고 있었다. 그들의 모친은 모두 하층 계급 출신자였기 때문이다. 핫셉수트는 고대 테베 군주들의 후손이기도 했는데 이 군주들은 양치기 왕(고대 이집트의 힉소스 왕조의 왕)들과 전쟁을 벌인 후 그들을 내쫓았으며 이집트에서는 이러한 계통의 혈족을 왕족의 영예를 누릴 수 있는 유일한 자들로 간주한 강력한 세력이 있었던 것으로 보인다. 결국 핫셉수트는 투트모세 2세가 왕위에 오르기도 전에 이집트의 통치 과정에서 주도적인 역할을 담당했던 것이다. 여기서 이집트의 연대기와 이 비범한 여인의 독특한 경력은 그녀가 갈대 사이의 상자에 담겨져 있는 모세를 발견한 바로(파라오)의 딸이었음을 시사한다(출 2:5). 또한 주목할 만한 사실은, 그녀의 사망 시점은 모세가 이집트에서 미디안 광야로 도주했던 시점과 거의 일치한다는 점이다. 핫셉수트가 죽은 후, 이 파라오(투트모세 2세)는 그녀에 대한 기억을 너무나 증오했기에 그녀의 유물들을 폐기하고 말았다. 따라서 모세는 파라오의 총애를 얻을 수 없었는데 그 이유는 그가 입양된 아들이었던 데다 핫셉수트의 총애를 받고 있었기 때문이다.

투트모세 3세의 생애 역시 구약 성경과 상당 부분 관계가 있다. 아멘헤텝 1세(기원전 1560~1536)가 시리아 전역을 침공했고, 그의 후계자인 투트모세 1세(기원전 1539~1514)도 시리아를 침공하여 유프라테스 강을 건넜다는 사실은 이집트 열왕의 기록에 속한다. 그러나 핫셉수트(기원전 1514~1487)의 통치 기간 동안 이집트는 북부보다는 남부 지역을 침공했다.

그녀가 사망한 후, 투트모세 3세는 팔레스타인과 시리아 지방을 여러 차례에 걸쳐 체계적으로 침략 및 정복하는 계획을 개시 및 준행함으로써 이집트의 역대 파라오들 중에서도 전무후무한 업적을 남겼다. 그는 이러한 국가들을 17차례에 걸쳐 대대적으로 탐사했고 성읍들을 점령했으며 각 성읍의 요새들을 파괴했다. 그의 영웅적인 업적은 신전의 벽면 및 기념물에 새겨진 이집트 상형 문자의 기록을 통해 알려지고 있다. 이 기록물을 살펴보면 투트모세 3세(Thutmose III)의 큰 전쟁이 북 팔레스타인 지방의 므깃도(Megiddo)에서 벌어졌음을 알 수 있다. 투트모세는 900대의 전차, 2,200마리의 말, 200벌의 갑옷 등을 포획했다. 분명한 것은, 이러한 전차와 말들이 양치기 왕들이 일삼았던 활동을 암시하고 있다는 점이다. 그로부터 약 100년이 채 못 되는 세월이 흐른 후, 므깃도 가까이에서 여호수아가 이끄는 이스라엘의 군대가 "수많은 병거와 말들"을 거느린 이방 왕들의 북쪽 동맹군들을 패주시켰다는 역사적 사실이 성경에 기록되어 있다.

투트모세 3세가 사망한 후, 아멘헤텝 2세의 통치 기간에 이스라엘 백성들의 출애굽 사건이 발생했는데 이 후대 파라오도 그의 선왕과 뜻을 같이해 팔레스타인 및 시리아를 침공하는 정책을 어느 정도 준행했다. 이러한 역사는 이스라엘이 광야에 있었던 40년의 세월 동안에 진행되었을 것으로 추정된다.

결국 모세의 시대는 그와 매우 밀접한 관계가 있는 이집트의 역사에 부합한다. 따라서 우리는 모세가 역사상의 실존 인물이었으며 파라오의 궁궐에서 성장하는 동안에 충분한 교육을 받았다는 결론을 내릴 수 있다. 때문에 그는 한 권의 책을 기록하는 데 필요한 지식을 충분히 소유하고 있었던 것이다.

2) 아브라함(Abraham)

다음 문제는 모세가 그의 시대에 속한 것들을 알 수 있었는지 여부에 관한 것으로 우리에게 자연스럽게 제기되는 문제는 모세가 그의 시대에 속하는 문제는 아닐 수도 있으나 그의 이전 시대에 속하는 문제는 알기가 매우 어려웠지 않았겠느냐 하는 것이다. 특히 모세가 창세기를 기록한 저자였음을 이해하기는 어렵다. 이러한 문제를 입증하는 과정에서 아브라함은 창세기를 기록한 저자로서의 모세(Mosaic authorship of Genesis)에 관한 의문을 해결할 열쇠가 되고 있는데 그 이유는 아브라함이 히브리인의 조상이자 창세기의 구심점 역할을 하고 있기 때문이다. 만약 아브라함이 역사상의 실존 인물이며 그의 생애가 창세기에 기록된 내용과 일치한다면 모세는 그의 선조들로부터 사실에 근거한 구전으로서 이스라엘의 역사를 전수 받았을 것으로 추정되며 결국 아브라함을 통해 이스라엘의 역사를 전수 받은 셈이 된다.

이제 아브라함을 시작으로 하여 예수 그리스도의 시대에까지 이르는 이스라엘의 역사를 개괄적으로 살펴보면 다음과 같다.

> 100   - 이삭이 태어났을 때 아브라함의 나이는 100   (21:5).
> 60   - 야곱이 태어났을 때 이삭의 나이는 60 세였다(25:26).
> 130   - 야곱과 그의 자손들이 이집트로 내려왔을 때 야곱의 나이는 130 세였다(47:9).
> 430   - 이스라엘 자손들이 이집트에서 거주했던 기간(12:40, 41)
> 40   - 이스라엘 자손들이 광야에서 살았던 기간(2:7;   5:6)
> 약1400   여리고가 여호수아의 군대에 의해 무너진 시기(Garstang 교수의 발굴 연구에 따른 것임).

3) 기원전 2160년

Langdon 박사는 셈족의 대군주였던 함무라비(Hammurabi)의 통치 기간이 기원전 2067~2024년일 것으로 추정하고 있다. 구약 성경에서 함무라비의 정체는 시날(Shinar) 왕 아므라벨(Amraphel)로 확인되고 있는데 그에 관한 언급은 창세기 14:1에서 확인할 수 있다. 따라서 그 연대는 아브라함의 생애 기간과 일치한다. 상기의 연대 목록에 따르면 아브라함은 기원전 2085년에 가나안 땅으로 여정을 떠났으며(창 12:4) 기원전 2060년에 이삭이 태어났음을 알 수 있다. 기원전 2061년에 소돔과 고모라가 멸망했으며(창 17:1) 기원전 1985년에 아브라함의 나이는 175세였다(창 25:7). 무엇보다도 중요한 사실은, 이러한 고대 역사에 관한 천문학적 연구 결과가 상기에 언급한 여리고와 성경의 연대를 확증하고 있다는 점이다.

창세기 11:31~32는 이렇게 기록되어 있다. "데라가 그 아들 아브람과 하란의 아들인 그의 손자 롯과 그의 며느리 아브람의 아내 사래를 데리고 갈대아인의 우르를 떠나 가나안 땅으로 가고자 하더니 하란에 이르러 거기 거류하였으며 …" 여기서 우리는 아브람과 그의 아내 사래가 젊은 시절에 갈대아인의 우르(Ur of the Chaldees)에 거주했다는 사실을 알 수 있으며 다만 비평가들은 고대의 역사를 통틀어 그러한 지명이 존재하지 않았다는 이유로 이를 부인하고 있다. 하지만 C. L. Woolley 박사는 고대 성읍인 갈대아인의 우르 유적지를 발굴하는 연구를 진행했다. 그는 대군주였던 함무라비의 시대에 우르의 사람들이 구운 벽돌로 만든 벽으로 조성된 집에서 살았는데 구운 벽돌 위에는 진흙 벽돌(mud brick)이 놓였고 벽면 전체는 회반죽(벽토)과 백색 도료로 포장되었다. 이러한 형태의 집들은 2층 구조로 조성되었으며 중앙의 포장된 안뜰 주위로 분포한 12개 이상의 방들을 포함하고 있었다. 지정학적 측면에서 볼 때, 우르 성읍은 당시 페르시아 만의 항구 도시였지만 오늘날에는 유프라테스 강 어귀를 기점으로 할 때 내륙으로 약 241.4 km(150 마일) 떨어진 지점에 그 유적들이 남아 있다. 그 이유는 지난 4,000년 동안 충적토가 매년 유프라테스 강 하류로 퇴적되어 왔기 때문이다.

유대인 역사가 요세푸스(Josephus)는 이렇게 설명한다. "베로수스(기원전 3세기에 활동한 바빌론의 제사장)는 '노아의 홍수가 있은 지 10세대가 지난 후, 갈대아 사람들 중에서 의롭고 훌륭하며 천체 학문에 능한 한 남자가 있었다.'라고 말할 때 아브람(Abram)의 이름을 지목하지는 않았지만 유대인의 조상인 아브람에 대해 언급하고 있다. 다만 헤카태우스(Hecataeus)는 아브람의 이름을 간혹 언급하고 있다. 왜냐하면 그는 아브람에 관한 책을 집필해 이를 후세에게 남겼기 때문이다. 또한 다마스커스의 니콜라우스 (Nicolaus of Damascus)는 그가 집필한 역사책의 제 14권에서 이렇게 기록하고 있다. '아브람은 이방인으로서 다마스커스(다메섹)에서 세력을 떨쳤으며 갈대아 사람들의 땅이라 불린 바빌론 북부 지경 밖의 지역(호바)까지 군사들을 이끌고 진격했다(조카 롯과 그의 재물과 또 부녀와 친척을 되찾기 위해). 그러나 긴 세월이 지난 후, 그는 자신의 친족 및 종들과 함께 그 땅에서 떠나 가나안 땅(유다 땅)이라 불리는 곳으로 이주했으며 이후 수없이 많은 후손들이 태어났다.' 아브람의 후손에 관한 한, 우리는 또 다른 문헌에 기록된 그들의 역사를 언급해 볼 수 있다. 이제 아브람이라는 이름은 다마스커스 땅에서 지금도 잘 알려져 있으며 그의 이름을 딴 '아브람의 거처(the Habitation of Abram)'라는 마을이 이곳에 자리하고 있다."159)

"아브람"이라는 이름에 관한 한, 바빌로니아에서 발견된 일부 점토판들은 "아바라마(Abarama)"를 언급하고 있는데 이 단어는 "내 아버지는 높으신 분이시다."를 뜻한다. 그는 논밭을 일궜으며 소작료를 지불했고 농부에게 어울리는 그 밖의 일들을 했던 인물이었다. 이 점토판은 아브람과 동일한 연대를 기원으로 하고 있다. 또한 아라비아 남부 지역에서도 이와 비슷한 호칭이 발견되고 있다. 따라서 "아바라마"라는 이름은 "아브람" 또는 "아브라함"과 비슷하다고 볼 수 있다. 물론 이를 입증할 증거는 없지만 아브람이 갈대아인의 우르에서 가나안으로 이주했기 때문에 이러한 주장은 매우 정당하다고 볼 수 있다.

하란(Haran)의 위치는 대체로 앗시리아의 북방 먼 곳에 자리한 하란

---

159) Flavius Josephus, *Antiquities of the Jews* (고대 유대인들의 풍습), Book I, Chap. VII, para. 2.

(Harran)이라는 지명과 동일시되고 있다. 그리고 이곳 현지에 테라(Te-rah), 나보르(Nabor) 및 세룩(Serug) 같은 지명도 존재한다는 주장이 제기되고 있다. 갈대아인의 우르를 가리키는 하란 성읍의 사람들은 신(Sin)이라 불리던 월신(moon god)을 경배했다. 이후 이 도시는 7일을 1주일로 정했다. 따라서 이러한 사실들은 아브라함이 그의 가족과 함께 하란에서 거주했음을 충분히 입증하고 있다.

한편 상기에 언급한 요세푸스의 인용문에서 이미 확인한 바와 같이, 데라(Terah)가 그의 가족을 이끌고 도착한 곳인 하란(Haran)은 실제로 다마스커스 부근에 위치해 있었으며 갈대아인의 우르에서 죽은 아들 하란의 이름을 딴 것이었다. 하란의 위치는 다마스커스에서 약 22.5 km(14마일) 떨어진 지점에 있다는 주장이 학계에서 제기되고 있다. 아브람의 가족이 가나안을 행선지로 하여 긴 여정을 떠났다면 당대에 더 잘 알려진 성읍인 하란만큼 먼 북방으로 이주할 필요는 없었던 것이다.

그러나 아람 나하라임(Aram Naharaim, 2가의 강이 있는 아람)과 밧단 아람(Padan-Aram, 아람 평원)의 위치에 관한 의문이 생긴다. 일부 학자들은 이사야 7장 8절의 문자적 표현을 인용하고 있는데 이 구절은 "대저 아람의 머리는 다메섹이요"로 시작되고 있으며 대체로 유프라테스 강 및 그 지류로 확인되고 있는 2개의 강은 다마스커스를 관통하고 있는 아바나(Abanah)와 파르파르(Pharpar) 강일지도 모른다. 만약 이러한 추측이 사실로 판명될 경우, 최근 고고학계의 발견에서 요구하고 있는 것만큼 혁신적인 변화들을 구약 성경의 주석에서 피해야 할 것이다.

그렇다면 실제 존재했던 지명의 일반적인 문제는 데라와 그의 가족이 애초에 메소포타미아 북부 지역에 자리한 하란(Harran)에 거주했다가 이

후 남방의 다마스커스 부근 지역으로 이주해 그들의 새로운 거처를 하란 (Haran)으로 명명했다는 사실이다.

아브라함의 생애를 통해 우리는 역사적인 진실들을 증명할 수 있다. 그 래서 우리는 성경에 기록된 구절들을 먼저 인용하고 가능한 한 고고학적 증거 자료들을 통해 진실을 규명하고 있는 것이다.

"여호와께서 아브람에게 이르시되 너는 너의 고향과 친척과 아버지의 집을 떠나 내가 네게 보여 줄 땅으로 가라. 내가 너로 큰 민족을 이루고 네 게 복을 주어 네 이름을 창대하게 하리니 너는 복의 근원이 될지라. 너를 축복하는 자에게는 내가 복을 내리고 너를 저주하는 자에게는 내가 저주 하리니 땅의 모든 족속이 너로 말미암아 복을 얻을 것이라 하신지라. 이에 아브람이 여호와의 말씀을 따라갔고 롯도 그와 함께 갔으며 아브람이 하 란을 떠날 때에 칠십오 세였더라. 아브람이 그의 아내 사래와 조카 롯과 하란에서 모은 모든 소유와 얻은 사람들을 이끌고 가나안 땅으로 가려고 떠나서 마침내 가나안 땅에 들어갔더라. 아브람이 그 땅을 지나 세겜 땅 모레 상수리나무에 이르니 그때에 가나안 사람이 그 땅에 거주하였더라. 여호와께서 아브람에게 나타나 이르시되 내가 이 땅을 네 자손에게 주리 라 하신지라. 자기에게 나타나신 여호와께 그가 그곳에서 제단을 쌓고 거 기서 벧엘 동쪽 산으로 옮겨 장막을 치니 서쪽은 벧엘이요 동쪽은 아이라. 그가 그곳에서 여호와께 제단을 쌓고 여호와의 이름을 부르더니 점점 남 방으로 옮겨 갔더라"(창 12:1~9).

위의 성경 구절에서 볼 수 있는 놀라운 고고학적 사실 중 하나는 아브람 이 지나간 장소들이 중기 청동기 시대에 실제로 존재했던 지명인 것으로 판 명되고 있다는 점이다. Albright 박사는 이렇게 설명한다. "이스라엘의 조상들에 관한 설화에서 언급된 모든 성읍은 실제로 중기 청동기 시대에 존재했다(기원전 2000~1600년). 그러한 성읍의 예로는 세겜(Shechem), 벧엘(Bethel), 아이(Ai), 예루살렘 혹은 살렘(Jerusalem, Salem), 그랄(Gerar), 도단(Dothan) 및 브엘세바(Beersheba)를 들 수 있다."[160]

또한 창세기 13:3~13에 기록된 구절에 대해 Albright 박사는 다음과 같이 주장한다. "필자가 요르단 계곡 지대에서 진행한 이러한 탐사를 비롯해 그 밖의 수많은 탐사를 실시한 결과, 아브라함 일가가 다마스커스 부근 지역에 도착했을 당시에 이 계곡 지대는 매우 번창한 곳이었을 뿐만 아니라 많은 사람들이 모여 살았던 곳이었다는 초기 성경 구전이 틀림이 없다는 사실이 밝혀졌다. 이러한 일련의 연구들과 Pere Mallon 및 그 밖의 고고학자들이 진행한 연구들은 이 계곡의 역사를 통틀어 가장 번영했던 시대가 바로 초기 청동기 시대(기원전 2500~2000년)였다는 사실을 입증하고 있다."[161]

창세기 14장 1~12절은 이렇게 기록되어 있다. "당시에 시날 왕 아므라벨과 엘라살 왕 아리옥과 엘람 왕 그돌라오멜과 고임 왕 디달이 소돔 왕 베라와 고모라 왕 비르사와 아드마 왕 시납과 스보임 왕 세메벨과 벨라 곧 소알 왕과 싸우니라. 이들이 다 싯딤 골짜기 곧 지금의 염해에 모였더라. 이들이 십이 년 동안 그돌라오멜을 섬기다가 제십삼년에 배반한지라. 제십사년에 그돌라오멜과 그와 함께한 왕들이 나와서 아스드롯 가르나임에서 르바 족속을, 함에서 수스 족속을, 사웨 기랴다임에서 엠 족속을 치고 호리 족속을 그 산 세일에서 쳐서 광야 근방 엘바란까지 이르렀으며 그들

---

160) W. F. Albright, *The Archaeology of Palestine and the Bible* (팔레스타인과 성경의 고고학), 133.
161) *Ibid.*, 133.

이 돌이켜 엔미스밧 곧 가데스에 이르러 아말렉 족속의 온 땅과 하사손다 말에 사는 아모리 족속을 친지라. 소돔 왕과 고모라 왕과 아드마 왕과 스보임 왕과 벨라 곧 소알 왕이 나와서 싯딤 골짜기에서 그들과 전쟁을 하기 위하여 진을 쳤더니 엘람 왕 그돌라오멜과 고임 왕 디달과 시날 왕 아므라벨과 엘라살 왕 아리옥 네 왕이 곧 그 다섯 왕과 맞서니라. 싯딤 골짜기에는 역청 구덩이가 많은지라. 소돔 왕과 고모라 왕이 달아날 때에 그들이 거기 빠지고 그 나머지는 산으로 도망하매 네 왕이 소돔과 고모라의 모든 재물과 양식을 빼앗아 가고 소돔에 거주하는 아브람의 조카 롯도 사로잡고 그 재물까지 노략하여 갔더라.”

위의 역사적 사실들은 고고학적인 증거 자료를 통해 입증되고 있다. “시날 왕 아므라벨 왕의 때에(In the days of Amraphel king of Shinar)” 이 왕은 바로 셈족의 위대한 왕이자 입법자였던 함무라비(Hammurabi, BC 2067~2024년)로서 그 연대는 아브라함의 생애의 기간에 속한다. Langdon 박사는 이 문제를 면밀히 조사한 후에 다음과 같이 설명하고 있다. “개인적인 소견으로는 함무라비(Hammurabi), 암모라비(Ammorabi) 등이 킹긴(킹기르, 싱기르, 시네갈, 시날)의 암타펠(Amtaphel) 왕을 가리킨다고 생각된다(창 14:9). Charles Marston경은 이러한 견해를 신뢰하고 있으며 그 밖의 많은 학자들도 이러한 견해를 지지하고 있다.”[162]

다섯 왕들이 팔레스타인을 침공했을 때 그들이 이용한 이동로는 요르단 동편에 위치해 있었다. 이러한 관계에서 Albright 박사는 그의 책 『팔레스타인과 성경의 고고학』(*The Archaeology of Palestine and the Bible*)중 142~143쪽에서 다음과 같이 설명하고 있다. “이전에 필자는 이 특별한 진

---

162) Charles Marston, *The New Bible Evidence* (성경의 새로운 증거), 105.

로야말로 히브리 설화의 전설적 인물을 입증하는 최고의 증거라고 생각
했다. 하지만 1929년에 그는 일련의 초기 및 중기 청동기 시대 고분을 발
견했는데 당시 그러한 고분 중 일부는 규모가 큰 편이었으며 사막과 길르
앗의 삼림 사이로 길르앗의 동편 경계를 따라 고분들이 줄줄이 분포해 있
었다. 또한 하우란 혹은 바산(Hauran, Bashan) 같은 성읍의 경우에는 앞
서 언급한 다섯 왕들의 군사적 행동에 관한 이야기가 전개되고 있으며,
고고학적 조사에 따르면 아스드롯 및 가르나임은 모두(다섯 왕이 이끈 동
맹군에 의해) 이 시기에 점령된 것으로 밝혀졌다. 1929년 브레슬라우
(Breslau)의 Jirku 교수와 필자는 함족의 고대 유적을 조사하는 작업에 착
수했으며 그로부터 얼마 후 규모는 작지만 청동기 시대로 거슬러 올라갈
정도로 연대가 매우 오래된 1개의 고분을 발견했다. 동편 군사들이 사해
로부터 남쪽으로 멀리 떨어진 곳인 세일 지역(Seir)으로 남침하게 된 이유
를 시사하는 일부 암시는 아마도 구리, 망간〔쿨(Kuhl)에 사용되는 재료〕
및 그 밖의 광물질이 세일 및 미디안 지역에 광범위하면서도 집중적으로
분포해 있었다는 사실에서 얻을 수 있을 것 같다."163)

따라서 이것은 동쪽 지역의 왕들이 진군 시 이용한 이동로를 입증하는
좋은 증거가 된다. 고고학자들이 추정한 연대(초기 및 중기 청동기 시대;
기원전 2500~1600년)는 아브라함이 살았던 시대를 포괄한다.

만약 이러한 고고학적 조사의 결과가 틀림이 없으며 그러한 장소들이
중기 청동기 시대에 실제로 존재했다면 우리는 모세 오경을 기록한 저자
가 이스라엘의 조상인 아브라함으로부터 이러한 역사적 사실들을 직접 전
해 들은 선조들로부터 그러한 사실들을 전수 받았다는 사실을 알 수 있다.

---

163) Charles Marston, *op, cit.*, 106.

또한 모세 오경의 저자가 아담과 하와를 시작으로 하여 후대의 선조들 및 아브라함의 입을 통해 전해들은 정확한 내용의 역사적 구전을 전수 받았다고 주장해도 무리는 아닐 것이다.

본 연구의 논의를 마무리하기 전에 우리는 또 다른 사실 곧 아브라함의 시대에 적용되었던 실효법을 생각해 볼 수 있겠다. 함무라비 법전 중 한 조항은 만약 아내가 남편의 자식을 낳지 못할 경우에 자신의 여종을 남편의 첩으로 삼아 자식을 낳게 할 수 있다고 기록되어 있다. 이 경우 첩(concubine)은 일반적인 종(slave)과는 차이가 있었다. 남편의 자식을 낳은 첩은 더 이상 거래의 대상이 될 수 없었다. 다만 그러한 첩이 남편의 본처에게 오만한 태도를 취할 경우 본처는 첩을 쫓아낼 수 있었으며 다만 첩을 종으로 팔 수 없었다. 창세기 16장을 살펴보면 아브라함의 아내인 사라는 자식이 없었기 때문에 이집트 태생의 한 여종을 남편 아브라함의 첩 또는 두 번째 아내로 삼았는데 전반적인 상황은 앞서 언급한 함무라비 법전의 내용에 부합했다.

이제 저자는 한 가지 사례(처첩에 관한 법)가 모세 오경의 전반적인 난제를 해결할 수 있을 것으로 기대하고 있는데 그 이유는 모세가 아브라함을 시작으로 하여 선조들로부터 전수 받은 구전의 내용이 틀림이 없음을 함무라비 법전이 입증하고 있기 때문이다. 창세기의 모든 구전이 사실임을 믿을 수 있는 이유는 이 법이 성경에서 중요한 비중을 차지하고 있지는 않기 때문이며 사소한 내용이 맞는다면 중요한 대목도 틀림이 없기 때문이다.

모든 논제에 대한 결론을 내리면서 본 논문의 필자는 모세 오경과 그 비평서에 관한 연구를 진행하면 할수록 모세가 오경(Pentateuch)을 기록한 저자임을 더욱 확신하게 되는데 그 이유는 파괴적 비평가들이 제기하는 반론의 근거가 도무지 성립되지 않기 때문이다. 그들은 각자의 한정된 지식을 동원해 가설을 세우는 데 급급하고 있다. 그래서 그들의 주장은 앞서 제4장에서 논의한 바와 같이 폐기되고 있다. 결국 앞서 언급한 바와 같이, 교육 수준이 높았던 인물이었던 모세는 성령의 계시에 따라 이러한 문헌들 중 하나(설형 문자, 상형 문자 또는 자모 문자로 기록된 문헌)를 이용해 오경(Pentateuch)을 기록했으며 아담과 하와를 시작으로 하여 그의 선조들에게 전래된 구전을 사용했을 것으로 추정된다.

Charles Marston경이 집필한 *The New Bible Evidence*(성경의 새로운 증거) 중 88-123쪽 및 Ira M. Price가 집필한 *The Monuments and the Old Testament*(유적과 구약 성경) 중 168쪽 이하 부분에서 아브라함에 관한 호칭을 사용함.

제5장

고봉(高峰) 김치선(金致善) 박사의 생애와 사역[164]

- 남대문교회 목회 사역까지를 중심으로 -

최 선(崔宣)[165]

1. 시작하는 말

유럽은 15세기 후반에 이미 신항로의 발견으로 무역로가 열리자 포루투갈과 스페인을 필두로 동양으로 진출하였다. 유럽이 그렇게 힘을 키울 수 있었던 것은 르네상스와 종교 개혁을 통해 축적된 근대화가 일찍부터 시작되었기 때문이었다. 유럽인들은 15세기경 유럽이 기독교화 되자 새로운 선교 지역으로 아시아에 눈을 돌리기 시작한 것이 동양 진출의 중대한 요인이기도 했다.

17세기 이후 유럽의 최강자로 부상한 영국은 산업 혁명으로 국내에 넘쳐나는 상품을 수출하기 위해 동양에 식민지를 개척하였다. 대항해(大航海) 시대와는 다르게 자본주의 시대는 식민지 사회 경제 구조를 서유럽 제국주의 국가의 종속물로 만들어 버렸다. 18세기 들어 청나라는 프란시스코회와 도미니크회 선교사들이 청나라 문화에 토착화된 신앙을 로마 교황

---

164) 본고는 최 선, "고봉 김치선 박사의 생애와 사역" 『역사 신학 논총』 제20호 (생명의말씀사, 2010), 268-300에 실린 논문임.
165) 총신대학교 외래 교수

에게 고소했고, 그러자 청나라 정부는 1757년에 로마 가톨릭을 완전히 금지시키고 교회를 몰수하고 선교사들을 처형하였다. 이 사건은 서양의 발달된 자연과학 지식을 소개하면서 서양 문물을 수용하던 중국 사회가 서양에 대해 쇄국 정책을 취하게 하는 동기가 되었다.

청나라가 문호를 닫고 있을 때 일본은 서양 세력의 충격을 계기로 분권적 봉건 제도의 막을 내리고 중앙 집권적 근대 국가로 급성장하여 근대적인 길을 가고 있었다. 1867년에는 에도막부 타도 운동, 1867년에는 메이지 유신이 일어났다.

동양에서 청나라와 일본은 근대화를 통한 산업화가 추진되었다. 특히 군사, 학문, 언어, 공업 분야에서 서양의 근대적 정치 개혁과 제도 개혁을 추구하였다. 서유럽 열강의 위협 속에 노출되어 있었던 청나라와 일본은 네덜란드 동인도 회사에 문호를 개방하였다. 일본은 19세기 중반 미국 페리 제독이 군함 4척을 끌고 온 때를 즈음하여 개국 반대론을 잠재우고 1854년에 미일 화친 조약이 성사되었다. 그리고 1856년에는 미국, 영국, 러시아, 네덜란드, 프랑스 등과 불평등 조약을 통해 전면적 개항을 단행하였다.

일본의 메이지 정부는 서양 운동의 일환으로 1871-1873년에 유럽, 구미 각국에 사신을 파견해 서양의 문물제도를 연구하여 근대적인 공장, 군사 시설과 학교 등을 설립하고 의회 개설, 법 제정, 토지 조세 경감, 조약 개정, 지방 자치를 위한 자유 민권 운동을 활발하게 전개하였다. 특히, 1880년에 들어서 교육의 보급, 교통, 통신, 출판 등을 통해 근대적 지식과 의식을 계몽하는 운동을 이끌었다. 그리하여 일본은 정치, 경제, 군사 제도뿐만 아니라, 문화적인 면과 사회적인 부분에서도 근대화를 통해 동양의 어느 국가보다 한 단계 앞선 국가가 되었다.

　근대화에 성공한 일본은 드디어 1890년대 들어 '홍아론(興亞論)'을 들고 나와 후발 제국주의 국가로 나타나게 되었다. 그것은 침체된 아시아를 부흥시키자는 논리였다. 이것은 서양 열강을 공적으로 생각하고 조선과 청나라와 연합하여 '아시아 연대주의', '동양 평화론'을 주장하게 되었다.

　위와 같은 일본의 주장은 청나라와 조선에 대해 침략 정책으로 이어졌고, 자칭 동양의 리더 국가로 자임(自任)하면서 침략을 정당화하는 굴절된 정책을 단행하게 되었다. 1890년대부터 조선을 침략하기로 전략을 세운 일본은 1894년 청일 전쟁에서 승리하고 결국에는 대륙 침략을 위한 빌미로 1904-1905년 러일 전쟁도 승리하게 되었다.

　필자가 17세기부터 19세기말까지 서양과 동양에 이은 역사를 특별히 기술한 것은 조선의 19세기말 풍전등화와 같은 시기에 태어난 고봉 김치선 박사(金致善, 1899-1968)의 생애와 사역을 집중 조명하고자 세계 정세를 이해하는 차원에서 기술하였다. 19세기 말 조선은 청나라, 러시아, 일본 그리고 미국, 프랑스, 영국 등과 같은 국가들이 문호 개방을 촉구하는 때에 김치선 박사는 태어났다.

　한국 교회 최초로 미국 텍사스 주 달라스 신학교(Dallas Theological Seminary)에서 구약 전공으로 신학 박사(Th. D.) 학위를 취득한 고봉 김치선 박사는 조국의 일제 침략기와 해방 후에 한국 교회의 신학, 목회, 교회의 부흥 운동을 위해 헌신하였다. 그리고 민족을 누구보다도 사랑했던 애국자였다. 특히 민족의 지도자로 있었던 김구 선생과 함께 한국 사회에 귀중한 사역을 감당하신 분이었다. 그는 신학자였고, 교육자로, 목회자로서 복음 전도자의 사역을 감당하였다. 뿐만 아니라, 그는 제 1세대의 신학자로, 목회자로 백낙준, 박형룡, 박윤선, 송창근, 김재준, 한경직 등과 함께 한국 교회와 신학의 형성과 목회를 위해 큰 기여를 하였음에도 불구하고 한국 교회사에서는 그에 대한 연구와 평가 작업이 불모지와 같아 시기적으로 매우 늦었지만 김치선 박사를 재조명하고 평가하는 것은 당연한 연구라 할 것이다.

따라서 이 논문에서는 그의 생애를 추적한 후, 일본과 미국에서의 유학과 1944년에 일본에서 영구 귀국하여 한국 교회에서의 첫 목회 사역지인 남대문교회에서의 목회와 해방 후에 있었던 한국 교회의 부흥 운동 중에 그가 목회자로 전력을 쏟았던 '300만 부흥 운동'이 주는 교회사적 의미를 살펴보고, 그 부흥 운동의 일환으로 설립되었던 신학교 사역을 간략히 기술하고, 특별히 김치선 박사의 생애가 한국 교회사적으로 가지는 의미를 전개함으로써, 그가 한국 교회에서 어떤 목회를 했는가를 분석해 보고자 한다. 하지만 본고에서는 지면 관계상 김치선 박사의 생애와 사역 중 그의 출생에서부터 시작하여 남대문교회에 시무하였던 시기까지만 기술하는 한계를 갖고, 그 이후에 관한 사역들은 다음 기회로 기약하고자 한다.

2. 고봉(高峰) 김치선(金致善) 박사(1899-1968)의 생애

1) 가문과 출생 그리고 신앙의 배경

1850년대 함경남도(咸鏡南道) 흥남읍(興南邑) 서호리(西湖里)에 성이 金氏인 매우 성실하게 사는 한 어민이 살고 있었다. 그는 흥남읍 서호리에서 다른 어부들보다 비교적 부유한 삶을 영위하고 있었던 터라 약 40척의 배를 소유하고 있는 갑부라 할 수 있었다. 金씨는 동네 사람들에게 나눠 주기를 좋아하고 상부상조하는 이로써 마을 사람들에게 칭송을 받았다. 그가 바로

치선의 조부였다. 필자가 시작하는 말에서 시대적인 상황을 간략히 언급했었지만, 세계적인 변화의 물결과 청나라와 일본의 흑심을 제대로 읽지 못하고 있었던 조선의 쇄국 정책이 최고조에 막다른 때였다. 청일 전쟁(淸日戰爭, 1894-1895)이 결국 일본의 승리로 끝난 시기인 조선 말기였다. 김씨의 아들 영준(永俊) 씨는 고생을 모르고 성장하면서 서당에서 한문을 배우고 유복하게 생활하였다. 그가 치선의 부친이었다. 그는 1898년에 결혼하여 전주 최씨(全州 崔氏) 가문의 규수 최현숙을 아내로 맞았다. 그 후 1899년 음력 8월 10일에 김영준 씨와 부인 최현숙 씨 사이에 장남 치선(致善)이 태어났다.[166] 이와 같이 치선이 출생했던 전후의 시기는 일본이 조선에 대한 침략의 야욕을 갖고 동아시아에 심각한 위협을 주었던 때였다.

치선은 어린 시절에 유복한 부모님과 화목하게 살아가고 있었다. 여러 모로 동네 아이들에겐 부러움을 받을 정도였다. 그는 어린 나이답지 않게 매우 총명하여 자기 나이보다 많은 형들과 공부를 할 정도로 영특함을 보였다. 마침 그 마을 서당 선생인 김응보 영수(領袖)가 있었고 그의 제자가 되어 공부를 하였다. 일찍부터 함경남도 서호리에는 복음이 일찍 들어와 김응보 영수는 크리스천이 되었다. 그곳 서당에서 영수는 제자들에게 성경의 진리를 가르치기도 하였다.

김응보 영수는 서당에서 한문을 제자들에게 가르치면서 틈틈이 성경도 가르쳤다. 그때 치선은 스승을 통해 예수를 믿게 되니 그의 나이 8세이었다. 그곳에서 하나님에 대한 신앙이 생겼고, 기도하는 법과 성경을 읽음으로 예수 그리스도의 진리를 깨달을 수 있었다. 서당에서 함께 복음을 받은 이가 있었는데, 홍순(洪順)이라는 여자아이가 있었다. 그 어린이도 매우 총명하

---

166) 김동화, 「나에게 있어 영원한 것」(서울 : 기독고연합신문사, 1998), 25-26.

여 공부도 잘하고 복음을 잘 받아들였다. 당시 그녀의 부친은 조선에서는 쉽지 않은 유학을 할 정도였다. 부친은 홍순이가 한 살 때인 1903년에 도미하여 공부를 할 정도로 매우 부유하였다. 그는 서호리에서 갑부인 삼촌 이봉선(李鳳善) 씨의 양육을 받으며 그의 어머니와 함께 생활하고 있었다.

일본은 조선을 침략하기 위해 갖은 술책을 획책하고 있었던 때인, 1904년-1905년에 러일 전쟁(露日戰爭)이 일어났고, 1906년에는 을사조약(乙巳條約)이 체결되어 그 세력을 아시아 전체에 맹위를 떨치고 있었다. 1910년은 조선이 일본에 완전히 국권을 빼앗긴 한일 병합(韓日倂合)의 해였다. 바로 그 무렵이 치선의 청소년 시기였다. 그는 함흥으로 이사하여 살았는데, 약 6년 동안은 동해안을 끼고 병풍처럼 둘러싼 험한 산을 넘으며 매일 아침 내호교회 새벽 기도회에 출석할 정도로 예수 그리스도를 믿는 신앙이 점점 성장하였다. 그 시기에 하나님은 치선을 주의 종으로 부르셨고 "너는 내 것이다."라고 하셨다.

하지만 1913년이 되는 해에 치선의 조부 김씨 가문에 갑자기 위기가 닥쳤다. 조부의 고기잡이 배 40여 척이 출항을 하였는데, 그곳에서 40여 척의 배는 침몰하였고 귀한 생명을 앗아가는 참사를 겪었다. 그 사건 이후 김씨의 가문은 기울기 시작했으며 결국 남은 재산으로 애타게 울부짖는 유족들에게 보상을 해 주고 파산에 이르렀다.

치선의 할아버지는 이곳저곳으로 이사를 다니다가 처자식들과 손자 손녀들을 오막살이집에 두고 영흥으로 떠났다. 가문을 일으키려는 노력에도 불구하고 할아버지는 3년 뒤인 1916년에 별세했다. 가족들은 전에 해 보지 않았던 막노동을 해 가며 생계를 이어갔다. 하지만 치선은 그 어려운 생활에서도 서당에서 공부를 하였고, 10리가 되는 곳에 있는 내호교회에 출석하며 가정을 위해, 자신의 미래를 위해 하나님께 기도하며 긍정적이며 적극적인 삶의 자세로 꿈을 키워 가고 있었가. 김씨의 아들 영준 씨는 자녀들을 부양하는 아버지였으나, 그 일을 감당할 수 없어 가족을 거느리고 장진이라는 곳에 화전민(火田民)으로 떠나게 되었다.

이와 같은 어려움 속에서도 하나님의 섭리는 운행되고 있었다. 함경남도 도청 소재지인 함흥에서 선교를 하고 계시던 영재형(榮在馨 : Lither Lisger Young, 1875-1950) 선교사[167]를 치선이가 만나게 된 사건이다. 치선의 아버지 영준 씨는 아버지의 별세로 가세가 더욱 기울어지자 머나먼 장진으로 가서 화전민으로 살기 위해 떠나기로 결심하고 가족들과 합의하였다. 이 사실을 알게 된 치선의 스승인 김응보 영수가 총명하고 신앙심이 돈독한 치선만은 보낼 수 없다는 생각으로 그의 아버지 영준 씨에게 간곡히 부탁을 하여 치선을 보호할 수 있었다.

---

167) 조선 교회는 중국 선교사였던 네비우스 선교사를 초청하여 선교 전략의 강의를 하였는데, 당시 선교사들의 선교 활동의 원활한 보장을 위해 네비우스 선교 분할 정책으로 인해 함경도는 캐나다 선교회의 선교 구역이었다. 이때에는 미국과 캐나다에서는 자유주의 신학과 보수주의 신학의 갈등으로 교회가 심각한 아픔을 겪고 있었다. 캐나다에서는 1925년 감리교, 회중 교회, 그리고 장로 교회가 캐나다연합교회(The United Church of Canada)를 조직하게 되었다. 따라서 이 연합 단체는 신학적인 것은 불문에 붙이고 연합을 한 것이기에 정통 보수주의를 배격하고 자유주의 신학으로 방향을 잡았다. 하지단 몇몇 교회들은 연합 교회를 거부하고 정통 보수주의를 고수하였다. 당시 1926년 조선 예수교 장로회 15 회 총회는 캐나다 연합 교회와 선교 활동에 대한 교류를 맺고 함경도 선교 지역을 캐나다 연합 교회가 이어받아 선교를 계속하였다.
캐나다의 교회와 선교부가 자유주의, 진보주의로 기울자 캐나다 선교사 윌리엄 스코트(William Scott)는 조선에서 선교회의 주도권을 얻을 수 있었다. 동시에 김관식, 조희염이 미국에서 학업을 마치고 귀국하면서 스코트 선교사와 함께 사역을 함으로써 보수주의가 아닌 자유주의 신학을 바탕으로 하는 선교 활동이 자리 잡게 되었다(김영재 「韓國敎會史」(서울 : 개혁주의신행협회, 2000), 192).

어느 날 함흥에서 선교를 하시던 영재형 선교사[168]가 함경남도 흥남읍 서호리에 선교 차 오셨다가 우연히 김웅보 스승이 치선이를 소개할 수 있는 기회를 맞았다. 그때 스승은 치선이가 총명하고 신앙심이 깊어 새벽 기도회를 빠지지 않고 내호교회를 다닌다는 이야기와 함께 자신이 그를 신

---

168) 영재형(榮在馨 : Rev. L. L. Young. Dr.) 선교사의 약력을 살펴보면 다음과 같다. 그는 1875년 11월 21일 캐나다 노바스키시아 밀쓰베레에서 진실한 신앙의 어머니의 아들로 출생하여 신앙 생활 가운데 교육을 받아 1898년에 고등학교를 졸업하고 3년 동안 학교에서 선생으로 성심을 다하여 교육에 힘썼다. 그 후 1903년에 캐나다 달하우시 대학교에 입학하여 열심히 공부하여 1906년에 동 대학교를 졸업하여 문학사(B. A.) 학위를 받고 그해 캐나다 하리팩스 장로교 신학교에 입학하여 신학을 3년 간 연구하여 1909년에 동 신학교를 졸업하였다. 그해 6월에 캐나다 장로교 선교사로 임직을 받고 1909년 10월에 조선에 복음을 전하기 위해 청년 목사로 고국의 사랑하는 부모와 친척을 떠나 조선에 도착하여 함경남도 함흥에 주택을 정하고 어학을 열심히 배우는 중에라도 기회만 있으면 복음을 전하였다. 함흥을 근거로 하고 홍원, 북청, 풍산으로 친히 다니면서 복음을 전하였고, 함흥 부근은 물론 장율, 정평 등지로 그가 전도하지 않은 곳이 없다. 그는 복음 전도에 주력을 다한 것만이 아니라, 함흥 영생중학교를 창설하여 많은 인재를 양성하였다.… 그는 1926년 조선을 떠나지 않을 수 없게 되었다. 그 이유는 캐나다에 연합 교회가 시작됨으로 자기의 선교 구역은 연합 교회에 속하게 되어 부득이 조선을 떠나게 될 때 다시는 돌아올 수 없게 되었다. 그러나 장로교 선교 본부에 가서 조선을 위하여 계속 선교할 것을 간청하였다. 선교 본부에서는 연합 교회에 한하여 조선에 다시 돌아가서 전도하라 하였으나, 신앙 중심으로 생활하려는 그는 거절하였다. 그러므로 캐나다 선교회는 할 수없이 그로 하여금 조선 사람에게 다시 선교하라는 허락을 하여 선교 구역을 얻으려거든 일본에 있는 조선 사람들에게 전도 하는 것이 하나님의 뜻인 줄 알고 1927년 10월 1일에 일본 고베 시에 도착한 이래 수십 년 동안 선교하였는데 처음 일본에 부임할 때 불과 3개 처만 있던 교회가 60여 교회로 부흥되어 총회까지 조직되어 크게 활동하고 그 후 여러 선교사들도 와서 같이 선교하다가 태평양 전쟁 곧 대동아 전쟁으로 인하여 귀국하지 않으면 안 되었다. 그러나 그는 조선을 위하여 평생을 살았다. 다시 올 수 없는 상황에서도 노령으로 다시 일본에 와서 열심히 전도하다가 1950년 2월 21일에 고베 시에서 세상을 떠났으니, 그는 바울같이 선한 싸움을 싸우고 달려갈 길을 다 가고 믿음을 지켰으니 의의 면류관을 상으로 받을 것을 믿는다[김치선, 「舊約史記, *The History of the Old Testament*」 (서울 : 복음세계사, 1955), 3-4].

원 보증할 수 있다는 것과 현재 치선의 가족의 형편에 대해 설명을 하니, 영재형 선교사는 그렇게 공부를 잘하고 신앙이 있는 어린이라면 자신이 공부를 시키며 양육을 해 보겠다고 약속을 했다.

그 후 치선이는 선교사를 따라 함흥의 발룡산 기슭에 있는 사택에서 생활할 수 있었다. 이것이 치선이가 김씨 가문의 의기에서 벗어나 하나님의 섭리를 찾는 제2의 인생으로 전환되는 뜻 깊은 사건이었다. 그는 그곳에서 정식으로 신학문의 공부를 할 수 있는 기회를 얻었다. 당시 함흥에는 여러 선교사와 함께 영재형 선교사가 세운 신창리교회, 하서리교회, 운흥리교회, 서호리교회와 학교 그리고 병원이 있었다. 선교사들은 영생중학교(5년제), 영생여학교(4년제), 영신보통학교(6년제 소학교), 영생여학교 부설 소학교, 그리고 제혜병원을 세워 의료 혜택을 주었으며, 교회를 세워 복음을 전하고, 기독교 학교를 통해 교육 사업에도 힘을 기울였다.

영특하고 신앙심이 남다른 치선이는 이곳에서 민족의 위기 속에서도 선교사의 돌봄과 민족 의식을 고취시키며, 독립 운동을 위한 발걸음을 내디딜 수 있는 초석을 마련할 수 있었다. 광의적으로 볼 때 그는 하나님의 뜻으로 학업을 시작으로 그 시대에 매우 어렵던 유학을 통해 한국 교회에서 구약 전공으로 최초 신학 박사(Th. D.) 학위를 받게 되는 영광을 얻게 되었다.

2) 학교생활과 신학의 배경

치선은 고향을 떠나 영재형 선교사의 집에 도착하면서 그의 도움으로 사택에서 사환으로 일하고 영생중학교에서 공부할 수 있었다. 조선인들이 개화되지 않았던 때라 선교사의 배려로 신학문을 한다는 것은 큰 축복 중에 하나였다. 하지만 그에게 좋은 일만 이었던 것은 결코 아니었다. 영생중학교에서는 열심히 공부하고, 집에 돌아오면 선교사의 가족들을 위해 가사를 해야만 했다. 고생을 모르고 살았던 치선은 뼈아픈 시련 속에서 선교사 사역을 돕는 허드레 일들을 눈물과 땀을 흘려 가며 생활하고 있었으나, 그는 결코 포기하지 않고 하나님께 기도하며 험난한 위기를 극복 할 수 있었다. 그렇게 열심히 선교사 사역을 위해 노력했던 그를 영재형 선교사 부부는 사랑해 주었다. 한번은 선교사가 치선이의 정직을 시험하기 위해 방바닥에 돈을 놓고 다녔다고 한다. 그러나 그는 자신을 거짓의 시험에서 이겨 성실하고 정직한 태도의 일관으로 선교사의 신뢰를 받게 되었다.[169]

하지만 1919년 치선이 20세가 되던 그해에 매우 슬픈 소식이 들려왔다. 그것은 장진으로 이사하여 화전민(火田民) 생활로 고생을 하였던 아버지 영준 씨가 별세했다는 것이다. 이 소식을 들은 치선의 양부모는 그의 가족들을 위해 함흥 신상리에 집을 마련하고 그곳에 생활할 수 있도록 경제적으로 도움을 주었다.

1910년 한일 병합을 통해 일본이 조선을 향해 침략의 고삐를 더욱 죄고 있을 때, 많은 애국 지도자들이 희생을 당했다. 특히 기독교가 교회와 학교 교육과 의료 사업을 통해 조선인들의 정신과 가치관, 인생관에 영향을 미치고 있었기 때문에 일본은 더욱 선교사들을 감시할 수밖에 없었다.

전국적으로 민족 봉기를 일으키려는 비밀 활동이 진행되고 있었다. 치선이도 그때 함흥 지역 학교의 비밀 학생 대표로 적극적으로 독립 만세를 위한 준비를 하고 있었다. 바로 그의 나이가 20세였다. 드디어 1919년 3월 1일을 서울을 기점으로 독립 만세 운동이 전국적으로 확산되고 있을 때

---

169) 김동화, 「나에게 있어 영원한 것」, 31-32.

함흥 지역에서도 봉기를 일으켜 수많은 애국자들이 피를 흘리며 일경에 의해 투옥되면서,[170) 그중에 치선도 수많은 구타를 당하고 함흥에서 서울 서대문 형무소로 이송되어 약 1년 동안 옥고를 치르게 되었다.

김동화 씨의 『나에게 있어 영원한 것』이라는 책에 의하면 김치선 박사가 "감옥에서 인생을 깨달았고 하나님에 대한 스명과 그의 참 사랑 곧 하나님이 세상을 이처럼 사랑하사 독생자를 우리 인류에게 주신 사랑을 깨닫고 평생을 주님을 위해 자기를 주의 일꾼, 목사로 자신의 삶을 바치겠다고 하나님께 맹세했다."라고 한다.[171) 서대문 형무소에서 출소하여 함흥으로 돌아온 치선은 영생중학교에서 공부를 계속하면서 학업과 함께 선교사를 위해 더욱 힘을 기울여 최선을 다했다. 마침내 그는 1922년 3월 13일에 23세의 나이로 영생중학교를 졸업하고 그해 영재형 선교사의 도움으로 당시 조선에서는 엘리트만 입학할 수 있었던 연희전문학교 문과(현재 연세대학교)에 입학을 하였다.

하지만 어느 날 뜻밖의 엄청난 사건이 영재형 선교사에게 몰아쳤다. 영생중학교에 대한 불만을 가진 조선인들이 선교사가 시무하는 학교 교장실에 자물쇠로 출입문을 채워 놓고 약 새벽 4시쯤에 방화했다. 불은 급격히 번져 갔으며 설상가상으로 실신한 선교사는 박으로 나오지 못하고 있었다. 이때 생사의 기로에 서 있었던 때에 "불이야! 불이야!" 하는 다급한 소리에 신창리 교회에서 새벽 기도회를 하고 있던 치선이가 이불에 물을 적셔 자기 몸을 감싸고 불길 속으로 들어가 영재형 선교사를 업고 밖으로 나와 생명을 구하는 놀라운 기지를 발휘하였다. 이 사건으로 말미암아 자신

---

170) 자료 출처, http//wwwdlibrarv go. kr 국가보훈처 전자 사료관 독립 운동 관련 자료: "김치선 외 22명의 고등법원 판결문", 1919년 07월 24일.
171) 김동화, 『나에게 있어 영원한 것』, 35.

의 인생에 획기적인 변화를 주었던 선교사에 대한 은혜를 일부 갚을 수 있었다. 그 후 선교사의 사모는 화병으로 인해 얼마 살지 못하고 남편에게 유언("여보! 치선이를 부탁합니다. 치선이를 끝까지 돌보아 주고 공부시키고 잘 살게 해 주십시오")을 남기고 소천하였다.

영재형 선교사는 그 후 치선이를 더욱 친자식처럼 돌보았으며, 그의 가족까지 책임을 지며 보살펴 주었다. 1950년 2월 21일 새벽에 그가 하나님의 부름을 받고 세상을 떠나기 전 유언에서 "나는 조선을 사랑한다. 내가 조선에 와서 한 것이 있다면 한 가지 곧 치선이를 얻은 것이다."라고 할 정도로 극진히 사랑을 표현하였다.[172]

3) 일본과 미국에서의 유학 생활과 선교 활동

1925년 휴양 차 캐나다에 다녀온 영재형 선교사는 자신의 양아들 치선이를 위해 당시 평양 숭실전문학교 교수로 있었으며, 모란 잉크와 금광 비누 공장을 운영하고 있었던 이용구 씨의 딸 이홍순과 중매로 만나게 되었다. 그녀는 함경남도 흥남읍 서호리에서 살고 있을 때 치선이와 김응보 영수의 지도로 서당에서 함께 공부를 하였던 어린 시절의 추억을 갖고 있었다. 그해 치선이 26세, 홍순이 23세가 되던 7월 18일에 함흥 신창리 교회에서 백년가약을 맺는 결혼식을 거행했다.

치선은 결혼 후에도 주말에는 평양에서 선교사와 가정 일을 돌보고 주중에는 서울에 있는 연희전문학교 기숙사에 머물면서 학업에 정진하다가 1927년 3월에는 연희전문학교 영문과를 우수한 성적으로 영광의 졸업을 하였다. 그해 그는 평양신학교에 학사 편입하면서 본격적으로 신학공부를

---

172) 김동화, 「나에게 있어 영원한 것」, 39.

할 수 있었다. 하지만 그에게 뜻밖의 상황을 맞았다.

조선의 네비우스 선교 분할 정책의 일환으로 캐나다 장로교선교회에서 캐나다 연합선교회로 전환되었다. 함께 사역을 했던 윌리엄 스코트 선교사와 몇몇 선교사들이 캐나다 연합선교회의 자유주의 신학 노선으로 치닫고 있었으므로, 결국 신학적인 갈등으로 영재형 선교사는 끝까지 캐나다 장로교선교회의 보수주의 신학을 고수하고 있었다. 고민 끝에 캐나다 선교부 측에서 영재형 선교사에게 일본에 거주하는 재일조선인(在日朝鮮人)을 위한 선교를 위해 그를 1928년에 일본 선교사로 파송되었다. 그는 함흥에서 일구어 놓았던 모든 선교 사역을 함흥에 있는 캐나다 선교부에게 일임하고 그해 도일하여 새로운 사역으로 전환하는 계기를 맞게 되었다.

영재형 선교사는 자신의 양아들인 치선이 자유주의 신학의 환경에서 공부하는 것을 원치 않았기에 그를 일본으로 부르게 된다. 일본에 도착한 치선은 곧바로 선교사의 사역을 후원하면서 일본 고베(神戸)현에 있는 개혁주의 신학으로 보수주의 입장에 있었던 신호증앙신학교(神戸中央神學校, 현 개혁파 신학교)에 편입하였다.

그는 일본에서 열심히 공부하고 재일조선인을 위한 선교 활동을 한 후 1930년 2월 23일에 신호중앙신학교를 졸업하였다. 신학교를 졸업한 후 그의 나이 31세 때 영재형 선교사가 동석한 자리에서 영광의 목사 안수를 받았다. 그해 그는 일본의 와가야마에 작은 개척 교회를 시작하였다. 영재형 선교사는 복음에 대한 열정과 아들을 그토록 하나님의 종으로 키우기 위해 평양에서 초청하여 일본으로 유학을 시키며 얼마나 많은 희생과 노력이 담겨 있었는지 목사 안수를 받는 그날 말로 다 할 수 없는 기쁨과 함께 하나님께 무한한 영광을 돌렸다.173)

목사 안수를 받은 김치선 목사는 1931년에 영 선교사의 도움으로 미국 필라델피아에 위치한 웨스트민스터신학교(Westminster Theological Seminary) Master of Theology 과정에 조선인으로는 최초로 입학하였다. 그곳에서 매우 열심히 학업에 전념한 그는 1933년에 조선인으로서는 처음으로 동 학교에서 신학 석사 학위를 취득하는 영광을 얻게 되었다.[174] 그는 계속해서 박사 과정에 도전하였는데 미국 남부 지역인 텍사스 주에 위치한 달라스 신학교 신학 박사 과정에 입학하였다.

그 당시는 1차 세계 대전이 끝나고 연합군이 베르사유 조약을 통해 유럽의 평화를 회복하려던 시기였다. 그러나 1930년대에 들어서면서 미국은 경제 공황을 맞았고 동서의 군국주의적인 전체주의 국가들에 의해 아시아는 크게 위협을 받고 있었다. 무력 진출의 신호를 보낸 일본은 1910년 한일 병합 이 후 계속해서 조선을 강점하고 결국 1932년에는 청나라의 동북부에 만주국이라는 괴뢰 국가를 세웠고 1933년에는 일본이 국제 연맹에서 탈퇴를 선언했다.

그 무렵 조선은 근대화되지도 않았고 일본의 침략을 받으며 어느 때보다도 아픔을 겪고 있었던 시절이었다. 이와 같은 어려운 국난에 머나먼 이국땅에서의 불굴의 의지를 갖고 열심히 공부한 김치선 목사는 민족을 향한 뜨거운 열정이 솟아올랐다. 그는 학위를 받은 후 조국을 위하여 무엇을 할 것인가? 수많은 생각으로 밤잠을 이루지 못했다. 하지만 굳은 결심을 갖고 민족의 해방과 앞날의 희망을 품고 자신과 조국의 미래를 위하여, 하나님의 영광을 위해 그는 미국 달라스신학교(Dallas Theological Seminary)에서 구약 전

---

173) 김동화, 「나에게 있어 영원한 것」, 49.
174) 김해연, 「한국 교회사」(서울 : 성광문화사, 1997), 440.

공으로 미국에서 조선인으로는 최초로 1935년에 신학 박사(Doctor of Theology)175) 학위를 취득하는 영광을 얻고 하나님께 감사를 드렸다.

---

175) Chi Syun Kim, *The Mosic Authorship of The Pentateuch* (Doctor of Theology, Dallas Theological Seminary, 1935), 1-260. 「5경은 모세 한 사람의 저작인가?」라는 그의 박사 학위 논문은 서문과 함께 제1장~제4장까지 전개하는데, 먼저 그의 서문을 보면 다음과 같다.
20세기 초의 일부 선교사들과 유학을 마치고 돌아온 목회자, 신학자들이 조선 교회의 자유주의 신학적 영향인 사회적 복음(Social Gospel)을 전하면서 급속히 미치기 시작했던 자유주의적인 성경 이해를 회고하며 안타까운 심정으로 시작했다. 특히 조선에 들어온 선교사들 가운데 성경의 영감성과 예수 그리스도의 속죄성의 필요를 부인한 채 예수 그리스도를 단지 선한 선생 혹은 인간 삶의 모델로 전하는 모습을 보며 더욱 슬퍼했다. 그의 서문에서 반복되어 사용되는 '슬픔(Sad, Sadder)'이라는 단어는 김치선 박사가 일본과 미국 유학을 마치고 1944년 3월에 귀국하여 서울 남대문교회를 시무하면서 붙여진 별칭 '한국의 눈물의 선지자 예레미야'로 불렸던 그의 삶을 돌이켜 보게 하는 듯하다. 따라서 이 부분은 그가 하나님의 말씀인 성경 66권에 대한 순수한 믿음과 그 열정을 알 수 있는 부분으로 이해되어진다.
논문 제1장에서는 성경이 증거하는 모서의 5경 저작 사실을 논한다. 첫 논지는 5경이 5권으로 나누어진 것으로 생각되지만 5경은 연속되는 기록으로서 순서와 구조를 이루고 있다고 밝히며, 그렇기에 여러 저자들로 이루어진 것이 아닌 한 명의 저자를 갖고 있다고 논증한다. 당시 신학적 흐름으로 매우 유행했던 문서설(J. E. P. D.)이 양식(Style)의 차이에 따라 각각의 문서와 그에 따른 저자를 상정하는 논지를 파헤치며, 문서설에서 주장하는 본문들 속에 여러 양식들이 혼재(混在)되어 있음을 지적하며 모세 저작 사실을 논증한다. 뿐만 아니라, 그 외에도 이집트에 대한 정확한 기록과 5경 스스로 주장하는 모세의 저작 사실을 지적하며, 모세 5경의 내적 증거(Internal Evidence)를 삼는다. 외적 증거(External Evidence)로서 역사서, 시가서, 선지서, 그리고 신약 전반을 통해 증거되는 모세 5경 저작 사실을 강력히 지적한다.
논문 제2장에서는 당시 비평학계를 향해 변증적인 입장에서 모세의 5경 저작 사실을 옹호한다. 특히 모세의 5경 저작 사실을 부인하는 비평에 대해 논증한다. 먼저 비평의 역사를 서술하는데, 그에 따르면 1세기부터 성경에 대한 비평적 접근을 찾을 수 있고 중세와 근세를 거쳐 벨하우젠(Julius Wellhausen)을 통해 주창된 문서설(J. E. P. D.)에 이른다고 기술한다. 이어지는 논증을 통해 모세의 저작 사실에 의심을 갖게 하는 시대착오(anachronism)와 모순, 부조화를 이루는 본문들을 변호하고 문학 비평(the Literary Critics)을 논박한 후 역사 발전에 따른

제 3장과 4장에서 필자는 김치선 박사가 약 7-8년 동안 일본과 미국에서의 유학 생활을 마치고 애국 애족의 정신과 조선의 민족 복음화를 위한 큰 비전을 품고 고국으로 돌아가 온 정렬을 다했던 그의 주요 사역들에 대한 평가를 교회사적 의미에서 살펴볼 것이다.

3. 김치선 박사의 주요 사역

1) 일본에서의 민족의식이 혼재(混在)된 목회와 선교 사역

1935년 미국 달라스신학교에서 신학 박사 학위를 취득한 김치선 박사는 그해 미국에서의 모든 생활을 정리하고 그가 늘 품고 있었던 조국을 위하는 것이 무엇인가? 고국 교회를 위하여 무엇을 할 것인가? 이에 대해 무엇보다 잘 알고 있었던 터라 지체하지 않고 고국으로 귀국하였다. 그러나 조국에서는 그에게 사역지가 쉽게 나타나지 않아 고민하며 기도하고 있을

가설을 반박한다.

논문 제3장에서는 바벨론 신화가 5경, 창세기 1-11장의 원형의 역할을 한다는 주장에 대해 논쟁하며 창조, 타락, 홍수 이전, 홍수에 대한 두 기록의 차이점은 하나님의 계시와 전승에 따라 모세가 기록한 것임을 강조한다.

논문 마지막 제4장에서는 모세 당시에는 발달된 문명이 아니었으며, 기록할 수 있는 문자조차 없었기에 5경의 역사성은 부인되어야 한다는 주장을 논박한다. 그는 고고학이 알려 주는 그 당시의 문자로서 설형 문자, 상형 문자, 그리고 알파벳이 5경의 기록에 사용되었을 수 있다고 주장한다. 이것은 텔 엘 아마르나(Tel El-Amarna)의 서판(書板)과 시나이 반도의 세라비트(Serabit in Sinai)의 사원에서 발견된 글, 그리고 라스 샤므라(Ras Shamra)의 명문이 5경과 용어를 공유하고 있다는 사실이 뒷받침해 준다고 논증한다. 또한 고고학이 알려 주는 중기 청동기 시대의 역사적 상황들은 5경의 기록이 갖고 있는 역사성을 뒷받침해 주며 5경의 저자는 이를 전승과 계시를 통해 직접적으로 받았으리라 상정한다. 끝으로 그는 비평적 성경 이해를 반박하고 모세의 5경 저작 사실을 변호하며, 성령의 계시와 이스라엘 족장들의 전승을 통해 모세가 5경을 썼음을 강력히 주장한다.

때, 일본에서 선교 사역을 하시던 자신의 양아버지로부터 초청장이 왔다. 그래서 잠시 고국에서의 사역을 뒤로하고 일본으로 건너가 캐나다 선교부가 위치해 있는 고베의 영재형 선교사의 도움을 받아 정착하였다. 그 후 김치선 박사는 신호중앙교회를 설립하고 목회 사역을 시작하였다. 물론 재일조선인을 중심으로 한 목회였다. 당시 미국에서 유학하고 돌아온 목회자들이 많지 않았던 때라 일본에서 소외 받고 무시 받으며 어려운 삶을 살고 있었던 동포들이 신호중앙교회로 몰려들었다.

그렇게 많은 성도들이 신호중앙교회로 온다는 것은 그 당시 쉽지 않은 반응이었다. 왜냐하면 일본인은 조선인을 노예나 미개한 사람으로 취급하고 무시했던 시대였다. 일부 조선인은 자신의 신분을 속이고 일본인으로 행세했다. 그럼에도 불구하고 조선인들이 주일이 되면 우리 고유의 한복을 입고 당당히 교회에 출석하는 특이한 풍경이 일어났다. 전에는 상상할 수 없었던 일들이 속속 펼쳐지고 있었다. 그것은 김치선의 박사의 설교에서 힘을 얻은 성도들이 지금 겪고 있는 일본의 압제 속에서도 자신들의 고난이 멀지 않아 곧 하나님의 역사로 말미암아 조국은 해방될 것이고, 예수 그리스도를 믿음으로 담대한 마음과 조국을 생각하는 민족정신으로 담대함을 얻어 신앙생활에 활력을 얻었기 때문이었다.

일본은 1935년부터 본격적으로 조선인들에게 신앙의 자유를 빼앗고 일본 천황을 숭배하도록 신사 참배의 강요로 기독교인들에게 심한 박해를 가했다. 그 여파로 인해 평양신학교, 숭실전문학교 등 수많은 기독교 학교들이 일본에 의해 폐교를 당하는 수난을 겪게 되었다.

그럼에도 불구하고 일본에 있는 조선 교회는 신사 참배가 심각하게 대두되고 있지 않은 상황이었다. 고베에서의 재일조선인을 위한 성공적인 신호중앙교회 목회를 하던 김치선 박사의 소문은 동경에 있는 신숙중앙교회에까지 퍼지게 되었다. 그리하여 1938년에 그 교회에서 정식으로 청빙을 받아 목회를 하게 된다.

이윽고 동경신숙중앙교회(東京新宿中央敎會)로 부임한 김치선 박사는 심혈을 기울여 목회를 하고자 하는 각오를 갖고 1939년 11월 5일 YMCA 대강당에서 많은 성도들과 내빈들이 참석한 가운데 하나님 앞에 담임 목사 취임식을 갖게 되었다.[176) 부임할 당시 신숙중앙교회 성도들이 얼마 되지 않았지만 미국에서 학위를 마치고 돌아온 인재 중에 한 사람인 뛰어난 목회자가 취임했다는 소문이 동경뿐만 아니라, 일본 전역에 급속히 퍼지게 되었다. 심지어 주일이 되면 예수 그리스도를 영접하지 않았던 많은 유학생까지도 설움의 이국땅에서 소외 받았던 삶에 위로를 받으려는 심정으로 그 교회에 가면 조선인들을 만날 수 있다는 것과 민족에 대한 뜨거운 사랑을 확인할 수 있다는 기대로 신숙중앙교회는 짧은 기간 동안 대단한 부흥을 가져왔다.

그가 신숙중앙교회에 부임하면서 외적인 부흥과 더불어 성도들이 조선인으로서의 긍지를 갖고 매사에 적극적인 자세로 삶을 영위할 수 있었고, 민족을 사랑하는 정신 또한 고취시키는 계기가 되었다. 하지만 일본이 1935년 이후부터 고국에서 신사 참배를 강요함으로 말미암아 많은 기독교인들이 고통과 희생을 당하면서 외국으로 피신하는 이들도 있었다. 그중 한 사람을 소개하면 장로교에서 중요한 역할을 감당하던 박형룡 박사이다. 그는 신사 참배의 강요를 거부하고 중국 남경신학교(현, 남경대학교)로 피신하게 된다. 그는 중국에서도 일본의 감시와 신사 참배를 강요하면

---

176) 김동화, 「나에게 있어 영원한 것」, 76.

서 더욱 안전한 장소인 동경 신숙중앙교회로 오겠다는 편지를 받고 주저하지 않고 김치선 박사는 가까운 곳에 거처를 마련하고 박형룡 박사의 가정과 친밀한 교제를 맺으며, 교회 발전과 함께 조국 교회를 위하여 다양한 방법을 모색하면서 생활하였다.

김치선 박사의 목회는 날로 부흥되어 갔다. 그러나 일본은 조선인 교회를 구속하는 정책을 써 목회자를 감시하며 탄압하기 시작하였다. 첫째, 조선 사람도 내선일체니 교회에서는 일본어로 설교해야 한다는 것, 둘째, 교회 안에서 김치선 목사의 절대적인 인기를 질투하여 그 자리를 빼앗으려는 이들이 있었다.[177] 1940년 어느 날 일본 경찰이 사택을 찾아와 김치선 박사를 사상범의 죄목을 달아 경찰서로 연행해 갔다. 그것은 다름 아닌 신앙이 좋은 신자 중 한 사람이 교회에서 담임목사가 설교 시간에 조선어로 설교했다고 경찰에 신고했다는 것이다. 그 사건 이후 김치선 목사가 몇 개월이 되도록 출옥되지 않았음에도 불구하고 교회에서는 아무런 대책을 세우지 못하고 있었다. 그 이유는 시퍼런 경찰의 감시가 온 교회를 감싸고 있었던 터라 그 누구도 감히 그 사건을 해결할 수 없었던 것이다.

그는 수 개 월이 지나 신숙경찰서 구치소에서 고생을 하다가 출소하고 인생의 중대한 결단을 내렸다. 그토록 조선 성도들을 사랑하고 민족의 정신을 갖고 목회를 하였지만, 교회 내 일부 질투하는 이들에 대한 배신감과, 계속되는 경찰의 삼엄한 감시로 인해 더 이상 동경신숙중앙교회에서 목회는 어렵다는 판단을 하고 모든 사역을 내려놓았다. 하지만 지금까지 어려운 형편에서도 지켜 주시고 함께하셨던 하나님은 반드시 합력하여 선을 이룰 것을 믿으며, 새로운 목회지를 찾았다. 그것이 바로 메구로(目黑)

---

177) 김동화, 「나에게 있어 영원한 것」, 81.

교회였다. 김치선 목사는 규모가 큰 목회지의 환경을 잊고 소규모의 작은 교회 그곳에서 성실하게 성도들을 돌보며 사역을 하였다.

비록 김치선 박사가 고국이 아닌 일본에서 목회를 하고 있었지만 여전히 조국을 사랑하는 정신만은 소진될 수 없었다. 계속되는 일본 경찰의 감시와 기도하면서 자신이 준비한 영적인 설교를 성도들에게 마음껏 할 수 없다는 것이 그를 더욱 괴롭게 하였다. 그래서 그는 눈물을 흘리며 기도하고, 말씀을 선포하면서 눈물을 흘렸다. 일제 강점기였던 조국에서의 많은 목사들도 울지 않고는 결코 목회를 할 수 없었던 것과 마찬가지로 김치선 목사도 예외는 아니었다. 하지만 고단한 일본에서의 목회 환경을 하나님께서 속히 벗게 하시리라는 굳센 믿음으로 낙심하지 않고 일본에서의 마지막 목회에 최선을 다했다.

이윽고 일본이 조선을 강제로 삼키고, 결국 중국까지 그 기세를 뻗게 되면서 감행하지 말아야 했던 미국의 영토인 하와이 진주만을 1941년 12월 8일 새벽에 공격하면서 태평양 전쟁(太平洋戰爭), 다시 말하면 대동아 전쟁(大東亞戰爭)이 발발하였다. 전쟁의 중심에 있던 일본은 당시 많은 선교사들을 강제로 추방했었는데 그중에 영재형 선교사도 포함되었다. 더 이상 일본에서 목회와 선교를 해야 할 의미가 없다고 판단한 김치선 박사는 온 가족을 이끌고 전운이 계속되는 가운데 이제 죽어도 조국에서 죽고 살아도 조국에서 살기로 작정하고 모든 일본에서의 사역을 정리하고 고국 길에 오르니 그때가 1944년 3월로 그의 나이 45세였다.

2) 남대문교회를 중심한 '3백만 구령 운동'의 사역

김치선 박사가 1944년 초 무렵에 일본의 사역을 청산하고 조선으로 귀국하고자 결심한 후 그해 동경역에서 시모노세기(下關)를 거쳐 여수에 도착하고 기차를 통해 함경남도 함흥에 도착하였다. 귀국 후 함흥에서 2개월 정도 생활을 하고 있었던 김치선 박사에게 서울 남대문교회178)에서 정식 청빙을 받아 1944년 5월에 남대문교회 제6대 담임 목사로 취임하였다. 그는 약 16년 동안 해외에서 유학과 선교 사업 그리고 목회를 통해 복음 전파를 위한 혼신의 노력을 기울였고 드디어 그토록 염원하던 조국 교회를 위해 마음껏 기도하고, 설교하며, 민족의 아픔을 다소 복음을 통해 치유할 수 있는 기회를 남대문교회에서 펼칠 수 있었다.

필자는 김치선 박사의 생애와 사역 중에서 남대문교회에서의 목회 사역을 가장 관심 있게 조명하고 싶다. 왜냐하면 그곳에서 여러 목회 사역이 펼쳐진 동시에 방해 요소들이 많았고 또한 이를 극복해 나갔기 때문이다. 그 시기는 일본의 신사 참배 강요와 민족 문화의 말살을 위해 창씨개명을 실시했고 기독교인들을 향한 일본 경찰의 감시가 살벌하여 감히 새벽 기도회를 하지 못하고 쉬고 있었던 때였다. 하지만 김치선 박사는 일본에서부터 눈물의 목회를 통해 그리고 일본 경찰에게 사상범으로 체포되었다가 수 개월 동안 수감 생활을 하였던 경험이 있었음에도 불구하고 조국 교회에서 죽기로 결심한 그였기에 남대문교회에 취임하면서 서울 교회에서는

---

178) 남대문교회는 1885년 6월 25일 주일 예배를 알렌의 집에서 드림으로써 시작되었다. 알렌 박사(1858-1932, Dr. Horace Newton Allen)는 조선 최초로 내한한 개신교 선교사로서 남대문교회를 태동시켰다. 1887년 11월 21일, 알렌의 제중원병원 이전 확장에 대한 건의(1886년 8월 14일)에 따라 구리개(을지로 입구)로 제중원병원이 이전되고 병원 안에서 제중원교회 곧 구리개(동현)교회(현 남대문교회)가 시작되었다. 1904년 9월, 구리개에서 남대문 밖으로 교회를 이전하고 남대문 제중원교회 혹은 남대문밖교회로 호칭하고 1909년 11월 21일에 교회당을 건축해서 1910년 12월 4일에 헌당하고 1950년 초까지 그 건물을 교회로 사용하였다 (김동화, 「나에게 있어 영원한 것」, 117).

처음으로 새벽 기도회를 시작하였다.

그는 남대문교회의 목회 사역을 통해 조국의 해방을 기약하며 새벽 기도회와 설교 시간을 통해 눈물을 흘리며 그곳에서 그토록 우리 민족에게 고통을 심어 준 일제의 강점기 36년을 청산하고 조국 해방을 맞았다. 김치선 박사가 해방 후에는 진정한 제사장의 나라로 건설하려면 이 백성들이 예수 그리스도를 믿어야 변화된다는 확신을 갖고 복음 전파에 매진하였다. 바로 '3백만 부흥 운동'[179]이 자신에게 주어진 소명임을 확신하였다. 그 일환의 하나로 당시 한반도의 인구가 3천만이었는데 민족에 십분의 일인 3백만을 하나님께 바치기로 결심하였다. "당시 행정상 총 마을 수가 2만 8천 동네가 있었는데, 그 마을에 가서 우물을 파야 민족이 살 수 있다." 는 믿음으로 기드온 기도 특공대를 조직하였다. 그 결과 "300만 구령운동" 이라는 교회사에 놀라운 전국적인 교회부흥의 역사를 전개할 수 있었다.

김치선 박사는 남대문교회를 중심으로 계속해서 민족의 복음화를 위한 힘찬 발걸음을 착실히 내딛고 있었다. 전국적인 부흥 운동의 조직을 위해

---

179) '3백만 부흥 운동'은 4 단계로 계획되었다. 제 1단계는 1946년 3월 말까지로 전국 3천 교회가 1명씩 3천 부흥 사원을 모집하여 3천 명 부흥회를 개최하고 이들이 매일 새벽 5시에 부흥을 놓고 기도한다. 제 2단계는 1946년 10월 말로 이 3천 명이 자기 교회에서 10인씩 부흥 사원을 모집하여 3만 사원을 형성해서 매일 기도를 가지면서 30만의 부흥 사원을 준비한다. 제 3단계는 1947년 3월 말로 3만 사원이 10인씩 30만 사원을 모집하여 이를 소년단(16-20 세), 청년단 (21-30세), 장년단 (31세 이상)으로 조직하여 30만 부흥 대회를 개최한다. 마지막 4단계는 이들 30만이 10인씩 동지를 모아 3백만 사원을 형성하여 전국 3백만 부흥 대회를 개최하고 이들을 훈련시켜 복음의 역군으로 만든다는 것이다. 그 후 3백만 부흥 운동의 결사대와 부흥 대원들의 헌신적이고 희생적인 전도 운동은 혼란기에 교회가 적극적이고 역동적으로 대처하는 모습을 보여 주었다. 하지만, 1950년 6.25 전쟁 직전 38선 부근과 지리산, 한라산, 등 공비 출몰 지역에 전도대원으로 파송 받은 자들 대부분이 전쟁으로 순교당하는 슬픔을 당했다〔박용규, 「한국 기독교회사, 2」(생명의말씀사, 2005), 845-846〕.

"3백만 부흥 전도회"를 결성하여 1946년에는 자신이 회장으로 취임하였다. 그는 전도를 향한 열정으로 약 70명의 전도 목사들과 함께 전국을 다니며 사역을 감당하였다. 특히 그 당시 유명한 세계적인 부흥 강사로 활동하였던 밥 피얼스, 국내의 유명한 부흥사 강준의 목사, 이의완 목사, 이성봉 목사, 김인서, 배은희, 박재봉 목사 그리고 사랑의 원자탄 손양원 목사 등 수많은 유명 목사들도 동참하였다.[180] 그 뿐만 아니라, 300만 부흥의 효과적인 활동을 위해 1945년 12월 당시의 형편으로는 매우 드물었던 기관지 「부흥」[181]을 창간하여 국민들에게 민족 의식을 일깨울 수 있는 글들과 복음 전파로 구원 받는 백성들을 위해 필요한 설교와 논문을 실었다. 특히 그가 강조했던 진정한 조국 교회의 부흥은 말로만이 아닌, 한 사람 한 사람이 참된 회개를 통해 성령의 역사를 체험할 때만이 진정한 부흥을 맞을 수 있다고 호소하였다.

그가 남대문교회를 중심으로 한 많은 사역 중에 또 하나는 '300만 부흥 운동'의 일환으로 모집된 300 명의 기드온 용사를 키우기 위해, 그리고 조국의 해방을 맞은 우리 민족이 참다운 민주주의 국가로 나가기 위해서, 기독교 엘리트를 배출하기 위해서는 신학교가 필요했다. 그의 염원이 1948

---

180) 김동화(「나에게 있어 영원한 것」, 157-158).

181) "신자 불신자를 물론하고 창조주 하나님이 3천만에게 주신 자유와 독립이라고 이구동성으로 외치는 바이다. 그런즉 이 측량할 수 없는 하나님의 은혜에 대하여 감사와 찬송과 영광을 돌려야 할 것이다. 그러나 하나님께 영광을 돌리며 경외하기는 고사하고 서울시만 보아도 죄악은 큰 홍수를 이루고 있는 것을 종교의 뜻있는 자이면 누구나 인식할 수 있다. … 그러므로 우리는 제1차로 3백만의 부흥 운동을 일으켜야 할 것이라는 것이 우리의 각오인 동시에 결심이다. 먼저 우리는 신앙의 부흥이 있어야 하겠고 다음으로 심령의 부흥이 있어야 할 것이다." 〔부흥, 창간호 (1945년 12월) ; "3백만 부흥 운동", 기독교대백과사전, 제8권(서울 : 기독교문사, 1983), 872-873〕.

년 8월에 남대문교회에서 장로교신학원(야간)을 개교하였다. 설립자는 김치선 박사였으나, 초대 교장에는 윤필성 목사가 취임했다. 특히 해방을 맞아 북에서 내려온 이들이 서울에는 상당히 많았다. 민족 복음화를 위한 그의 신념은 결국 이북에서 신앙생활 하던 이들이 남한에서의 주경야독하는 사람들을 지도자로 배출하기 위해 신학교 설립을 하였다.[182]

1950년 1월에는 "대한신학교(현 안양대학교)"로 개명하였다. 대부분 초창기 신학생들은 남대문교회의 청년들과 성도들이었다. 당시 장로교회에는 두 개의 신학교, 곧 김재준 박사가 이끄는 조선신학교와 박형룡 박사가 중심이 된 장로회신학교가 있었는데, 두 신학교가 다 총회신학교로 가결되자 두 학교 간의 대립이 되어 1951년 5월 제36회 총회는 양 신학교의 직영을 취소하고 새 신학교를 설립하기로 하였다. 이 결정에 따라 1951년 9월 18일에 대구에서 총회신학교를 개교하였는데, 그 후 김치선 박사는 대한신학교와 총회신학교 교수로 후학들을 가르치기도 하였다. 즉, 총회 신학교 교수로는 감부열(Edwin Campbell) 선교사를 초대 교장으로, 인돈(William Linton), 권세열(Francis Kinsler), 조하파(Joseph Hopper) 선교사와 박형룡, 계일승, 한경직, 명신홍, 김치선이 교수로 추대된 것이다.[183]

이처럼 남대문교회에서의 김치선 박사의 목회는 '한국의 예레미야' 혹은 '눈물의 선지자'로 불릴 만큼 목숨을 건 그의 구령의 열정은 한국 교회와 사회에 중요한 역할을 감당하였다. 그가 담임 목사로 부임한 후 당시 서울에서는 가장 큰 교회로 교세가 성장하였다. 새벽마다 눈물의 기도를 통해

---

182) 김동화, 「나에게 있어 영원한 것」, 166.
183) 「장로회신학대학 70년사」(장로회신학대학, 1971), 135 ; 「총신 90년사」(양문, 1991), 350.

성도들과 조국 해방과 백성들의 안정된 삶을 위해 그리고 민족의식을 고취시키며 민족적 각성을 촉구하는 메시지를 선포했다. 해방 후에는 민족의 민주주의 앞날을 위해 뜨겁게 기도했던 것이다. 또한 그의 열정 있는 설교는 당시 지식층을 감동시키며, 급속히 사회 전반에 대한 책임도 감당할 만큼 성장했다. 그뿐만 아니라, 남대문교회를 중심으로 드려지는 새벽 기도회에서는 민족 지도자 김구 선생도 출석할 만큼 그의 영향력 또한 대단한 목회를 했다. 따라서 남대문교회에서의 목회는 그의 하나님 사랑과 더불어 민족을 사랑하는 정신이 뜨거웠으며, 그것이 민족 복음화에 대한 열정으로 나타났다.

그러므로 그가 남대문교회에서 목회했던 시대는 벌써 60년이 지났지만, 한국 교회에 교훈을 주는 바가 크다 할 것이다. 21세기에 한국 교회에서 목회를 하는 목사들은 무엇보다 교회가 영적으로 깨어 민족과 교회, 사회를 위해 무엇보다 새벽 기도를 살리고, 예배를 통해 준비된 생명의 말씀을 강력히 선포하는 목회를 감당해야 할 것이다. 아울러 한국 교회가 사회에 대한 책임을 다하지 못한 것에 대한 무한 책임을 갖고 하나님께 통회의 자복을 해야 할 것이다. 온 인류를 구원하시기 위해 십자가에 돌아가셨다가 부활하신 예수 그리스도의 참 복음을 전파하는 교회가 되어야 할 것이다. 교회가 외적인 부흥도 반드시 있어야 하지만, 진정한 그리스도인으로 성장하는 내적 성숙의 부흥도 수반되는 한국 교회로 발전하기를 기대한다.

하지만 현대 한국 교회는 대형 교회와 중소형 교회 그리고 개척 교회, 대도시 교회와 농어촌 교회들 간에 보이지 않는 장벽이 숨어 있음을 부인하지 못한다. 어느 대형 교회가 건축을 할 때면 지역 교회와 사회적인 이

슈로 부각되어 한국 교회 전체가 비판의 목소리를 듣는다. 물론 한국 기독교회가 초기부터 지금까지 사회 전반에 지대한 영향을 미친 것은 역사적 사실이다. 이와 같은 목소리들은 한국 교회가 아직도 사회적 영향을 주고 있다는 반증이라고 할 것이다. 하지만, 한국 교회 규모가 커진 만큼 민족에 대한 사회적 깊은 상처들을 국민과 더불어 무한 책임 있는 자세가 결여돼 있으므로 지탄을 받고 있다.

따라서 한국 교회는 김치선 박사가 남대문교회 목회 사역에서 실천했던 일들을 기억하며 나라와 민족을 품고 복음 전파와 사회에 대한 책임 있는 바른 목회를 해야 될 것이라 사료된다. 오로지 지교회만 성장시키겠다는 편협한 목회에서 한국 교회와 민족을 사랑하며 하나님 나라 확장을 펼쳐 나가겠다는 목회자들의 의식의 전환이 있기를 소망한다.

4. 김치선 박사의 사역이 주는 교회사적 의미

19세기 말 조선 시대의 암울한 시기인 1894년 전후에는 전라도와 경상도를 중심으로 지방의 탐관오리들의 부정과 부당한 징세로 민중들은 도탄에 빠져 동학 세력을 중심으로 농민들과 함께 민중 봉기를 일으켰다. 결국 조정은 청나라에 군사를 요청하고 이에 일본은 뒤질세라 조선의 조정이 거부함에도 불구하고 일본군은 아산만으로 집결하였다. 이와 같이 복잡한 국내외의 사건이 발생하던 시기였다.

김치선은 캐나다 장로교 선교부의 함경남도 지역 선교사[184]로 파송 받

---

184) 캐나다연합교회가 형성된 후 한국에 파송된 선교사는 윌리엄 스코트(William Scott), 프래지어(Edward James Oxley Fraser), 맥도날드(D. W. McDonald)이었다. 하지만, 그 이전에 파송된 럽(Alexander Francis Robb, 1872-1935), 그리어슨

은 영재형 선교사와의 만남으로 그의 보살핌에 의해 신앙의 성장은 물론 당시 공부를 하기 쉽지 않았던 시절에 그를 영생중학교와 연희전문학교를 졸업하게 되고, 또한 그 선교사의 주선으로 일본에서의 신호중앙신학교 유학 생활과 미국의 웨스트민스터신학교와 달라스신학교에서 한국인 최초로 구약학 전공으로 신학 박사 학위를 취득할 수 있도록 지원하였다. 결국 김치선 박사는 자타가 인정하는 해방 전후의 시대적 한국 교회 지도자가 되었다. 그가 한국 교회의 지도자로 우뚝 세워진 이면에는 하나님의 크신 섭리가 개입했음을 알 수 있다. 즉, 김치선 박사로 인해 한국 교회로 하여금 민족 복음화를 위한 작은 불씨인 '3백만 부흥 운동'의 초석을 쌓게 된 것이다.

1) 자유주의 신학을 견제한 보수주의 신학자로서의 사역

김치선 박사는 그의 신앙과 신학 형성 과정 속에서 알 수 있듯이 "보수주의[185]적 근본주의자"라고 평가할 수 있다.[186] 미국 유학을 통해 1920년대부터 촉발된 자유주의 신학의 물결은 프린스턴신학교의 분열을 초래 했으며, 그 결과 역사적 정통 보수주의를 이어받은 스톤하우스, 알리스, 메

(Robert G. Grierson, 1868-1965), 맥래(Ducan M. McRae, 1868-1949), 푸트 (William R. Foote, 1869-1930), 영재형(Lither Lisger Young, 1875-1950)이었다.

185) 「베이커 신학사전」(*Baker's Dictionary Theology*)에 기고한 하롤드 쿤(Harold Kuhn) 교수는 근본주의에 대하여 다음과 같이 말했다. "근본주의는기독교의 기초적 신앙 원리들을 보존하며 현대주의라는 신학 운동에 존재하는 위험스러운 신학적 경향들을 저항하여 저지하는 목적으로 근래에 일어난 신학 운동이다 〔*Baker's Dictionary of Theology* (Grand Rapids, Baker House, 1975), 233 ; 박아론, 「보수신학은 어디로 가고 있는가?」 (서울 : 총신대학출판부, 1985), 13 에서 재인용〕.

186) 한성기, "김치선 목사의 신학 사상", 「신학지평」 13집(안양대학교신학연구소, 2000, 가을·겨울호), 75.

이첸, 울리, 반틸, 조누머레이, 메크레이 등의 신학자들이 웨스트민스터신학교를 개교했는데, 영재형 선교사는 김치선을 추천하여 보수주의 신학교에 공부하게 하였다.

보수주의(Conservatism)란 자유주의(Liberalism) 또는 진보주의(Progressivism)와 상반되는 대응적 개념으로서 그 내용상의 명시보다는 학문을 연구하거나 이론을 전개시킬 때 학자나 이론가의 사고방식 혹은 인식론적 관점을 중시하는 말이다.[187]

위에서 언급했듯이 김치선 박사의 신학과 그의 목회 철학은 영재형 선교사의 특별한 관심과 영향을 받았던 것을 의심할 수 없을 것이다. 영재형 선교사가 함경도 함흥에서 스코트(William Scott, 1886-1979)와의 신학적 갈등은 캐나다 장로교 선교부 소속이었던 그가 1925년 캐나다연합선교부로 연합하는 점에 절대 반대하여 홀로 보수적인 입장을 취했던 점에 비추어 볼 때 김치선 박사의 보수주의 신학을 계승했다고 할 수 있다.

김치선 박사는 캐나다연합교회 선교사의 영향을 받았던 함경도 출신 김재준, 송창근 등과는 신학적 입장을 달리했다. 1930년대 들어 자유주의 신학을 추구하는 신학자들이 있었음에도 김치선 박사는 민족의 해방 전후에 길선주 목사, 박형룡, 박윤선과 함께 이어지는 보수주의 신학을 통해 한국교회의 건강한 민족 복음화의 장구한 세월을 함께했다는 점에서 중요한 교회사적 의미를 담고 있다.

2) 목회와 전도 사역

해방 후 어려웠던 민족에게 교회 재건을 가장 활발하게 전개하던 남대

---

187) 박아론, 「보수신학은 어디로 가고 있는가?」 (서울 : 총신대학출판부, 1985), 7-8.

문교회에서 김치선 박사의 목회 사역은 서울 지역을 넘어 전국적인 민족 복음화와 민족 각성 운동을 전개하였다. 그리하여 그는 '3백만 부흥 운동'을 통해 복음 전도자로 삶을 실천하였고, 해방 전후 서울에서는 처음으로 새벽 기도회와 더불어 복음의 뜨거운 열정자로 눈물의 선지자' 혹은 한국의 예레미야'로서 한국 교회에 소망을 던져 주었다.

그는 당시 몇 안 되는 신학 박사 학위를 가진 목사였지만, 신학교에서의 교수로서 이론적 신학 강의보다는 교회를 개척하고 교회를 살리는 복음 전도자의 사역을 더 많이 했던 것으로 이해된다. 그는 한국 교회의 중요한 사역 중에 일차적인 것이 복 전파와 구령사 역이라는 것을 믿고 목회하였다. 그가 강조한 기도 운동, 전도 운동을 몸소 실천한 신학자이자 목회자로 최선의 사역을 감당하였다. 기도를 특별히 강조했던 그는 1954년 5월 관악구 봉천동에 벧엘 기도원을 설립했다.

김치선 박사가 전개한 '3백만 부흥 운동'은 1909년 '1백만 구령 운동'의 연장선상에 있었다고 봐도 과언이 아닐 정도로 전국적인 호응이 있었으며 그 후 대단한 열매를 맺었다. 당시 인구가 3천만이었는데, 그중 십분의 일을 하나님께 인도하겠다는 민족 복음화 운동으로 발전하였다. 따라서 그의 사역에서 중요한 것 중에 하나였던 '3백만 부흥 운동'은 한국 교회사에서 주는 의미가 크다고 하겠다.

우리 민족의 해방 전후 찾아온 수많은 위기 앞에 김치선 박사는 강력한 민족적 회개와 교회의 자성을 촉구하는 메시지를 선포하였다. 그가 전개한 '3백만 부흥 운동'은 특히 1949년 내한하여 한경직 목사와 손잡고 5회의 전도 집회를 통해 해방 후 한국 교회의 영적 재건 운동에 크게 공헌했던 밥 피어스(Bob Pierce) 목사가 1955년 다시 방문하여 서울, 대구, 부산

등 대도시를 다니며 부흥 운동을 전개해 2만 명의 결실을 얻었다.[188] 이처럼 그가 민족을 사랑하고 한국 교회의 진정한 부흥을 염원했던 '3백만 부흥 운동'은 세계적인 밥 피어스 부흥사와 국내 유명한 부흥사들과 협력하여 남대문교회를 중심으로 시작했던 부흥 운동은 한국 교회사에 중요한 의미가 있다.

5. 마치는 말

김치선 박사가 조선의 혼란했던 세기의 전환기에 태어나 20세기 최고의 교육 과정을 마치고 일본에서의 선교와 목회 사역과 조국에서의 목회 사역들을 통해, 필자는 그의 삶의 여정들이 한국 교회사적 의미들이 과연 무엇이었는가를 고찰해 보았다. 그는 한국 교회의 1세대 신학자의 대표 주자로서 혹은 목회자로 백낙준, 박형룡, 송창근, 김재준, 한경직, 박윤선 등과 더불어 진정한 조국을 사랑하되 복음 안에서 뜨겁게 사랑했음을 알 수 있었다.

당시 한국 교회에서 자유주의 신학이 불고 있었던 진보 신학에 맞서 보수 신학의 형성과 발전에 큰 영향을 미쳤지만, 그는 무엇보다 민족 복음화를 위해 전력을 쏟았는데, 그것은 남대문교회를 중심으로 한 목회 사역이었다. 그가 교회를 통해 민족 대각성과 민족 복음화를 위해 복음 전파와 기도를 강조하였다. 그 결실로 '3백만 부흥 운동'을 주도하였는데, 이것은 과거 '1903년의 원산 부흥 운동', '1907년 평양 대부흥 운동', '1909년 1백만 구령 운동'과 연장선상에 있다고 할 수 있다. 따라서 김치선 박사가 전개

---

188) 박용규, 「한국 교회와 민족을 살린 평양 대부흥 이야기」(서울 : 생명의말씀사, 2005), 164-165.

한 그 부흥 운동은 광의적으로 볼 때 '구국 운동'도 포함한 거국적인 사역이었음을 알 수 있다.

또한 김치선 박사가 한국 교회에서 다양한 사역의 봉사와 목회적인 헌신을 통해 교회사적인 족적을 남긴 시대의 큰 인물이었음을 살펴보았다. 해방 전 남대문교회에 부임한 그는 새벽 기도를 부활시키며 성도들과 함께 민족의 상처들을 품고 하나님이 자신에게 주어진 선지자, 제사장, 왕의 직분의 사명을 다했다. 그가 복음 안에서 기도, 말씀 선포, 도덕 회복, 민족 사랑을 위해 남대문교회를 중심으로 한 사역에서 벧엘기도원, 대한신학교를 설립하고 그 사역을 충실히 다했음을 알 수 있었다. 이에 대하여 고신대학교 이상규 교수는 「김치선 박사의 한국 교회사적 의의」라는 논문[189]에서 그를 "보수 신학의 파수자, 민족 복음화의 선구자"라는 수식을 더한다면 보다 포괄적인 평가가 될 것이라고 지적했다.

김치선 박사가 시대적 사명을 충실히 사역했음에도 불구하고 한국 교회사에서는 그에 대한 연구와 학술적인 평가 작업이 공인된 학술지에 공개적으로 다루어지지 않았다는 점을 안타깝게 생각했다. 하지만 본고가 시기적으로 매우 늦었지만 김치선 박사의 생애와 사역 중 '남대문교회의 목회'를 한계로 정하고 그를 재조명하는 차원에서 연구를 하였다는 것은 고무적인 일이다. 향후 김치선 박사에 대한 연구는 남대문교회 이후의 사역에 대한 평가 연구가 필요하다. 보다 다양한 역사 자료를 통해 그의 사역을 정리하는 논의가 있어야 할 것이다. 김치선 박사에 대한 광의적인 연구가 진행된다면 1930년대 전후와 해방 이후 목회와 부흥 운동을 병행하였던

---

189) 이상규, "김치선 박사의 한국 교회사적 의의" 『대한논총』, 제2호(안양 : 대한신학대학원대학교, 2009), 311-313.

그의 사역 속에서 한국 교회의 귀중한 발자취를 얻게 될 것이다. 하지만, 1950년 전후에 있었던 '3백만 부흥 운동'에 대한 역사적인 사료가 부족한 것이 아쉬운 부분으로 남는다. 당시에 보다 체계적이고, 한국 교회의 폭넓은 목회자와 신학자들과 함께하지 못했다는 비평을 받을 수 있다.

Key Word : 김치선 박사(Dr. Kim, Chi syun), 생애와 사역(Life and Ministry), 삼백만 부흥 운동(3 Million Revivalism), 남대문교회(Namdaemun presbyterian Church), 민족 복음화(National Evangelization), 복음(Gospel)

참고 문헌

1. 1차 자료(이하 12 종 저작자 : 김치선)

『신약 개론 강의집(Ⅰ)~(Ⅳ)』. 대한예수교장토회출판국, 1960.

『구약 개론 강의집(Ⅰ)~(Ⅲ)』. 안양대학교신학연구소, 1998.

『조직 신학 강의집』. 안양대학교신학연구소, 1998.

『김치선 박사 글 모음집』. 안양대학교신학연구소, 1998.

『김치선 박사 설교 모음(Ⅰ)~(Ⅲ)』. 안양대학교신학연구소, 1998.

『복음의 진수』. 대한예수교장로회출판국, 1940.

『김치선 박사의 예레미야 강의』. 안양대학교신학연구소, 1998.

『진리의 증언』. 서울 : 인물연구소, 1980.

『경건의 비밀』. 서울 : 경천애인사, 1963.

『소선지서』Ⅱ. 대한신학교, 1960.

『기독교인의 초석』. 서울 : 복음세계사, 1954.

『舊約史記』. 서울 : 복음세계사, 1955.

2. 2차 자료

김동화. 『나에게 있어 영원한 것』. 서울 : 기독교연합신문사, 1998.

김명혁. 『김명혁 목사 설교집』. 서울 : 강변교회출판부, 2006.

김해연. 『한국 교회사』. 서울 : 성광문화사, 1997.

　　　　『남대문교회사』. 대한예수교장로호 남대문교회사편찬위원회, 1979.

민경배. 『한국 기독교회사』. 서울 : 대한기독교서회, 1948.

　　　　박아론. 『보수신학은 어디로 가고 있는가?』. 서울 : 총신대학출판부, 1987.

박용규. 『한국기독교회사』(2). 서울 : 생명의말씀사, 2005.

박용규. 『한국 교회와 민족을 살린 평양 대부흥 이야기』. 서울 :
　　　생명의말씀사, 2005.

『안양대학교 50년사』. 안양대학교출판부, 1998.

전민수. 『이만팔천여 동네에 가서 우물을 파라』. 서울 : 영창서원, 2003.

『장로회신학대학 70년사』. 장로회신학대학, 1971.

『총신 90년사』. 양문출판사, 1991.

3. 논문

강경림. "김치선 목사의 반우상 숭배론"『신학지평』. 제13집, 안양대학교
　　　신학연구소, 2000.

강명국. "1907년 대부흥 운동이 한국 교회의 신앙 양태 형성에 끼친 영향."
　　　: '성령체험의 역사를 중심으로.' 성결대학교 신학전문대학원 논문,
　　　2007.

강윤석. "고봉 김치선의 성령론이 그의 구령 운동에 끼친 영향." 안양대학
　　　교 신학대학원 논문, 2008.

김정길. "김치선 목사의 신학사상 : 설교를 중심으로." 안양대학교신학대
　　　학원 논문, 2001.

김의선. "고봉 김치선 목사의 신학 사상과 한국 교회에 끼친 영향." 안양대
　　　학교 신학대학원 논문, 2000.

金義善. "대한예수교장로회(대신)의 신학적 정통성에 관한 연구." 安養大
　　　學校 神學大學院 論文, 1998.

김재규. "김치선 목사의 설교"『신학지평』. 제13집, 안양대학교신학연구
　　　소, 2000.

김치선. "(설교)기독교는 무엇인가?『신학지남』. 장로회총회신학교,
　　　1955.

Chi Syun Kim. *The Mosic Authorship of The Pentateuch*. Dallas
　　　Theological Seminary, 1935.

김흥수. "한국 전쟁의 충격과 기독교회의 기복 신앙 확산에 관한 연구."
　　　서울大學校大學院 論文, 1998.

남덕우. "한국 성결교회의 부흥 운동사 연구.": '이명직 목사, 이성봉 목사,
　　　김응조 목사를 중심으로' 성결대학교신학전문대학원 논문, 2008.

노재양. "이성봉의 부흥 운동에 관한 연구." 호서대학교연합신학전문대학
　　　원 논문, 2005.

문교수. "이성봉 목사의 부흥 운동이 한국 교회에 미친 영향에 관한 연구."
　　　서울신학대학교 신학전문대학원 논문, 2005.

박세환. "죽산 박형룡 목사의 설교에 대한 연구." 총신대학교대학원 논문,
　　　2005.

박종현. "한국 교회의 신앙 내연과 그 외연 구조의 상관관계 연구.":
　　　'1903-1910년 부흥 운동과 일제 말 한국 교회 저항을 중심으로' 延
　　　世大學校 論文 大學院, 1999.

원용국. "김치선 목사와 나" 『신학지평』. 제13집, 안양대학교신학연구소,
　　　2000 : 2-18.

유청수. "한국 장로교회 성장사.": '1885년부터 1987년까지' 워싱턴신학대
　　　학교대학원 논문, 1989.

이덕주. "초기 한국 기독교 신앙 양태에 관한 연구.": '1900년대 부흥 운동,
　　　민족 운동, 토착화 신학 운동을 중심으로' 감리교신학대학교대학원
　　　논문, 2000.

이상규. "김치선 박사의 교회사적 의의", 『다한논총』. 제2호, 대한신학대
　　　학원대학교, 2009: 293-318.

이성용. "해방 후 한국 기도원 운동에 대한 상황화 신학 관점에서의 연구."
　　　: '용문산의 나운동을 중심으로' 아세아연합신학대학교 대학원 논
　　　문, 2006.

이용규. "한국 교회 신유 운동 연구." 서울신학대학교신학전문대학원 논

문, 2005.

이은규. "김치선 목사의 교육 사상"『신학지평』. 제13집, 안양대학교신학
　　　연구소, 2000: 169-184.

이은선. "김치선 목사의 회개론과 부흥론"『신학지평』. 제19집, 안양대학
　　　교신학연구소, 2006: 101-133.

이은선. "김치선 목사의 국가관"『신학지평』.제13집, 안양대학교 신학연
　　　구소, 2000 : 99-130.

정성한. "한국 교회의 해방 전후사 인식", '1 : 남대문교회를 중심으로'
　　　『神學과牧會』. 제28집, 嶺南神學大學校, 2007.

조종익. "한국 교회 부흥 운동의 요인 분석을 통한 교회 성장 전략." 총신
　　　대학교목회신학전문대학원 논문, 2007.

최승열. "이성봉 목사의 영성과 목회 적용." 평택대학교신학전문대학원 논
　　　문, 2005.

최익제. "한말·일제 강점기 탁사 최병헌의 생애와 사상." 한국교원대학교
　　　대학원 논문, 2008.

최정인. "김치선 목사의 생애"『신학지평』. 제13집, 안양대학교신학연
　　　구소, 2000 : 19-42.

한성기. "김치선 목사의 신학 사상"『신학지평』. 제13집, 안양대학교신학
　　　연구소, 2000.

허명섭. "해방 이후 한국 교회의 재형성(1945-1960)." 서울신학대학교대
　　　학원 논문, 2003.

홍성학. "한국 교회 부흥 운동에 관한 역사적 신학적 고찰." : '1903-1910년
　　　부흥 운동과 길선주, 김익두, 이성봉을 중심으로' 서울기독대학교
　　　신학전문대학원 논문, 2005.

ABSTRACT

The Life and Ministry of the Dr. Kim Chi-syun

Dr. Choi, Sun

(Chongshin University)

In the history of modern Korean church, it is known that Dr. Kim Chi-syun, a historic figure born in the late era of former Joseon dynasty under a vortex of confusing transition to 20th century, completed the ultimate contemporary educational course under the rule of imperial Japan, and energetically developed missionary works and pastoral ministry in Japan as well as follow-on pastoral ministry at Namdaemun Presbyterian Church in his fatherland Korea. Based on those footprints of Dr. Kim, this study focused on further examination into potential implications of his life and ministry for the history of modern Korean Church. As a result, it was found that Dr. Kim was a leading theologist and pastor produced from the first generation of modern Korean Church, along with his contemporary collaborative ministers like Baek Nak-jun, Park Hyeong- ryong, Song Chang-geun, Kim Jae-jun, Han Gyeong-jik and Park Yun- seon. Indeed, he loved his fatherland Korea from the bottom of his heart in the gospel.

Over the lifetime, he had significant influences on formation and development of conservative theology to cope with a progressive wave of liberal theology emerging in modern Korean Church, but he was dedicated to national evangelization of Korea among others, and such dedication is demonstrated by his pastoral ministry around Namdaemun Presbyterian Church. Based on this church, he stressed gospel propagation and prayer for national awakening and evangelization. As a result, he led '3-million Revivalism' that was in the consecutive context of 'Wonsan Revivalism (1903)', 'Pyongyang Revival Movement (1907)' and '1-million Salvation Movement (1909).' Thus, it is found that the 3-million Revivalism developed by Dr. Kim has a broad implication of nationwide ministry encompassing 'save-the- nation movement.'

In addition, this study explored another aspect of Dr. Kim Chi-seon, i.e. a historic figure who left great footprints in the history of modern Korean Church owing to a variety of ministry services and pastoral dedications he did for Korean Church. Before the Liberation of Korea from imperial Japan in 1945, he started for pastor of Namdaemun Presbyterian Church where he revived early morning prayer service. While carrying on his ministry around Namdaemun Presbyterian Church, Dr. Kim led the establishment of Bethel Retreat and Daehan Theological Seminary as a delivery room for prayer, proclamation of the Word of God, moral recovery and national affection, with a view to encompass Korean national hurts along with his church members and fulfill his lifelong mission of prophet and king-like priest as commanded by God. These footprints left by Dr. Kim show that he carried out his ministry in the lifetime. In the same context, Professor Lee Sang-gyu (Koshin University) released a paper entitled "the Implications of Dr. Kim, Chi-syun for the History of Modern Korean Church" to point out that more comprehensive assessment on Dr. Kim would require adding to him a rhetoric expression like "a watchman of Korean conservative theology and a pioneer in the national evangelization of Korea."

Despite Dr. Kim's dedication to his historical missions commanded by God as described above, it is unfortunate that authorized academic journals on the history of modern Korean Church have never publicly dealt with studies and academic reviews on him and his ministry. Although it is regretful for this study to try to review Dr. Kim with the wisdom of hindsight, its academic investigation was limited to his pastoral ministry at Namdaemun Presbyterian Church among other aspects of his life and ministry, focusing on review of his evangelical works. Hence, it is advised that many pastors and theologians should make follow-on studies and reviews on Dr. Kim's ministry after the end of his pastoral works at Namdaemun Presbyterian Church.

Key words : Dr. Kim Chi-syun, life and ministry, 3 - million Revivalism, Namdaemun Presbyterian Church, national evangelization, Gospel.

부록 : 김치선 박사의 연보

1899. 8. 10. 함경남도 함흥읍 서호리 출생

1909. (10세) 서당 김응보 선생으로 신앙 입문

1916. (18세) 서당에서 한학 배움, 영재형(榮在馨, Rev. L. L. Young. Dr. 캐나다 선교사 만남

1918. 4. (20세) 함흥 영생 중 · 고등학교 입학

1919. 3. (21세) 3.1 운동 관여로 당시 서대문형무소에서 1년 간 복역, 목사 될 결심(민족 구령 의식)

1919. (21세) 부친 김영준 별세

1922. 3. (24세) 함흥 영생중 · 고등학교 졸업

1922. 4. (24세) 연희전문학교(현, 연세대학교) 영문과 입학

1924. (26세) 이홍순과 결혼

1926. (28세) 연희전문학교 (현, 연세대학교) 영문과 졸업

1926. (28세) 평양신학교 1 학기 수료

1926. (28세) 일본 고오베중앙신학교 2년 편입학

1930. (32세) 모친 최현숙 별세

1930. 2. (32세) 고오베중앙신학교 졸업

1931. 9. (33세) 미국 웨스트민스터신학교 입학

1933. 5. (35세) 미국 웨스트민스터신학교 졸업(Th. M. 석사 학위 취득)

1934. 9. (35세) 미국 텍사스 복음주의신학대학(The Evangelical Theological College)(현, 달라스신학교(Dallas Theological Seminary) 입학

1936. 5. (36세) 미국 텍사스 복음주의신학대학(The Evangelical Theological College) (현 달라스신학교(Dallas Theological Seminary, Th. D. 박사 학위 취득)

1938. 3. (40세) 일본 동경 신쥬큐 중앙교회 시두

1939. 3. (41세) 동경 잇지신학교 강사

1939. 11. (41세) 동경 YMCA 대강당에서 목사 안수 받음

1944. 2. (46세) 동경 신쥬큐교회 사임

1944. 5. (46세) 서울 남대문교회 담임 목사 취임

1946. (48세) '300만 부흥 전도회' 회장 취임

1946. (48세) 월간 '부흥' 창간

1948. 2. (50세) 야간 장로회신학교 설립(초대 교장 윤필성 목사)

1949. 1. (51세) 야간 장로회신학교 2대 교장 취임

1950. 1. (52세) 야간 장로회신학교, 대한신학고로 교명 변경

1950. 5. (52세) 대한신학교 제1회 졸업식, 18명 졸업생 배출

1950. 4. (52세) 장로회신학교(현 총신대학교) 초대 교수 취임

1950. 6. (52세) 서울 남대문교회 사임

1954. 5. (56세) 서울 관악산에 벧엘기도원 설립

1954. (56세) 「기독인의 초석」 출간

1955. (57세) 월간 「우물」 창간

1955. (57세) 『구약사기』 출간

1956. (58세) 『갈라디아서 주해』 출간

1959. (61세) 총회신학대학 (현 총신대학교) 이사 취임

1965. (67세) 월간 「봉화」 창간

1965. 9. (67세) 대한신학교(현 안양대학교) 명예 교장 취임

1968. 2. 24. (70세) 소천, 관악산 벧엘기도원에 안장

1995. 4. 23. 경기도 시흥시 물왕리 남대문교회 동산으로 옮겨 안장

김치선 박사의 **모세와 오경(五經)**

2015년 5월 1일 수정 초판 발행
지은이 | 김치선
옮긴이 | 최　선
발행인 | 김수곤
발행처 | 도서출판 선교횃불(ccm2u)
　　　　전화 : (02)2203-2739
　　　　팩스 : (02)2203-2738
등록일 | 1999년 9월 21일 제 54 호
등록처 | 서울 송파구 백제고분로 27길 12(삼전동)
홈페이지 | www.ccm2u.com

ISBN 978-89-5546-340-8　93230